金融変貌と銀行の未来

村井睦男 著

大学教育出版

はじめに

　バブル経済崩壊以降わが国の銀行は、不良債権問題を抱えたまま、「失われた10年」といわれる90年代が経過した現在もその処理から開放されていない。銀行に対して未だに公的資金の注入が行われるなど、金融システムそのものに対する不安も消えていない。わが国の金融の問題は、すべて銀行の問題であるような印象を強く与えている。

　わが国は、1996年から「日本版ビッグバン」を掲げかなり思い切った金融の大改革を実施し、諸規制の緩和・市場の改善・金融インフラの整備など着々と進展させてきている。銀行の不良債権処理の過程では、特に大手銀行の再編が進み5つの銀行グループが誕生した。愈々21世紀の銀行に向けて始動する体制が整いつつあるとみられる段階にあるにもかかわらず、金融の将来ビジョンが必ずしも明確にみえてこないという問題がある。銀行のビジネスモデルそのものが明らかに示されないから、一層苛立ちを覚えるのかもしれない。

　一方、米国において銀行は、1980年代後半の「3つのL」の不良債権処理や、90年代初のS＆L破綻処理に伴う巨額の国民経済負担という苦い経験をしたが、90年代後半はみごとに復活を果した。現在米銀のビジネスモデルに地殻変動が起っているとさえいわれるほど新しい段階に入りつつある。欧州各国は、独自の金融システムを維持しつつも、市場を中心とした米国型の金融システムの利点を積極的に取り入れ米銀と対抗する準備に着々と体制を固めている。

　金融変化が凄じいスピードで進展している現在、これまでの伝統的な銀行が21世紀の銀行に向けてどのように変っていくのだろうか。そしてわが国の銀行はどのように対応し自らを位置付けていくのかという疑問に対して、銀行の将来の姿が非常に大きな関心事となってくる。私自身、銀行の将来像への関心を抱き続けてきたが、本書はその姿の一端を描くことを試みたものである。

銀行の将来像を探索する作業としては、金融が大きく変貌してきた20世紀最後の四半世紀の変化の潮流をそのまま引き継ぎ、さらなる変化の流れのなかにあるのが今日の金融の姿であることから、次のような手順をとる。すなわち、1970年代半ば以降米国で起り、それが世界各国に伝播した金融の変化の潮流をトレースし、特に銀行に焦点を当て、銀行の機能がさまざまな影響を受け変化してきている実情を踏まえる必要がある。それとバブル崩壊後のわが国銀行の実情を対比しつつ21世紀の銀行像を描くという段取りである。

　基本的な問題意識としては、次のようなところに力点が置かれる。すなわち、伝統的な銀行の金融仲介機能そのものの意義、利点とその限界、それらの克服の方法。銀行に外からの圧力として否応無しに変革を迫っている情報・通信技術の革新や異業種からの銀行業参入が、具体的にどのような影響を与え、どのように銀行を変えつつあるのか。また、市場取引が拡大するなかで市場が仲介機関にどのような影響を与え、仲介機能がどのように変化してきているのか、などについてである。また、金融変革の流れは当面とどまるところはないとみられているし、市場取引の拡大も続くであろう。他方、銀行間の競争が促進されると金融システムの安全性や集中の問題が懸念される。銀行規制やセーフティネットは、そのためには必要不可欠であり重要性は増大する。国民の経済的負担を可能な限り最小化するためにも、規制やセーフティネットは必要であるとの認識である。より具体的な各章での取扱いは次の通りである。

　第1章は、銀行の金融機能の意義と限界について、特にリスク負担の観点から、銀行のリスク負担が内包している問題点と銀行のリスク分散への対応の実例を検討する。米国における金融構造の変化と銀行の金融機能の変化、それに伴う戦略の変化とバブル崩壊後のわが国の銀行の対応とを対比し問題点を指摘する。

　第2章と第3章は、金融の世界の外からの衝撃によってそれが銀行の機能や戦略にどういう影響を与えているかを検討する。第2章では、金融の世界にきわめて大きな影響を与え、今後も与え続けると考えられる情報・通信技術革新の影響について述べる。具体的にIT技術の進展による銀行の個別業務の変化と

米欧の銀行が取り組んでいるIT産業化戦略を踏まえ、今後の方向性を示す。第3章では、最近の米、英、日の具体的事例を通して異業種からの銀行業参入をみる。異業種の銀行業参入は、競争上銀行にとって脅威となる可能性が高く、銀行はサービスの質向上や価格競争上の緊張を強いられ改革を迫られることになるが、経済全体にとっては歓迎されるべきものとして評価する。

第4章では、市場と仲介機関の役割と両者の関係について、80〜90年代米国が経験した金融変貌の著しい事例として金融仲介機関のパラダイム変化を取り上げる。市場取引増大との関係において仲介機関機能の重要性が増大しているのは、仲介機関が市場の問題を解決しているからであり、また市場取引が拡大しているのは仲介機関の機能が貢献しているからで、両者は相互依存の関係にあることを説明する。市場との競合や仲介機関に存在するモラルハザードによって制約されるという弱点があるが、それらを解決できるのが仲介機関とその顧客の間の安定したリレーションシップであることを指摘する。もともと伝統的な銀行業は顧客とのリレーションシップを中核とするものであったし、銀行取引には市場取引が緊密に絡んでおり、市場はリレーションシップのなかに包括的に組み込まれる存在である。米国の投資銀行の成功やわが国の外国為替取引の成功は、このリレーションシップに裏付けられている。この視点は今後の銀行のビジネスモデル構築の方向付けにつながると考える。

第5章では、銀行規制とセーフティネットの観点から銀行の問題を取り上げるが、ここでの基本的な問題意識は、銀行破綻・金融システム破綻に伴う国民の最終的コスト負担をいかに最小化するかにある。米国のＳ＆Ｌ破綻の苦い経験から多くのセーフティネット改革の議論がみられたが、その代表的なものを比較検討する。今後銀行の競争が促進され金融不安の懸念につながる可能性が大きく、金融セーフティネットの必要性が議論の出発点になるが、国によるセーフティネット政策の重要性の増大を肯定する立場に立っている。早期介入政策を中心として、預金保険制度との組合せが最も効率的とする考えに共鳴するものである。一方、事前的規制のなかでBIS規制が与えたわが国の銀行への影響については、肯定的評価を与える。

最終章の第6章では、金融変化のプロセスは今後も継続するであろうし、競争の促進がもたらす問題として金融システムの安定性への懸念と集中の問題が存在するが、これらはあまり真剣な対応がなされていないことを危惧する。一方、米国では銀行の新しいビジネスモデルに地殻変動が起っており、方向としては銀行・証券・保険の区別のない「金融サービス会社」に進むとみる。そして、これまでの各章での検討結果を踏まえて、21世紀の銀行の一般的な将来像の描写を試みる。銀行と顧客とのリレーションシップを基軸とした金融機能を活かしたビジネスモデルの構築、すなわち顧客のニーズに応えられる質の高いサービスで装備し、顧客との間で収益を共有するような良好な関係を有するシステムの構築、伝統的銀行機能の回復による金融システムの再構築の方向を示す。

　私自身、銀行に在籍し永年銀行業務に従事してきた経験がある。1970年代後半と80年代半ばと2度にわたる銀行のニューヨーク駐在を経験し、米国における金融の変貌のうねりを目撃し、直接間接に仕事の上でも経験してきた。これが今回の関心の根底にあったことは否定できない。

　1997年に京都大学経済学研究科研修員として受入れていただき、2年間同研究科の古川顕教授の指導を受けたが、その時の問題意識が中核になっている。以降古川教授には何かにつけ懇切なご指導とアドバイスをいただいてきた。この場を借りて厚くお礼申し上げたい。

　本書の各章は、名古屋商科大学の「名古屋商科大学論集」に1996年から2001年にかけ掲載された12編の論文が基になっているが、大幅に統合、加筆修正を加え、統計データも更新している。

　本書出版にあたっては、名古屋商科大学から学術図書出版助成をいただいた。また、大学教育出版の佐藤氏には大変お世話になった。記して厚くお礼申し上げたい。

　　2003年10月　　　　　　　　　　　　日進三ヶ峯の研究室にて

　　　　　　　　　　　　　　　　　　　　　　　　　村井　睦男

金融変貌と銀行の未来
目　次

はじめに ……………………………………………………………………… i

第1章 銀行のリスク負担とリスク分散の変化 …………………… 1
1 わが国の銀行が抱える問題 ……………………………………… 2
2 銀行のリスク負担の基本問題 …………………………………… 7
3 銀行のリスク分散の対応 ………………………………………… 11
　（1）リスク分散方法と問題点　12
　（2）銀行のリスク軽減の具体的方策　13
4 銀行の金融機能の変化──米銀の場合 ………………………… 17
　（1）金融構造の変化と金融フレームワークの変化　19
　（2）銀行の戦略の選択　22
5 わが国の銀行の選択 ……………………………………………… 23
6 銀行のリスク負担対応と将来の課題 …………………………… 28

第2章 情報・通信技術（IT）革新と銀行のIT産業化戦略 ……… 32
1 IT革新によって変るもの ………………………………………… 33
　（1）デジタル革命の進展　33
　（2）経済構造変化の見方　35
　（3）インターネットのインパクト　36
2 IT革新と金融の個別取引分野の変化 …………………………… 38
　（1）銀行の決済機能　38
　（2）市場の電子ブローキングとインターネット・バンキング　44
　（3）企業向けインベストメント・バンキング　49
　（4）個人向け投資運用商品の開発と販売　52
3 IT革新への対応と問題点 ………………………………………… 53
　（1）閉鎖型システムvs.オープンな分散型インターネット　54
　（2）取引コストと店舗主義　55

　　　　(3) 合併や取引量急増に伴うリスクへの対応　*55*
　　　　(4) 他産業からの新規参入　*58*
　　4　銀行のIT産業化戦略 …………………………………*59*
　　5　銀行産業の将来像への視点 ……………………………*64*

第3章　異業種の銀行業参入……………………………………*68*
　　1　金融機関の業務多様化と異業種の金融参入 …………*69*
　　　　(1) 金融機関の業務多様化　*70*
　　　　(2) 異業種の金融参入　*72*
　　2　異業種の銀行業参入 ……………………………………*75*
　　3　米国の事例──金融制度改革法とウォルマートの試み………*76*
　　4　英国の事例──流通・小売業界からの参入とその後………*80*
　　5　わが国の事例
　　　　　　──イトーヨーカ堂、ソニーの事例と潜在的予備軍……*84*
　　　　(1) アイワイバンク銀行　*85*
　　　　(2) ソニー銀行　*86*
　　　　(3) その他の銀行と予備軍　*87*
　　6　異業種銀行業参入のインパクト
　　　　　　──競争の考え方と将来への視点……………………*88*

第4章　市場と仲介機関の役割とその関係 ……………………*94*
　　1　市場の機能と仲介機関の機能 …………………………*97*
　　　　(1) 市場の特徴　*97*
　　　　(2) 金融仲介機関の特徴　*98*
　　2　仲介機関の機能変化と市場との関わり ……………*101*
　　3　リレーションシップ・バンキングの意味するもの ………*106*
　　　　(1) リレーションシップ・バンキング　*106*

　　　　　（2）リレーションシップ・バンキングは生き延びるか　*107*

　　　　　（3）リレーションシップ・バンキングに存在した市場取引　*109*

　　4　産業金融機関と投資銀行・マーチャントバンク ……………*111*

　　　　　（1）産業金融　*112*

　　　　　（2）投資銀行とマーチャントバンク　*114*

　　　　　（3）伝統的銀行と投資銀行　*115*

　　5　わが国の銀行の可能性 …………………………………………*116*

第5章　銀行規制とセーフティネット ……………………………*121*

　　1　銀行規制とセーフティネットの意義 …………………………*123*

　　　　　（1）銀行諸規制について　*123*

　　　　　（2）セーフティネットについて　*124*

　　　　　（3）預金保険について　*126*

　　　　　（4）自己資本比率要請の根拠　*127*

　　　　　（5）公的資金導入の正当性　*128*

　　　　　（6）セーフティネット政策の問題点　*130*

　　2　米国における考え方の変化 ……………………………………*131*

　　　　　（1）変化の潮流とパラダイムの変化　*131*

　　　　　（2）危機封じ込め政策としての破綻の早期是正政策　*133*

　　　　　（3）銀行規制とセーフティネット改革の提案　*134*

　　3　バーゼル合意（BIS規制）と新しい動き ……………………*139*

　　　　　（1）BIS規制　*139*

　　　　　（2）BIS規制の最近の動き　*141*

　　　　　（3）BIS規制のわが国の銀行への影響と評価　*143*

　　　　　（4）BIS規制の評価　*146*

　　4　わが国の銀行規制とセーフティネット ………………………*149*

　　　　　（1）わが国の事情　*149*

(2) 銀行規制に関わる立法措置　*151*
        (3) わが国のセーフティネットの評価　*154*
　　5　今後の銀行規制とセーフティネット ……………………*156*
        (1) 問題の所在と今後の金融システム　*156*
        (2) 問題克服の方策　*157*
        (3) わが国の今後のセーフティネット政策のあり方　*159*
        (4) 今後の検討課題　*160*

第6章　21世紀の銀行像 ……………………*162*
　　1　変るものと変らないもの——金融取引の核にあるもの ……*163*
　　2　競争促進の問題 ……………………………………………*167*
　　3　銀行の挑戦課題 ……………………………………………*172*
　　4　銀行の将来像とわが国の銀行業 …………………………*178*
　　5　リレーションシップ・バンキングの考え方 ………………*183*
　　6　わが国の銀行のビジネスモデルの基本に置かれるべきもの …*187*

注・参考文献 ……………………………………………………………*190*

索　引 ……………………………………………………………………*212*

第1章

銀行のリスク負担とリスク分散の変化

　これまで銀行は1人他者より多くのリスクを抱えてきた[1]。伝統的な銀行の金融仲介機能は、預金者を含め当事者にとって効率的なメカニズムを有していると説明されている。しかし、この金融仲介機能は同時に銀行がリスクを負担する構造を内包している。

　米国において、1970年代まではこの金融仲介は比較的問題なく機能した。それが70年代半ば以降銀行が市場のリスクにさらされる度合いが大きくなり、銀行のリスク負担が拡大することとなった。銀行の収益が安定している間はよかったが、金融自由化による競争の激化でレントが縮小し、銀行がモラルハザード（過剰リスク資産選択）を起こし、それが銀行の破綻につながるケースが増加したとみられている。

　80年代を中心に金融のイノベーションが起り、新しい商品が導入されると同時に、リスク分散のための市場が次々と生まれた。銀行はリスク負担縮減やリスク管理の手法を開発し、新しい商品を開発するなど金融のイノベーションに努めるようになった。

　金融の自由化や情報技術革新によって市場の取引コストや情報コストが軽減されれば、個人の直接金融への参加が増加し金融仲介機関離れが起ると考えられたが、80～90年代を通じて金融仲介機関の機能の比重は逆に増加した[2]。投資信託や年金基金などによる仲介のウエイトが高まったのである。銀行のリスク資産額は減少し、伝統的な銀行の金融仲介機能は相対的に低下した。銀行が積極的に貸し出しを行って収益を上げる構造が変化し、金融仲介の構造変化が起っているとみることができる。

一方わが国の現状は、金融資産のなかで銀行預金がきわめて高いウエイトを占めているにもかかわらず、銀行がリスク負担を回避するため資金の還流がスムーズに進まない状況に陥っている。金融仲介機関を通した機関投資家や個人へのリスクの再配分が進んでいる米国と決定的に異なるところである。

　確かに銀行の仲介機能は構造変化を起こしつつあるとみるのが妥当であろう。仲介機能、リスク再配分構造が変ることは、銀行の役割が変ることを意味する。しかし、伝統的な制度機関としての銀行の意義が消滅するのではない。銀行は、市場の機能にない多くの優れた能力を有しており、制度機関である銀行の特性としてその果たす役割は依然大きいものがある。

　本章では、次の順序で銀行のリスク負担とリスク分散の意味とその変化を見る。先ず最初に、現在わが国の銀行が抱えている問題に触れ、1 人銀行のみがより多くのリスクを抱えて呻吟している状況と、社会的に銀行のチャンネルのみではリスクの分散は無理であるとするコメントを紹介する。3、4 では銀行のリスク負担構造の基本について説明する。3 において、銀行の金融仲介の構造にリスク負担のメカニズムが内在していること、4 でそのためにリスクを分散しリスクを移転するための対応策について検討する。5 では70年代半ばから今日にいたる米国の金融の変化を概観して、特に銀行のリスク負担の行動変化、戦略的取り組みについて論じる。そして 6 では、わが国の銀行のリスク負担縮減の戦略的対応として具体的事例を説明し、その意味を検討する。最後に銀行が市場を相手にリスク移転することの基本的な問題を指摘し、リスク負担構造の変化、家計のリスク負担能力、銀行のリスク負担回避行動の問題などを踏まえ、新しい銀行の役割に言及する。

1　わが国の銀行が抱える問題

　わが国の金融システムに対する不安が一向に消えない。この不安とは、人々が金融機関に対して抱いている漠とした不安や、市場が金融機関に対して示す

株価や債券価格の下落や資金の流れの変化などが与える不安を含んでいる[3]。その根底にあるものは、突然銀行が破綻するのではという懸念、銀行が破綻することによって引き起こされる負の波及効果によって金融システムに大きな混乱が生じることへの恐れ、それが人々の資産に直接的、間接的に損失を与える可能性への不確実性である。

わが国の金融システムに大きな動揺が発生するようなことになれば、海外の市場にも波及し混乱を引き起こし、国際的な金融システムを不安定な状況に陥れる可能性も完全には否定することができない。預金保険制度のペイオフ解禁が預金者に与えている不安もこれに加わっている。

わが国の金融システムは、1997年に戦後初めての最大の金融危機を経験した。1997年11月三洋証券の破綻から始まって、北海道拓殖銀行、山一証券の破綻が相次ぎ、1998年には日本長期信用銀行と日本債券信用銀行が破綻した。1997年から98年の金融危機的様相が深まるなかで、金融当局が積極的な対応策が取れないまま「日本発」の世界恐慌につながりかねない一触即発の状況を経験した。切羽つまった状況のなかで米国LTCMの破綻をきっかけに市場の潮目が変化した[4]ことから、危機的状況が拡大することはなかった。今、金融不安がいわれるたびに当時の金融危機の不安が呼び起こされる。

銀行に対する不安は、銀行の破綻可能性への懸念である。銀行の不良債権額や処理対応について情報の非対称性とこれまでの銀行行動に対する不信感がその根底にある。一方、銀行の自己資本は、銀行の健全性を示す1つの基準である。自己資本が厚いことは、リスクに対するバッファーが大きいことを意味しているが、わが国銀行の場合、その安全度を示す自己資本が2つの要因から毀損しつつある。1つは不良債権であり、他はマクロ経済ショックによる影響である。

第1の不良債権問題は、わが国のバブル経済が崩壊して以降、銀行の不良債権額は増加の趨勢を示し、その処理額がなかなか追いつかない状況が続いている。金融庁の発表によれば、2003年3月末時点の銀行から信用組合までを合計した不良債権残高は、44兆5,000億円と未だ巨額である。問題業界とみられる建

設や流通などの業界で、今後企業整理が行われ不良債権処理が進むと、銀行の資本勘定がさらに侵食されることになりかねない[5]。

　第2のマクロ経済ショックによる影響では、バブル経済崩壊後の株価大暴落の影響はさることながら、2001年9月11日米国の同時多発テロ事件による株価の下落とその後のわが国経済の先行き失望感からの下落（バブル崩壊前の安値）は、確実に銀行の自己資本を毀損する[6]。それによって不良債権処理が進まず景気低迷の悪循環を引き起こしている。

　このような状態に至ると銀行は自己防衛的行動をとる。銀行はリスク資産の縮小を目指して貸出債権の回収に努め、新規の貸し出しを回避するようになる。銀行の貸し渋り現象である[7]。資金需要を有する中小企業は銀行からの貸し出しが受けられず、積極的な企業活動が行えない。これが景気の悪循環を引き起こす。これは、銀行機能の根幹である金融の仲介機能が十分に働いていないことを意味している。本来銀行の金融仲介機関としての重要な機能の1つは、資産の変換機能である。家計から預金を受け入れ企業に貸し出しを行う、流動的手段から非流動的手段への変換である。これを預金者の立場からみれば、自分の都合のよい期間と質の資産に柔軟に変換が可能となる。これによって貯蓄の用途を効率的なものに変換でき、資金の効率性を高め、経済全体の厚生を高めることができる。銀行の貸し渋りはこの資産の変換機能が働かなくなっていることを意味している。

　銀行の貸し出しは、預金という安全な流動資産を非流動資産に変換することであり、それは短期間に流動化しようとすればその価値が著しく減価する資産を得ることである。すなわち、銀行はここでリスクを負担している。

　銀行が貸し渋る理由の1つには、銀行規制からの制約が存在する。健全経営規制である自己資本比率規制や早期是正措置がこれにあたる。今1つは、現在の景気低迷状況下にあって不良債権の増加は、銀行資産内容の劣化であり、預金の安全資産としての質の低下につながる。それを助長するリスクは取らないという銀行の戦略的選択である。

　従来銀行は、リスクを取ることによって然るべきセクターに資金を供給し、

それによって収益を得てきた。経済はそれによって発展してきた。銀行には長い期間にわたる取引関係を通じて情報が蓄積され、また新たに情報が加わることによって、リスクのスクリーニングとその後のリスク管理のプロとして期待されてきたし、銀行はその機能を果たしてきた。

しかし、なぜ銀行が他の機関に比べて1人より多くのリスクを取り続けてきたのだろうか。リスクを取り続けてきた銀行がリスクを取らなくなれば、他にリスク分散の道が開かれないかぎり当然のことながら金融機関としての機能不全が起る。現在の銀行が陥っている状況からみれば、1人銀行がすべてのリスクを背負って喘いでいる姿が浮き彫りになって見える。

戦後のわが国の金融システムは、間接金融を中心とした大蔵省―日銀による完全なコントロールの下に斉々と高度成長に貢献した実績を示し、金融仲介機関としての機能を果たしてきた。そこでは、銀行は特殊な存在として守られる護送船団行政が金融システム運営の基本であった。銀行の収益は確保されており、この前提では銀行はリスクを自由に取ることができた。預金金利は規制金利によって貸出金利より確実に低く設定され、銀行は「安価な預金（cheap deposit）」を活用することができた。1970年代から80年代に入ってわが国の金融構造が大きく変りつつある間も、銀行の「安価な預金」の考え方は全く変らず、金融当局の運営方針も不変であった。そして周囲の変化を覆っていたカーテンが上がると、1人銀行が圧倒的なリスクを負担している姿が見えてきた。護送船団方式は崩壊し、銀行は「安価な預金」は「きわめて高くつく預金」であることに気付かされたのである。

清水・堀内（1999）は、今日の状況を生み出した要因として80年代の漸進的な金融自由化が銀行のレントを削減させ、いわゆる銀行の免許価値の減少が起ったとみている。免許価値の減少が銀行にリスク選択拡大の誘因を与えるという免許価値仮説について、今後の厳密な実正分析が課題としながらも、一応80年代銀行がリスク選択を拡大した形跡があると結論付けている。

また、不良債権問題の解決が手間取っている要因として、①金融当局も含めて銀行のステークホルダー達が、銀行が不良債権を抱え込むリスクの選択を許し

続ける環境の存在と、②銀行が不良債権処理を先送りし、金融当局がそれに荷担するという銀行と金融当局双方のモラルハザードの存在が指摘されている[8]。

現在、銀行があまりにも多くのリスクを負担し過ぎていることに対する批判と同時にもっとリスク分散を図るべしとの議論が多い。ここでは次の3つの提言・コメントを紹介し、後の検討の材料としたい。

①　21世紀型金融システムの構築に当たって、機能が低下している間接金融システムを補完・代替する新たな金融ルートの構築が必要である。「市場型間接金融」を育成し、資産運用サービスなどに関わるアドバイザリー業務など付加価値の高い情報サービスなどへの脱皮などがこれに含まれる。また間接金融を補完する新たな金融仲介ルートの構築が必要であり、それらには多様な資金調達ルート（ノンバンクの資金調達多様化）、資産流動化・証券化市場の育成・政府系金融機関等の保有資産の証券化などが挙げられる[9]。

②　資本市場、金融市場、商品市場などは個別のリスクを1カ所に集めてリスクを分散させるメカニズムを有している。多くの投資家が参加するのでリスクを広く薄く分散させることができ、多様なリスクを組み合わせることでリスクが相互に打ち消され全体のリスクを軽減することができる。金融システムが高度化すればするほどリスク分散のニーズは高まるが、市場の機能を殺してしまえばリスク分散のニーズに応えられず、ひいては経済活動を阻害することになる。わが国の金融システムにおいては、間接金融のチャンネルだけでは高いリスクを伴う投資を行いそれを社会全体で分散することは難しい。リスクのあるところに投資が行われ、そのリスクを社会全体で分散できる仕組みを作ることが重要である[10]。

③　わが国の金融システムは、資本主義経済において本質的に重要なリスクの効率的配分メカニズムを持っていない欠陥がある。従って業態を超えた金融の枠組みを早急に作る必要があり、リスクの受け皿としての資本市場を効率的に利用すべきで、リスクを資本市場に委ねていくこと、すなわち資本市場で総合的にリスクをシェアする制度設計が必要である。資本市場にはリスクの最終的受け手で自己責任原則に基づく投資主体がいるから、金融業が必

ずしもリスクを取る必要はない[11]。
　上記①は、間接金融を補完する新しい金融仲介ルート（市場型間接金融）の構築が必要というもの。②は、間接金融のチャンネルだけで高いリスクを伴う投資を行って、それを社会全体で分散することは難しいので、社会全体で分散できる仕組みを作ることが重要とするもの。③は、リスク負担をリスクの受け皿としての資本市場に委ねるべきで、金融業が必ずしもリスクをとる必要はないというもの。いずれにも共通していることは、銀行がリスク負担するには能力的に限界があり、むしろ市場の機能を効率的に利用することによってリスク分散を図る制度設計が必要ということである。この問題意識は後に論じることとする。
　そこで次に、そもそも金融仲介機関である銀行が基本的に抱えているリスクとその解決のためのリスク分散の対応について、Hellwig（1995、1998）によってみていくこととする。

2　銀行のリスク負担の基本問題

　かつて金融仲介機関の理論では、金融仲介の機能そのものは説明されず、金融機関は通常の一般企業と変らない前提で説明された。そして、ほとんどのリスクは「大数の法則」によって薄められるか、あるいは消滅させられるから重要な問題ではないというのが典型的な説明であった。
　しかし、実際の経験的現象では、預金受け入れ機関である銀行は、伝統的に多くのリスクにさらされてきている。銀行の負うリスクの基本的なものには、信用リスクのようなミクロ経済リスク（個人に固有のリスク）や金利リスクなどの市場のリスクのようなマクロ経済リスク（システム的なリスク）がある[12]。これらのリスクのいくつかは分散することで消滅するかもしれないが、多くのものはそうはならない。確かに、分散化できるリスクについて、それらのリスクを当事者間でリスクの受け入れ度合いに応じてかぎりなく細分化を図れば、

大数の法則に従ってリスクは消滅する方向に働く。しかし、契約当事者の数が有限である場合は、十分な分散化（リスク回避）は実際に実現しない。銀行に影響を与える最も顕著なリスクは分散できないマクロ経済リスクである。

　それではなぜ銀行が1人、他の当事者より多くのリスクを負うのであろうか。そのためには、前提となる銀行の金融仲介の意義を説明しておかなければならない。

　銀行の経済的機能には、資産サービス（貸し出し）、負債サービス（預金）、変換サービス（資産変換）があるが[13]、それぞれに取引費用が存在している。そのコストが過大であれば取引は見送られてしまう。情報の非対称性が市場不完備を生み出すが、それは取引コストの特定の形態とみることができる。この取引コストの節約が仲介機関の存在を正当化するものである。

　Diamond-Dybvig（1983）のモデルは、銀行を「流動性のプール」あるいは「預金者の連合」とみて、流動性ショックから家計を守る保険機能を提供するものであることを初めて明確にしたものである。家計にとって消費需要が発生し、いつ預金の引き出しが必要になるかは不確定であるが、仲介機関は大数の法則に従って多数の家計からの預金総額のなかで預金の支払いを平準化することができるので、預金者がいつでも預金を引き出すことをきわめて明確に約束する。

　Diamond（1984）は、貸し手と借り手の間のインセンティブ問題を解決するために有効な情報のモニタリングのコストを最小化する理論を展開し、「委託されたモニタリングとしての金融仲介」の考え方を示したものである。金融契約におけるエージェンシー問題はモニタリングによって軽減することができるし、そのようなモニタリングの仕事に必要なのはたった1人でよい。また、委任コストの決定要因を分析し、金融仲介が介在しない直接的な貸借に比べ仲介機関介在がコスト的に有利であることを示す。負債（debt）契約が、仲介機関と預金者間の最適な契約であり、十分に分散されたローンポートフォリオと仲介機関の負債ファイナンスが合体するとモニタリングの正のインセンティブ効果は余分なコストを生じないことになる。すなわち、銀行が十分にリスク分散化を行っていれば、モニタリングコストはそれほど大きなものにならない。反面、

このことは金融仲介機関の資産は流動化されないことを意味している。もし仲介機関がローンを売却したり、モニタリングや履行請求を第三者に移転するとしたら、譲受人は再び同じようなモニタリングのコストをかけなければならなくなり、これらのコストは移転される物理的なコストに上乗せされるコストとなるからである。

以上のようなDiamondの金融仲介機能の積極的な意義付けに対し、Hellwig（1995、1998）は、リスクの面から金融仲介機関の有する問題点を指摘する。特にDiamondが最適な契約であるとする①負債契約と、②預金契約にある"要求あり次第（on demand）"条項と、③契約に偶発条項（偶発事態が起った場合は、相手方もしくは第三者がそのリスクを負担するといった条項）が許されていないことなどから金融仲介機関にリスクが集中していることを説明し、金融仲介機能の積極的な意義付けに疑義を呈している。すなわち、

① 負債契約について、

銀行は、預金者と負債契約を結んでおり、この債務の履行は債務者の収入や富とは関係なしに行われなければならない義務を含んでいる。これ自体大きなリスクを負っていることになる。銀行が、バランスシート上の資産リスクを証券化などの方法によることなく、預金という負債によってまかなわれている伝統的なシステムは、銀行を大きなリスクにさらしてきた。それだけにそのリスクはモニタリングのインセンティブを銀行に与えるものであった。

しかし、負債契約がモニタリングに投入する努力度合の選択に正のインセンティブ効果を有している場合、それは同時にリスクを選択する負のインセンティブ効果を有している。というのは、借り手にとってその資産の投資が成功した場合に得られる超過利潤は完全に自分のものになるのに対して、投資結果が債務不履行の可能性を増大させるような場合は、少なくとも一部は貸し手が負担するもので、危険な投資が有利であると考えるからである。内因的な倒産ペナルティを有するDiamondモデルの考え方では、仲介機関は失敗した場合のリスクではなくモニタリングコストを引いた期待利回りの効果を考えるので、多数の小口ローンを行うべきか大口ローンにすべきかの銀行の選択は、実際に1

つの大口のプロジェクトに資金を集中させる方向にバイアスがかかっているとHellwig（1998）は指摘する。もし銀行が少数の顧客に貸し出しを集中する傾向が強いとなると、過剰なリスクをとる結果、リスク分散の欠如を招き、実際に金融仲介機関存続の意味を希薄化させてしまうことになる。
② "要求あり次第"条項について、

　銀行の要求払い預金や貯蓄性預金の契約の条項に預金者から"要求あり次第"支払うという条項が入っていることで、銀行のリスクはさらに高まることになる。銀行にとって預金者がいつ消費に必要とする資金を引き出すのか予想することは不可能だからである。また先に触れたように金融仲介機関の機能は、流動資産を非流動資産に変換する機能でもあり、非流動資産を流動化しようとすれば減価が免れない資産になるというリスクを負っている。このような"要求あり次第"条項を持った契約が誘因両立性をもたらすものであれば問題ないが、そうでなければ問題を起すことになる[14]。

　現代的な意味での銀行の起源を振り返れば、英国17世紀の金細工匠（ゴールドスミス）の機能に遡る。貨幣として用いられた金・銀貨はかさばる上に盗みの恰好の標的であったため、商人達は信用できる金細工匠に預けるのが一般的慣行となった。金・銀貨を預かるのは安全保管のためであって、金細工匠がある顧客の引き出しは別の顧客の預け入れによって相殺され金庫のなかの金・銀の量は比較的一定しているのに気付くのはずっと後のことである[15]。預金受け入れは安全保管の当然の一側面であって、銀行が金融仲介機関として当然の資産変換の役割を有しているという認識以前に存在していたものである。
③　偶発条項が許されない負債について、

　銀行が偶発的な事態が起っても支払いをする約束になっており、偶発条項を挿入することが許されない負債の形を取っていることが、銀行のリスクをさらに高めている。銀行の資産は金利や為替相場やマクロ経済といった"マクロ"要因に常にさらされており、特にマクロ要因の大きな変動、マクロ経済ショックにより銀行は巨額のダメージを受ける状況が常に存在している。

これまで経験してきた主な銀行の危機は、金融大恐慌の銀行危機と同様に、それ以降に起った金利ショックや景気循環ショックに関連したものであった。

　銀行がこのリスク・エクスポージャーをなぜ保有し続けてきたのか。このリスクに対する自己防衛手段として、例えば契約に偶発条項を挿入するなどを講じてこなかったのかという疑問に対して、Hellwig（1998）は銀行が預金を"安価な預金"と考えていたことによると指摘している。その理由として次の2点を挙げる。すなわち、①銀行が有する決済サービスと結合した預金サービスは、寡占的なもので他の市場より柔軟性があり預金者に好ましいものとして受け入れられていたこと。②銀行のリスクのある部分は第三者（前の預金者や債券保有者）や現在の預金者に押しつけることができた、からである。

　実際に、20世紀前半から1970年代半ばまでは、金融仲介機関のマージンは大きく、金利リスクは小さく、金利リスクが銀行の健全性に危険を及ぼすことはなかった。しかしながら1970年代半ば以降の状況は、金利の大幅な変動、ニクソン・ショック以降の外国為替の変動、金融規制緩和による競争の激化によって世界の金融機関にリスク・エクスポージャーが問題であることを強く認識させることとなった。銀行はそのための対応に取組むことになるが、次にその金融技術面からの対応をみることにする。

3　銀行のリスク分散の対応

　銀行が金融仲介機能の観点からも、伝統的に置かれてきた状況からも、リスクを他者より多く負ってきたことが浮き彫りになるにつれて、リスクへの対応策、リスク管理技術の改善などリスク・テイクの総体的な取り組みが行われるようになった。

　銀行のリスクのなかで、借り手に特定されるリスクや預金者に特定される要求払い預金・貯蓄性預金が引き出されるリスクなどは、大数の法則に従って削

減され無視し得るものになる可能性もある。一方、金利変動による長期資産価値の変動リスクや、ローンの景気変動による債務不履行リスクのような相互関連リスク（correlated risk）は、大数の法則で解決できないし、顧客間でリスクを削減平準化することができる性質のものではない。信用リスクと市場リスクは相互に関連している。このようなリスクは、第三者に移転する契約がないかぎり銀行が負わなければならないものである。

　この相互関連リスクが1970年代半ば以降著しく増大したことが、銀行のリスク負担上問題として意識されるようになった。しかし、理論的にはこのような状況下での銀行のリスク・テイクの増加は予想されていたことである。なぜなら、先にも触れたように銀行の預金も含めて負債ファイナンスでは、ダウンサイド・リスクは一部貸し手も負担するが、反対にうまくいった場合の利益は借り手1人のものになることから、借り手が過剰にリスクを取るモラルハザードの可能性を常に含んでいるからである。金融機関の競争が激化し銀行のレントが削減され、従来存在していた破綻への歯止めも縮小したことで、銀行のリスク・テイクが増加した。

　ここではリスク分散の具体策が有する問題点をHellwig（1995）によってみた後に、リスク軽減の具体策について述べる。

(1) リスク分散方法と問題点

　リスク分散の対応策として次の3つの方法が考えられる[16]。すなわち、①変動金利やモーゲージ・ローンにみられるように分散不能リスクを借り手に移転する方法、②固定金利貸出を導入し、期間の足を揃えることで固定金利借入をヘッジする方法、③金利スワップやその他のデリバティブ取引を行うことによって分散不能リスクを第三者に移転する方法、である。実際にはこれらの方法が相互に関係なく単独で用いられるというより、パッケージで用いられるケースが多い。

　これらの具体化を図るなかで、借入人との契約において偶発条項の導入が図られた。長期貸出で変動金利方式の採用はその一例であるが、この方式は既に

1960年代よりユーロ・ドル市場において経験済みであった。確かに偶発条項の導入によって銀行の金利リスクは削減される。しかし、そのリスクはすべて借り手に移転されるわけで、銀行の破綻リスクの原因は減少するが、そのリスクを負担する借り手の倒産リスクは増加することになる。結果としてリスク削減の完全な解決策にはなり難いという問題がある。

　上記③にあるデリバティブ取引の方法について、金利スワップの利用は急速に拡大した。金利スワップはデリバティブ取引のなかでも1980年代の早い時期から銀行を中心に市場が形成され、現在では金融市場におけるきわめて重要な基盤を形成している。これは、市場を通じて第三者（カウンターパーティ）にリスクを移転するものであるが、このカウンターパーティ・リスクをどう評価するかの問題が存在する。取引が複雑になりカウンターパーティのさらにその先のカウンターパーティのリスクに範囲が広がると、システム全体のリスクの評価をどのように考えればよいかという問題が出てくる。銀行が市場で他者にリスクを移転できたとしてもそれで解決できたことにならない。市場のリスクは相互関連リスクであり、何らかの形で信用リスクの増加として跳ね返ってくる。デリバティブ取引の場合カウンターパーティの信用リスクが問題となるが、その評価は困難であり、銀行は個々の機関全体を総合した信用リスク・エクスポージャーを知ることができない。従来のように信用リスクと市場リスクを区別することはできないし、区別できないから個別に対処するのが難しいという問題がある。

　上記の3つの方法は、預金者を巻き込んで預金者にリスクを負担させるものではない。もし預金者にリスクの一部を直接負担させることができれば、銀行の破綻リスクは確実に減少する。しかし、リスクを預金者に移転するとなると預金者はリスク・プレミアムを要求するだろうし、それをどのように設定するのか困難な問題が存在する。

(2) 銀行のリスク軽減の具体的方策

　次に銀行が行っているリスク軽減の具体策の主なものをみることとしよう。

① 自己ポートフォリオの管理とALM

銀行がリスクを取って貸出資産や投資資産を積み上げたものは、総体として1つのローン・投資ポートフォリオとして見ることができる。銀行はこのポートフォリオのリスク管理を行うのが主たる活動の1つである。

また銀行のローン・ポートフォリオや投資ポートフォリオは内包する個別リスクは確定していないので、条件付き請求権（contingent claim）とみなすことができる性質のものである。またポートフォリオが市場性の高いものであればモダン・ポートフォリオ理論を参考にしてリスク管理を行うことができる。銀行の債権・債務を特定の証券に収斂させて銀行全体を大きなポートフォリオの塊として考えるものである。銀行の資産全体の収益リスクを小さくするためには、できるだけ多くの異なった借り手に融資し、できるだけ多様な資産に分散することになる。

銀行は、預金者の消費の時期について外部から知り得ない立場にあり、預金の引き出しに常に備えていなければならない流動性準備の問題を抱えているが、他方、貸出先企業が期日に支払い返済不能になることから起る流動性不足のリスクなどにもさらされている。また銀行は、資産と負債のマチュリティ・ギャップを抱えている。特に金利変動によるリスクは、銀行の収益上重大な影響を与えることになる。そこで資産と負債の両面から資金の総合的管理を行うのがALM（Asset and Liability Management）手法である。最近の管理技術の発達で内容的にはますます精緻化が図られてきている。

② ローンの証券化

ローンの証券化とは、ローン・債権が現在から将来にわたって生み出すキャッシュ・フローを担保に証券を発行し、それを複数の主体が保有することでキャッシュ・フローに起因する信用リスクや市場リスク（主として金利リスク）をシェアリングしていく仕組みとされている。これを金融仲介機能の観点からみれば、情報生産機能が機能要素分解された形態とみることができる。すなわち、情報生産機能を受け持つ者とリスク負担する者と資金を供給する者が分離され分担する形態である[17]。

ローンの証券化は1950年代に米国で開発されていたが、残高が増加し重要性を持ち始めるのは70年代に入ってからであった。特に重要な発展は、「パス・スルー」証券の導入であった。最も単純な基本的スキームは、金融機関が有するローン・債権をひとまとめにし、SPV（特別目的会社）に譲渡する。SPVはそれを担保に証券を発行しその証券を投資家に売却するというものである。この場合SPV発行の証券を一定の格付けにするために第三者の保証が義務付けられる場合が多い。

　証券化の対象となっているローン・債権は、米国の場合モーゲージ貸し付け（住宅ローン、不動産ローン）、クレジットカード債権、自動車ローン、その他消費者向け信用などである。わが国の証券化の歴史は浅いが、2000年の実績では自動車ローン、消費者ローン、不動産関連ローン、リース、ショッピング・ローンなどが対象となっている。ちなみに、1998年末の米国の証券化商品残高は2兆5,000億ドルと推定されているのに対して、わが国はその50分の1程度である[18]。

　銀行のローン・ポートフォリオの大きな部分を占めているのは、流動性の低いものが多い。多数の中小企業に対する中・長期のローン・ポートフォリオがそうである。売却する場合十分に低い価格でなければ売却できず、銀行が保有し続ける資産の期待値と売却できる価格差が大きいことを意味している[19]。また、中小企業向けローンは情報の非対称性が顕著であり、貸出銀行から倒産隔離を行うことも困難で、証券化にコストがかかることから証券化には適していない。しかし、銀行はリスク分散のためにはローン・ポートフォリオの証券化に努める必要がある。斉藤（2001）は、この点について、銀行にとって将来証券化を見込んで融資する案件と、自らリスクを継続して引き受けていくことを前提として融資する案件とを見極めて、並行して実施することになるとしている。

③　ローン・セール

　次にローン・セール（貸出債権譲渡）についてであるが、これは銀行の貸出債権を銀行と金融機関（中小銀行、外国銀行、生命保険、年金基金など）

との間でパーティシペーション契約に基づいて売買する方法である。売る方はパーティシペーション・ソールド（PS）、買う方はパーティシペーション・ボート（PB）すると呼ばれる。これは、一定の金額を銀行に提供することと引換えに元の貸し出しから生じるキャッシュ・フローを受け取る権利を譲渡先に与えるものである。1つのローンをシンジケートを組成して銀行やその他の金融機関の間でリスク分散する方法もないではないが、手続きと時間コストがかかるため、これに比べればローン・セールはオリジネーターである銀行と1行とでも多数者とでもパーティシペーション契約を取り交わすだけでより簡単に行うことができる利点がある。

この場合オリジネーターはPS後も元利金の回収その他の債権管理を行う（というより行わされる）のが通常であり、PS後は情報生産機能を提供することになり、資金提供機能はPBした金融機関によって担われることになる。またPS・PBは償還請求権付（with recourse）と償還請求権なし（without recourse）の2種類の契約があるが、リスクの完全な負担軽減ということからは償還請求権なしの売買が本来のものである。

わが国ではローン・セールについては、銀行の収益構造、その他金融の秩序を安易に変更するものであるとして、また借入企業の同意の問題など法律上の問題があるとして認められてこなかったが、1990年3月に債権者の承認を前提にローン・パーティシペーションが認められ、1991年11月には債権者に通知しないサイレント方式のパーティシペーションも認められた。

④　デリバティブ取引

銀行が自らのローン・ポートフォリオや投資ポートフォリオについてデリバティブを利用することで、積極的にリスクをヘッジし、さらにはリターンを向上させる機会・可能性は確実に拡大してきた。

デリバティブで先物取引が始まったのは、1972年IMM（Chicago Mercantile Exchangeの一部門）であり、1973年にはオプション取引がChicago Board Option Exchangeに導入されて以降米国各地の市場や先進国の市場に拡大していった。しかし本格的展開が始まるのは80年代半ば以降であった。並行して取引所に

上場しないOTCデリバティブのなかでもスワップの取引量が著増した。金利スワップや通貨スワップが代表的なものであるが、特徴的なことは、このOTCデリバティブの8割以上が金融機関によるものであることである。

デリバティブ取引は、ローリスク・ローリターン部分とハイリスク・ハイリターン部分に切り分けて、このリスクとリターンの組み合わせをより高度に行うことを可能にし、資産変換の高度化が実現されることになった[20]。今後ますますこの分野の技術の変化は緻密化していくことが予想されるが、銀行の商品設計や操作能力に確実に差が生じる分野でもある。

4 銀行の金融機能の変化 ── 米銀の場合

次に米国で起った金融の変化を概観し、その流れが銀行のリスク負担の観点からどのように呼応していたかをみることとする。特に70年代半ば以降、80年代の米国で金融の構造が大きく変化した。その変化の大きさに比べれば、90年代はその延長でしかないように思われる。新しい動きの萌芽の大宗は70年代後半から80年代にみられた。70年代末から今日に至るまで20年を経て、米国の金融機関、特に銀行の姿は大きく変貌した。

結果として銀行のリスク負担の形態も大きく変化した。銀行が最終的貸し手から得た資金を自らがリスクを負う形での資産変換機能を果たす典型的な金融仲介の形態は、徐々に減少してきている。例えば、預金残高の変化だけをみても、1963年から90年まで銀行その他金融機関への預金はGDPの63〜73％であったのが、94年末には預金はGDPの50％にまで落ちている。全金融資産に占める銀行のシェアは、1960年から80年にかけて約40％であったが、その後急速に低下し22％弱になっている[21]。1990年代前半には銀行の商工貸出が低迷したため銀行衰退論が盛んに議論されたほどである[22]。銀行のシェア喪失の傾向は次頁の図表1-1、1-2に明らかである。

米銀の今日ある姿は、銀行を取り巻く金融環境が変化したことと、それに対

図表1-1　金融資産仲介シェア（1945～95年）

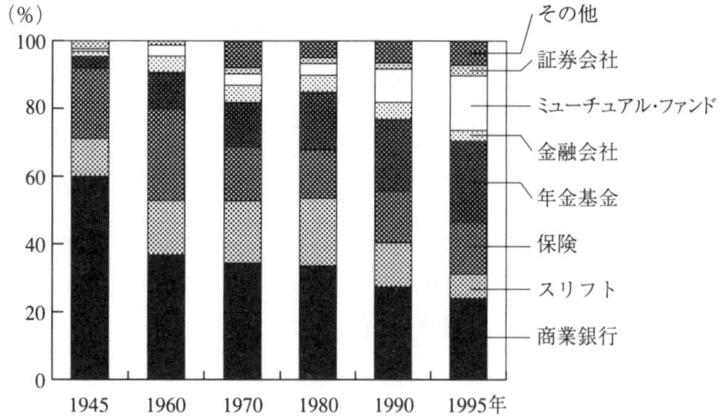

（凡例：その他／証券会社／ミューチュアル・ファンド／金融会社／年金基金／保険／スリフト／商業銀行）

出所：FRB. Litan (1997)

図表1-2　預金受入れ機関のシェア喪失

	上段：資産（単位　億ドル） 下段：（マーケットシェア）		
	1980	1990	1998
ミューチャルファンド	277	1,398	4,635
	(3.6)	(10.5)	(21.1)
ペンションファンド	1,327	3,017	6,179
	(17.3)	(22.7)	(28.2)
ファイナンスカンパニー	403	722	839
	(5.3)	(5.4)	(3.8)
保険	1,223	2,302	3,556
	(16.0)	(17.3)	(16.2)
商業銀行	2,805	4,015	5,298
	(36.6)	(30.1)	(24.2)
その他預金機関	1,628	1,865	1,414
	(21.2)	(14.0)	(6.5)
全預金受入れ機関	4,433	5,880	6,712
	(57.8)	(44.1)	(30.7)
合計	7,663	13,319	21,921
	(100.0)	(100.0)	(100.0)

出所：Mishkin and Strahan (1999)

応して銀行が自らの改革に取り組み、大きく戦略の転換を行ってきた結果なのである。これらを順次みていくことにする。

(1) 金融構造の変化と金融フレームワークの変化

金融環境の変化については、1970年代以降金融の自由化、具体的な種々の競争制限的規制に対する粘り強い規制緩和の努力が続けられてきた。

その主たるものは、1975年証券の委託売買手数料の自由化から始まって、預金金利の自由化、州際業務の規制緩和、銀行・証券分離規制の緩和、銀行の保険業務の拡大などである。例えば、預金金利では、78年のMMC（市場金利連動型預金）であり、80年のNOWアカウント、82年のMMDA（短期金融市場金利預金）やスーパーNOWアカウントなどが大きなインパクトを与えた[23]。94年にはリーグル・ニール法（州際銀行業務・支店設置効率化法）が成立し、州を越えた銀行の大型合併が次々と起った。長い間銀行・証券分離の厚い壁があったが、1999年には金融制度改革法が制定され、グラス・スティーガル法の銀証分離規制の一部が撤廃された。保険業務についても、近年州法レベルでの銀行または子会社での保険業務への進出が緩和されるようになった。

ここでは、米国において銀行のリスク負担の選択に大きな影響を与えたと考えられる金融上の出来事のいくつかをみることとする。

① CDとMMF

1960年にナショナル・シティ・バンクが開発した譲渡可能預金証書（CD）は、資金の流れを大きく変えた。金融市場からの資金調達がきわめて制約されていた状況のにあったことから、常に顧客からの預金に依存せざるを得なかった銀行にとって、これはまさに革命的といえるものであった。金融市場へのアクセスを手に入れた銀行は、必要なときに市場から資金を調達し、ポジションに応じて市場に資金を放出することが可能となった。伝統的な顧客からの預金に頼る構造から金融市場とのトレーディング的な機能への転換であった[24]。

1977年メリルリンチが始めたキャッシュ・マネジメント・アカウント

(CMA) は、高利回りで決済性を有する銀行預金類似口座で、これが証券会社が提供する本格的なMMMF（短期金融資産投資信託）として市場で定着した。78年から82年にかけて折からの高金利下で大量の資金がMMMFに流れるディスインターミディエーションが起った。銀行はこれに対抗してMMMを開発したが、資金の流れを大きく変えることはできなかった[25]。

② BIS規制とFDICIA（連邦預金保険公社強化法）

1982年メキシコに端を発し、80年代の国際金融の世界を襲った累積債務問題への反省から、銀行に対してレバレッジ比率規制が導入された。自己資本比率による銀行規制の意向を強く持っていた米国金融当局は、これを実現するために、先進国の銀行を巻き込んだ方式で1988年のバーゼル合意（BIS規制）にこぎつけたといわれている。BIS規制以前から存在していたCAMELによる統一銀行格付け制度や、1991年にFDICIAによって導入された早期是正措置ともあいまって、金融規制当局による銀行健全経営規制がますます厳格化・緻密化していった[26]。結果として90〜92年には銀行による貸し渋りも起り、銀行の貸出残高は従来と異なったトレンドを描くことになる。自らリスクを取る資産転換の一部を制限あるいは断念するという銀行自身の戦略転換が起ったとみられる。

③ ノンバンク金融機能の拡大

90年代初にマネーセンター・バンクを中心とする大手商業銀行によるクレジット・クランチが発生したが、その状況下で産業界への資金供給ルートとして大きな役割を果たしたのがノンバンクであった。80年代にメーカー系、独立系のノンバンクは商業銀行と並存しながら成長を続けてきたが、この時期におけるノンバンクの資金供給の拡大は明らかであった。ノンバンクの資金調達源が拡大したことは、それに拍車をかけることとなった。特にコマーシャル・ペーパー（CP）市場の発達は、ノンバンクの活動をさらに活発化させることになった。ノンバンクが市場でCPを発行し、MMMFなどが投資家としてそれを購入し、ノンバンクはそこで得た資金を資金需要の高いセクターに貸し出しを行うという資金の流れが定着し、太いパイプとなっていった。

図表1-3　パラレル・バンキングシステム

①銀行が仲介する資金の流れ

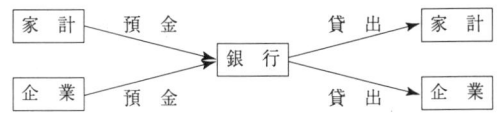

②ノンバンクが仲介する資金の流れ

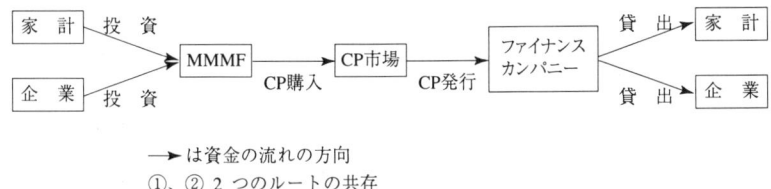

→は資金の流れの方向
①、② 2つのルートの共存

　伝統的な銀行の仲介機能を通した企業への貸し出しを行うバンキング・ルートとは別に、ノンバンクを仲介とするバンキング・ルートが並行して存在したことから、これはパラレル・バンキングシステムと呼ばれている[27]（パラレル・バンキングについては、上の図表1-3参照）。米国ではノンバンクの商工貸出に占める比率が相対的に高いのは、大手銀行が貸し渋りをしている間にノンバンクが貸し出しシェアを拡大したとみる人も多い。銀行が商工貸出によるリスク・テイキングを敬遠した結果とみることもできる。

④　多様な金融商品の出現とデリバティブ取引の急成長

　銀行が新しい利益機会を求めて開発に精力を注いだのは、金融技術などのイノベーションとプロダクト・ニッチであった[28]。それが自らのリスク資産の増大につながらないものであればなおさらであった。次々と新しい商品を開発し、それを最終的貸手も含めた第三者に販売し、リスクを取らせるものが多かった。金融ハイテク分野においては、オフ・バランスシートものが多くなった。前者には、各種のテイラーメイド商品、ストラクチャード・ファイナンスや不動産関連商品、M＆A関連商品、その他金融サービスなどが含まれ、後者には、スワップ、オプション、先物といったデリバティブ取引が

含まれている。

　スワップ取引は、銀行と市場の関係を根本的に変え、市場が国境を越える能力も大きく変えたといわれているが、オプションや先物も含めたデリバティブ取引の取引量の伸長はあまりにも急速である[29]。デリバティブ取引には、銀行が自らのリスク資産や市場性資産のリスクを軽減するものと、自己ディーリングによって収益を高めようとするもの、顧客のためにこれらの取引を行うものなどが含まれている。

(2) 銀行の戦略の選択

　90年代に入って銀行の戦略が大きく変る契機となったのは、1991年に成立したFDICIAである。80年代米国の銀行は、経営戦略として対象とする顧客はホールセール業務の大手企業からリテール業務の個人まで、ノンバンク業務・証券業務もカバーし、クレジットカード、保険、投資信託の販売にも力を入れ、国際分野ではシンジケート・ローン、プロジェクト・ファイナンス、M&Aやその他ストラクチャード・ファイナンスにも参入するなど金融の総合デパートを目指してきた。ところがS&Lの救済を目的としたFIRREA（金融制度改革救済執行法）の議論を経てFDICIAが成立したことによって、「フルライン戦略」から「フォーカス戦略」に転換せざるを得ない状況に立ちいたる[30]。80年代累積債務問題を経験した銀行が、リストラに取り組み、ホールセール業務かリテール業務かの選択、ミドルマーケットやプライベート・バンキングに特化したり、証券業務の特定分野やノンバンク業務の特定分野へ傾注するといった戦略は既に80年代にみられたが、90年代に入って銀行間の大型買収などによる業界の再編成が進行するなかで、このフォーカス戦略はさらに深化していった。

　これら米銀のとった戦略の基本には、すべてリスク対収益の観点からリスクを収益に反映させるという目的で共通している。そのためのリスク評価の手法も種々開発された。銀行がリスク負担を減少させても、それに代わる収益が期待できるものがあれば、リスク資産の増大ではなく他の選択肢を選好する。結果として、90年代に入り米銀の商工貸出残高は減少し始め、総商工貸出に占め

る銀行のシェアは減少している。これには次のような方向付けが基本的に存在していたとみられている。すなわち、①貸出資産は積み上げない。②証券化・ローンセールによって流動化する。③仲介機能は果たすがリスク資産は保有せず、投資信託などへ投資しリスクは最終的貸手が負う形に誘導する。④自らのポートフォリオはデリバティブを利用しリスクを軽減する一方で、自己トレーディング部分については運用リターンを高める、などである。銀行貸出シェアは減少してきたが、収益的にはかつて高収益を上げていた時代の水準を回復していった。

　銀行の戦略が大きく変った結果、従来のリレーションシップ・バンキングからプライス・バンキングへ変化したという批判もある[31]。銀行が常時顧客と接し顧客の顔色を観察しながらアドバイスし貸し出しを行うという、銀行と顧客との密接な関係を基本としたバンキングから、価格が重要であって価格中心で顧客の顔のみえないバンキングへの変化である。

　借り手や第三者にリスクを移転する対応が進展した結果、銀行はかつてのように1人だけにリスクが集中し、その大宗を負担する状況から解放されたのは確かである。

5　わが国の銀行の選択

　1998年3月、大手銀行を含む13行に対して1兆5,090億円、1999年3月に15行に対して7兆4,592億円の公的資金が注入された。2度にわたる公的資金の投入も、大手銀行の不良債権処理に決着をつけることができず、2003年6月にはりそなグループへ1兆9,600億円の公的資金が注入された。

　これまで公的資金導入を申請した銀行は、その資金の返済計画を含めた経営健全化計画を策定し、それに則した経営努力を約束させられるにとどまって、過去の経営責任を問われることはなかった。計画通りの業績が上がっているか否か6カ月毎に金融庁のチェックを受け、順調に進んでいない場合にのみ経営

責任が問われることが想定されていた。各行の経営健全化計画の内容は、例えば、業務改革を中心として、海外業務からの撤退や拠点の大幅統廃合、銀行間での業務提携や合併若しくは合弁会社の設立などによる特定分野のサービス提供、役員の報酬カット、人員の削減、給与ベースの引き下げなどが一律に網羅されているものであった[32]。

しかし、この返済計画・経営健全化計画が進捗する過程で、大手銀行の大統合による再編劇が展開された。各銀行の不良債権ポジションや収益構造と今後の中・長期的展望に照らして、1行単独による達成実現の可能性が困難との判断があったと推測される。わずか2年足らずの間に大手銀行は5大銀行グループ、みずほフィナンシャル、住友三井、三菱東京、UFJとりそなグループへと再編・集約が行われた。各銀行グループの新しい体制下での組織的な布陣がようやく実施されつつある現段階では、一応に総花的な組織図がデザインされており、いずれにも顕著な戦略的特徴はみられない。

したがって、ここでは第2回目の公的資金が投入された段階で、戦略的な動きが明らかにされた旧住友銀行と旧日本興業銀行2行のケース[33]に注目したい。その後住友銀行は三井銀行と合併し、日本興業銀行は第一勧業銀行・富士銀行と統合したことで、戦略的旗幟はやや薄れたかにみえるが、この動きは先にみた米銀のフォーカス戦略に該当するものであり、現時点でも継承反映されていると考えられるのでみておきたい。

旧住友銀行の戦略は次のようなものであった。住友銀行のターゲットとするマーケットの柱の1つはリテール分野であり、その市場を3つのセクターに分類する。独身者層・家庭を持った中間層・老熟年者層の3つのセクターのうち資産を有している老熟年者層を戦略的に重視する。営業拠点の体制もそれに対応して変更される。もう1つの柱である企業貸出は、地域統括拠点を設けこれまでの各営業拠点はそこに統合され、営業担当者をそこに集中させる。地域統括拠点がその地域全体の貸出顧客をカバーする方式を取る。従って営業店舗構造も変化することになり、従来大きな機能であった送金・決済機能やそのための預金業務はほとんどATMなどの機械による処理に委ね、人員を大幅に削減す

る。店舗の人員とスペースを資産のある熟老年者層のケアに当てるプライベート・バンキング的な業務に重点を置くというものである。法人営業を統合することは必ずしも法人営業の縮小を意味しないが、ここにはターゲットとするマーケットの優先度をプライベート・バンキングに置く意図が窺われる。リスクと収益性を考慮しリスクが少なく収益性の高いものを重視するフォーカス戦略がある。この方式は現在では他行も取り入れるようになってきている。次頁の図表1-4は、銀行の業務範囲のあり方に対する考え方の変化を示すものであるが、金融審議会での旧住友銀行報告のなかにみられるものである。当時の住友銀行の戦略図の前提にあった考え方である。

　旧日本興業銀行の場合は、いわゆるインベストメント・バンキング業務を法人営業業務と並ぶ柱としてその旗幟を鮮明にするものである。元々同行は店舗数が少なく、伝統的にインベストメント・バンキング業務にも力を入れてきた蓄積があるが、それをさらに尖鋭化しようとするものである。証券の自己トレーディング、投資信託、デリバティブの分野でかつての宿敵野村証券との合弁会社設立はこの戦略のなかに位置付けられるものであった[34]。

　これら2つのケースでは、前者はリテールビジネスへの傾斜であり、後者はインベストメント・バンキング業務への傾斜である。これら2つの戦略を米銀のフォーカス戦略のパターンに当てはめれば、1つはリテール指向のシティバンク型であり、1つはホールセール指向のJ.P.モルガン銀行（現在はJ.P.モルガンチェース銀行）型とみることができる。ここには、現有勢力を前提に経営資源の重点配置を図る上で貸出業務について現状水準維持あるいは減少すら想定している戦略的意図がみてとれる。金融仲介機能の柱の1つである資産変換がもたらすリスク負担を縮減し、相対的にリスク負担の少ないビジネスによって収益を補い、高めていく戦略である。バブル期に異常に膨張したリスク資産残高は、不良債権処理の進捗によっても徐々に減少してきてはいる。BIS規制や早期是正措置などの健全経営規制の存在によって銀行は積極的に資産残高の縮減に努めてきた。新規貸出を極力抑制し、それに代わる収益的に期待できる新しい業務へ向かうのは、リスク負担軽減の当然の帰結であろう。

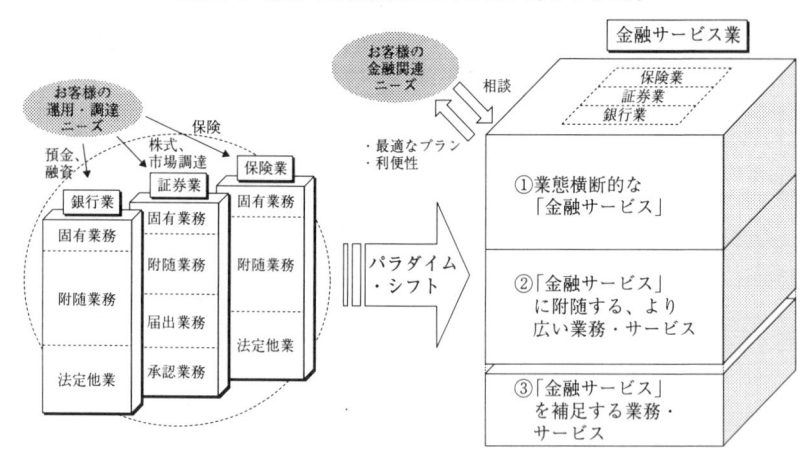

図表1-4　銀行の業務範囲のありかたに対する考え方

出所：住友銀行（2000）金融審議会報告「銀行業への異業種参入と銀行の業務範囲規制の緩和」

　再編劇の結果誕生したメガバンクは、あらゆるサービス機能の提供を前提としているが、今後戦略的なフォーカスが鮮明になることを期待したい。リテール分野、特にプライベート・バンキングに注力するフォーカス戦略が鮮明になる一方、貸出部門の合理化・再構築がリスク資産拡大より抑制を意味するとすれば、貸出残高の意図的な減少は十分予想される。これは米国のシティバンクが80年代半ばリテール指向に戦略の大転換を図った後の結果がそれを物語っている。銀行は、1人他の人達より多くリスクを取るやり方から、いかにしてリスク資産を縮減し、リスクを他に分散させるかに方向転換しつつあることがうかがえる。貸し渋りはその1つの現れであるが、ローン証券化、ローン・パーティシペーション、シンジケート・ローンなどの金融技術が頻繁に利用されるようになり、市場を通して第三者へのリスク移転も積極的に行われるようになってきている。

　しかし、銀行が積極的にリスク負担を回避することに対する批判もある。米国において90年代初にクレジット・クランチが発生し、またFDICIAの成立により米銀の商工貸出が減少していくなかで、銀行衰退論が議論されたことは先に触れた。1993年FRBのグリーンスパン議長はその講演「FDICIAと銀行の将来」

のなかで、「銀行の基本的機能は金融仲介を行うことであり、それは借手の信用力に関する専門的な情報を生み出し、そうした情報に基づいてポートフォリオの多様化を行う能力に基づいている。マクロ経済の成長にとって不可欠なリスク・テイクを積極的に行いリスクを負担・管理するところに銀行の本来的な機能がある」[35]と述べ、銀行規制当局は銀行のリスク負担を最小化しようとしてはならないとも述べて警鐘を鳴らしている。米国の当時の状況は、わが国の銀行が置かれている状況に通じるものがある。

　80年代～90年代米国で多くの銀行がミドルマーケットやプライベート・バンキングやリテール業務分野に殺到したように、わが国の銀行もこのような分野へのフォーカス戦略をとる銀行が増加するだろう。銀行がリテール分野を指向しかつ資産転換の方法として自ら100％リスクを負担するやり方ではなく、リスク・セグメンテーションに応じた商品毎にきめ細かい仲介機能を果たす方法を選択するようになると、リスク負担額は明らかに減少する。銀行自らの意志によって、リスク資産を拡大せずとも収益を上げられる戦略を選択することを意味している。その場合、誰が銀行に代わってリスクを負担することになるのだろうか。市場がリスクを取るということは、個人レベルも含めて投資家がリスクを負担することでもある。その転換は容易に実現可能であろうか。

　銀行がリスクを取らなくなる部分は、社会的に投資家の誰かが引き取ることになる。市場が存在するかぎり、価格の問題はあってもリスクの取り手は必ず存在するだろう。ノンバンクであり機関投資家であるかもしれない。銀行に比べてリスクの引き受け能力が大きい機関もある。例えば、コマーシャル・ペーパーは企業の運転資金需要が銀行からその購入者である機関投資家にシフトしているケースである。証券化されたローンの大口投資家は個人ではなく機関投資家である。わが国においても徐々に新しい金融の流れが定着しつつある。ノンバンクである事業金融会社や消費者金融会社の業量も拡大してきている。

　中小企業に対する貸し出しの問題はどうであろうか。中小企業に対する貸付債権は最も流動性が低く、リスク管理に時間とコストがかかるものであることは既に触れた。銀行が中小企業のリスク負担を必ずしも望まないとなればその

他の機関の誰がその代替機能を受け持つことになるのか。わが国の中小企業貸出は、地方銀行や信用金庫・信用組合などによって支えられている部分が大きいが、この分野で急激な変動は当面起こりそうにもない。決済ネットワークのなかで大手銀行との提携・グループ化が進んでおり、消費者金融機関や郵便貯金と銀行の提携も出てきている。米国においてリーグル・ニール法（1994年）によって州の境界が撤廃され、地域金融機関に大きな再編劇が起ったように、現在の地方金融機関の営業領域制限の緩和がさらに進むようになれば、将来的に地域金融機関の再編が起るであろう。中小企業金融のあり方も基本的に再検討を迫られることになろうし、それは郵便貯金の民営化とも無関係ではなくなる。

6　銀行のリスク負担対応と将来の課題

1970年代半ば以降銀行の負担するリスクが増大したことは既に触れた。金融の規制緩和が進展するなかで、金融取引のグローバル化と情報技術革新がそのリスクの増幅にさらに大きな影響を与えた。銀行内部で解消できない市場リスクやマクロ経済リスクのような分散不能リスクが増大した。金融自由化の進展は、これまで銀行が享受してきたレントを減少させ問題を悪化させた。銀行経営者にモラルハザード（過度のリスク・テイク）を引き起こさせ、破綻につながる道筋を作ることにもなった。

金融の自由化が進展するなかで、今後銀行の競争をますます促進させる方向に進む。銀行の競争は激化することはあっても緩やかになることはないであろう。このことは、銀行が収益構造と預金に依存するリスク負担構造という双方の利益・リスク調和の戦略を適切に遂行・管理しないかぎり、銀行の破綻は減少せず従来と同じような破綻が繰り返されることを意味している。

金融の環境変化のなかで、金融技術を駆使したリスク分散の手法が開発されるのと並行して、銀行はリスク管理のための組織的な防御策の構築にも傾注してきた。一方、銀行がリスクを移転させる上で市場の存在はきわめて重要であ

ることが分かってきた。各々の銀行は各々の異なった顧客を有しており、その範囲でリスクを相互に再配分できる銀行間市場の存在意義は大きい。また、機関投資家から家計につながる市場に銀行がリスクを移転するルートも定着し拡大しつつある。銀行は市場に依存しており、市場も銀行の存在を不可欠としているように、銀行と市場はきわめて密接な相互関係にある。これまでみてきたように銀行のリスク負担構造は確実に変ってきている。

　しかし、問題はこれで解決したわけではない。デリバティブ取引にみられるように、銀行がリスクを移転したカウンターパーティのリスクは必ずしも十分な情報が得られていないし、市場全体のリスク・エクスポージャーも把握できないという問題がある。最終的に誰がこのリスクを負担するのかという金融システム全体の問題である。国や中央銀行が最終的な引受手になると安易に想定してよいか、そうなればモラルハザードの問題は起らないか、といった問題などである。

　銀行の抱えるリスクが高くなっていることは、今や「安価な預金」は存在し得ず、伝統的な金融仲介機関としての銀行の比較優位は相対的に低下していることを意味している。預金者の立場からは、預金者の利益を守る方法として預金資産の劣化を防ぐ方策が考慮されなければならない。最終的には、これは国による銀行規制やセーフティネット政策による保証につながるものである。Hellwig（1998）が指摘するように、これまでの機関対機関アプローチからマクロショックに対するシステム全体のエクスポージャーに関係するような包括的なアプローチによって、システムの安定性を評価し補完していかなければならない問題であることを認識する必要があろう。

　最後に、銀行のリスク負担構造に関連して次の3点についてまとめておきたい。すなわち、①リスク負担構造の変化、②家計のリスク負担能力、③銀行のリスク負担回避の問題、についてである。

　まず①リスク負担構造はどこまで変化しているのか、それによって銀行の役割は変るのかという問題である。銀行がリスクを積極的に取ることをせずリスク資産の積み上りを回避し、証券化やデリバティブ取引によってリスク負担を第三者

にシフトし縮減することで、銀行の資産変換機能のウエイトは相対的に減少する。

　金融の自由化と情報・通信技術の進歩によって、金融取引に関わる情報コストや取引コストは低下した。これらのコスト低下は、当然のことながら個人を直接取引に向かわせ仲介機関離れが起ると予想されたが、実際には仲介取引はむしろ増加した。一方でリスク度の高い複雑な取引が増加したことで、リスク分散コストや市場参加コストが高くなったことが大きな要因である[36]。証券化商品市場やデリバティブ取引市場などは、銀行のリスク再配分市場と位置付けられるが、新しく出現した個々の市場では、銀行はもとより銀行以外の機関投資家の活動が増加した。機関投資家のリスク引き受け能力は健全経営規制の厳しい銀行に比べより高く、これまで銀行が担ってきた金融仲介機能を補完ないし代替する者として浮上してきている。伝統的な銀行の金融仲介機能のなかで機能変化が起っていることは確かである。金融仲介機能は「資産変換」から「資産管理」へシフトし、資産運用機関の機能に収斂しつつあり、明らかに変質をもたらしているという見方もある[37]。金融仲介機能の基本的な構造が変化すれば銀行の役割は自ずと変っていくであろうが、この点については後の章で取り上げることとしたい。

　次に、②最終的な資金の貸し手である家計のリスク負担能力と銀行のリスク分散が家計につながるルートの存在についてである。銀行のリスク負担軽減の方法はリスク移転の手法である。それらは銀行間市場を通じての銀行相互のリスクシェアリングであり、その他市場を通じた第三者へのリスク移転である。最終的な資金の貸し手である家計に直接リスクを負担させるスキームは現在のところ存在しない。家計に直接リスク負担させる価格設定が難しいという問題がある。証券化商品を家計に小口販売をする方法は考えられるが、現状は機関投資家の段階にとどまっている。家計が魅力的なリターンとみるレベルを家計の段階までつないでいくプロセスは現状では困難だからである。

　最後に、③銀行がリスクを取る努力をせず資産変換の機能が十分に果せなくなれば、経済社会にとって重大な問題とならないか、という問題である。銀行自身はリスクを取ることで発展、進化してきた。同時に、銀行がリスクを取り

リスクを管理することで経済発展に貢献してきた。その機能を意識的に回避することは決して望ましいことではない。蓄積された情報に基づいて借り手の信用力を審査するプロのビジネスである銀行の情報生産機能は、銀行の仲介機能の最も重要な機能として比較優位は揺るがない。機能の要素分解によって資金提供者が異なっても情報提供機能は存続する。むしろface to faceの顧客との関係を維持し、地道な努力のなかで貸し出しが継続されていくことが不可欠である。仮に銀行がその機能を果たさなければ、かつて米国で銀行の機能の一部がノンバンクに取って代わられたように、銀行に代わってその機能を果たす第三者が必ず出現するような競争的な金融システムを期待したい。

　1980年代から90年代を通じてみられた金融の構造的な変化から、銀行の伝統的な金融仲介の観点から説明できない変化が拡大しており、その意味で仲介構造が変化してきていることは確かである。しかし、金融の機能的側面を重視し、仲介機能の資産変換から資産管理への変質を強調するあまり、貸し出しを軸とした顧客との取引関係を捨象するのは正しくない。仲介機能の変質によって銀行の役割が変ったわけではない。仲介機能に新しい「リスク管理機能」が加わったことは確かである。

　銀行のリスク負担問題について、伝統的な銀行の機能には限界があるというのはいい過ぎであろう。金融仲介機能のなかで、モニタリング機能は依然として重要な機能を果たすものであり、異時点間でのリスクシェアリング機能などは市場中心の金融システムより優れている点でもある。市場との関係においても、顧客と市場をつなぐ銀行の役割はますます重要になってきている。モラルハザードによる銀行の破綻、バブル崩壊後の巨額の不良債権による銀行体力の著しい低下に懲りて、銀行がリスクを取らない戦略に走るのはあまりにも短絡的である。

　今後、銀行の役割が銀行のリスク負担の観点からどのように変化していくかを考える場合、市場の変化が金融仲介機能に与える積極的な意味を踏まえつつ、制度機関としての銀行の意味を再確認し、伝統的な銀行が果してきた積極的にリスクを取る役割を見失わないことが重要である。

第 2 章

情報・通信技術 (IT) 革新と銀行のIT産業化戦略

　1970年代以降米国で始まった金融イノベーションは、その後他の先進国に伝播し、さらに世界に広がる大きな変化の潮流となった。その金融イノベーションの要因としては、次の4点が指摘される。すなわち、①通信・コンピューター産業における技術進歩、②金融理論の進展、③市場のグローバリゼーション、④規制緩和に向けた政府の大きな変革への力、である[1]。これらが金融産業を直撃した。これらの要因のうちいずれが決定的な役割を果したかを判断するのはきわめて難しい。これら4つの要因が相互に影響しあった結果であるとみるべきであろう。

　さらに、情報・通信技術の進展のなかで、特に90年代半ばにインターネットの一般利用が普及し始め、金融産業もインターネット技術の展開に結びつくことで21世紀に大きく花開く可能性が出てきた。

　本章ではIT革新が与える金融産業への影響と、その結果として金融産業がどのように変貌しつつあるかについて、特に銀行業に焦点を絞ってみていくこととする。それらを踏まえて金融産業、就中銀行の将来の方向についても考えてみたい。

　先ず1で、IT革新によって経済社会が変容していること、特に情報ネットワーク社会の出現によって大きな変化を与えている経済の構造的変化の位置付けを行い、その変化の核にあるインターネットが、金融、特に銀行業に与えている影響を考える。次に2では、IT革新が金融の各取引分野に与えている影響を分野ごとにみていく。銀行の決済機能に関連する分野での変化、市場における電子ブローキングの発達と、インターネット・バンキングや証券のネットトレ

ーディングの出現、ホールセール・バンキングの変化などに触れる。3では、このようなIT革新の影響を受け変容を続ける金融産業、銀行業務を、伝統的産業としての金融業との対比で問題点を指摘する。4では、IT革新の時代における銀行の経営戦略に焦点を絞り、米欧の銀行が取り入れてきたIT産業化戦略についてみると同時に、その目指す方向を示す。一方、わが国の銀行の現状を米欧の銀行の取組みと比較していく。

以上を踏まえつつ、最後に21世紀金融産業、特に銀行業の対応と方向を提示し、その将来像の視点を明確にする。

1 IT革新によって変るもの

(1) デジタル革命の進展

現在世界が経験しつつある情報・通信技術（IT）の革新が与えているインパクトは、従来のビジネスが基盤にしてきたパラダイムを転換させかねない大きな変化の潮流として受け止められている。この影響は個々の産業分野を網羅し、ビジネスそのものの進め方に変容を迫っている。

金融産業も例外ではない。というより金融産業は情報の集積の上に成り立っている情報産業であることから、IT革新による影響は特に大きい。実態は米国が先導する形で世界に大きな影響を与えてきている。それは、圧倒的に強い軍事力を背景にした政治的な外交圧力によるものではなく、IT技術の革新そのものによってである。

20世紀も末、90年代後半になって次の世代に花開くとみられる新しい動きが始まったが、それは18世紀の蒸気機関や19世紀の電力による産業革命が世界に与えたパラダイムシフトを凌ぐとさえいわれるほど大きな影響力を持つと予想されている。デジタル革命と呼ばれるものである。

デジタル技術が放送や電話やコンピューター・ネットワークの進化を促進させ、情報・通信分野にコストの削減、時間の短縮、範囲の拡大を可能にし、通

信媒体であるケーブルや通信衛星を通じて情報を送受信することから情報技術 (IT) 革命とも呼ばれている。そしてデジタル技術によって駆動される経済全体をデジタル経済と呼んでいる[2]。

米国経済が90年代長期にわたり経済的繁栄を続けたのは、IT産業の拡大であり、デジタル経済が開花したことが大きな要因とするのは今や誰もが認めるところであろう。その後米国経済は、インターネットの将来拡大への期待があまりにも急速で過熱し、2000年春にはいわゆる「ネットバブル」の崩壊を経験した。現在は、その第2幕目の展開が始まっている。

米国政府はデジタル革命を積極的に推進する姿勢をとってきた。クリントン政権時代の情報スーパーハイウェイ計画に基づく「全米情報基盤 (NII)」構想、さらには「世界情報基盤 (GII)」構想を推進する政策であった。そしてこの大きな変化の核にあるのがインターネットである。元々インターネットは米国の国防省により軍事的な目的で開発されたものが、全米科学財団による科学技術情報交換用ネットワークとして発展し、その後1995年に商業用サービスとして利用され始めたものであることはよく知られている。

インターネット[3]が与えているインパクトが特に大きいことから「インターネット時代」と認識して、その意味が多面的に議論されている。インターネットの出現によって伝統的な生産要素（資本と熟練労働）は経済力を決定する条件ではなくなってしまったし、経済的潜在力が情報をコントロールしそれをうまく生かす能力にますます結びつくようになっているのである。インターネットでは銀行業務、コンサルティング、教育、小売り、ギャンブルにいたるまであらゆる種類のサービスをネットで提供することが可能になる。またインターネット構築事業そのものが巨大な市場になるし、インターネット上のサイバースペースは電子商取引市場という第2の市場を創り出すという期待が高まっているからである。

U.S. Department of Commerce (1998, 1999, 2000, 2002)によれば、インターネット人口は1998年から1999年に55％増加し、1999年5月の利用者は1億7千万人に達している。その後も個人によるインターネット利用は伸び続けている。ま

た最近のBusiness Weekによれば、米国は個人のオンラインの50％を、インターネット商取引の4分の3以上を占めている。他の先進国では情報・通信技術投資は米国におけるほどには加速していないが、EUのいくつかの国では米国よりインターネット・アクセス率が高くなっている。

(2) 経済構造変化の見方

このような現象の基本にある経済の構造的変化をどのように認識し、位置付ければよいのだろうか。

宮沢（1988）は、サービス化、情報化、ネットワーク化と産業社会の構造的変化を次のように位置付けているが、それを参考としたい。

かつて工業社会における大量生産時代の「規模の経済性」を経て、多品種少量生産の時代に入って「範囲の経済性」の重要性が言われるようになる。しかし、経済のソフト化・サービス化、情報の時代を予想した場合、それだけではカバーし切れないものを「連結の経済性」というコンセプトを導入し説明する。また情報化、サービス化と並んで業際化の動きも進展する。経済活動の基礎単位とされてきた「市場」の境界が揺らいで、業種・業態・産業間の垣根を越えた相互乗入れによる新たな競合関係と協調関係が生み出されていることを「業際化」と呼んでいる。業際化と情報化の両面が連動しているところに形成されている世界が「情報ネットワーク」である。単一主体の立場から製品の範囲を広げる多角化による「範囲の経済性」のほかに、「複数の主体間のネットワークの結びつきが生む経済性」が開かれつつあり、この第3の局面を「連結の経済性」と名付けている。「連結の経済性」の核になるものは、情報ネットワーク社会における主体間の機能補完的で連鎖的な相乗効果なのである。

新しい経済の流れの変化の中で、1つのモメンタムによって動かされているもの、あるいは経済現象をリードしている指導原理が何かについて、宮沢（1988）は、モメンタムの核にあると考えられる「範囲の経済」に比して「連結の経済性」の異なる点として次の点を挙げている。すなわち、①コストの節約というインプット面の条件のみならず、供給によるシナジー効果の創出などア

ウトプット面の効果があること。②「共通」要素プラス「共有」要素面でコスト節約が多面化すること。③範囲の経済性の単一主体（組織）の複合生産に対し、複合主体間の結びつきが生む経済性があること。④市場にまたがり、それと組織を結びつける「連鎖型組織」の生産効果に概念化の力点があること、の4点である。

(3) インターネットのインパクト

　デジタル革命の中心的な部分は電子商取引であると考えられるが、それとの関連では金融の分野ではよりドラスティックな変化が起こると考えられる。というのは、「金融ビジネスは『距離』と『時間』の克服サービス」である点では「流通ビジネスと共通の要素を有しているが、流通の場合には、最終的には有形財を運ばなければならないという『流通』の制約を有しているのに対して、マネーは瞬時に『決済』されるため情報パークを利用したネットワーク化の効果はそれだけ大きい」[4]からである。

　インターネットの世界がネットワーキングの経済性の効果を発揮して、経済がダイナミックに展開していくことが期待されるなかで、特に金融についてはその影響されるところが最も大きいと考えられる。「インターネットは世界の金融の形を変化させる革命的な通信技術であり・・・インターネットは資本市場のシステムを根本的に変えることになる」[5]。このメカニズムは次のようにみることができる。すなわち、インターネットが預金や借り入れのコストを急激に引下げる。多くの人々が市場への直接のアクセス・ラインを得ることになれば、投資資金額は増大する。また新しい金融商品の開発が新しい投資機会を提供することになり、それが資本コストをさらに引き下げることにつながり、これが次々と繰り返される。そしてインターネットは世界経済規模で貸し手・投資家と借り手を効率的に結びつけることを可能にするというものである。

　しかし、ここにはインターネットがもたらす積極的な利点のみが強調され、あたかもこれまでの世界と違った夢のような環境が創り出される印象を与えがちであった。実際世界はインターネット時代の到来を歓迎し、これで問題は大

方解決し将来的にかぎりなく可能性が拡大するかのような楽観的なムードが広がったのは確かであった。

しかし、インターネット元年の1995年から4〜5年を経て、技術の導入とそれを十分に利用できることとの間には大きな間隔があることが分かってきた。最近ではこの技術の出現を当初から冷徹に見据えていた人々の考え方への回帰、ないしその可能性に慎重に対応するようになってきている。

Gandy（1999a）は、銀行産業はネットワーク・バンキングの発展に注目してきたが、インターネットの出現によってそれが大きく変りつつあることを指摘している。米英の銀行がリテール戦略のなかで第一段階としてテレフォン・バンキング・サービスを導入してきたが、この狙いは従来の支店顧客の情報提供サービスに加えてより戦略的に特定の顧客層をターゲットとするものであった。このサービスの次に想定されていたものは、ケーブルテレビシステムを利用した双方向のホーム・バンキングで、実際に一部ではテレフォン・バンキングと双方向の情報交換ができる体制が確たる勝算あるコンセプトとして位置付けられつつあった。そこにインターネットが出現したのである。従来型の支店顧客サービスとATMによるサービスよりコールセンターのサービスの方が、コスト的に安くなることは統計データでも判明している。しかも銀行にとって、単純に顧客をテレフォン・バンキングに誘導するだけでは期待したコスト削減ができないことが分かってきていた。インターネットを活用したインターネット・バンキングは、間違いなくより多くの人々がこれまで以上の多くの情報を求めるニーズに合致したものであり、その銀行業務に与えるインパクトはもっと大きいと考えられている。電子ネットワークは、金融商品を新しく創り出し配布する仕組みを変えつつある。新しいデリバリーチャンネルが提供する低コストの枠組みが、この分野への新規参入者を呼び込むのに対して、従来型の金融機関は、古いチャンネルでの顧客管理を継続しなければならない悩みに直面することになる。

しかし、このインパクトは、最終顧客に情報を提供することに注力してきた銀行のリテール業務に対してだけでなく、同様にコーポレート・ファイナンス

やインベストメント・ファイナンスの市場においても強く認識されているところでもある。

さらにGandy（1999b）は、ネットワークの統合は、商品提供者のネットワークに基づいたサービス提供が可能になるという意味で競争構造に新しい形態が加わることになり、これは確実にインターネット時代のものであることを強調している。インターネットが金融サービスのなかに組み込まれる結果、顧客との関係の管理能力がよりいっそう強く求められるようになるし、同時にデリバリーチャンネルの適切な選択が重要になる。成功の鍵は、顧客との関係の管理能力とデリバリーチャンネルの選択、これら両方の戦略を1つに統合した戦略として捉えることが重要である。すなわち、あまり関係のない商品を次々と宣伝し広げるのではなく、適切な商品を適切な顧客に適切なチャンネルで呈示することが重要な鍵となる。そのためには顧客をよく知ることが核心になければならない。

インターネットを新しい情報の収集管理とデリバリーチャンネルとして追加することは、銀行と利用者双方にとって便利な方法が加わることになり大きなメリットである。しかし、これを銀行が顧客との関係において総合的に統合する能力を持たなければ、何も革命的なことは起きないということでもある[6]。

2　IT革新と金融の個別取引分野の変化

次にIT革新によって金融の個別の取引分野に起っている変化、あるいは変化の可能性について分野ごとに概観することとしたい。

(1) 銀行の決済機能

決済は取引によって生じた債権・債務を決済手段である現金や預金通貨によって清算することであるが、それは主に次のような決済メカニズムによって処理されている。①現金で決済する、②小切手もしくは手形で決済する、③クレ

ジット・カードで決済する、④債務者が現金または預金（要求払預金）から引出して債務者の預金口座へ振替えるか送金する、といった態様が考えられる。これらの場合、①の場合を除いてはいずれも最終的には銀行に保有されている要求払預金（当座預金や普通預金）の貸借記よって決済されている。②の場合は、中間段階では小切手、手形決済制度である銀行間の小切手・手形交換が行われるが、最終的には債務者の保有する当座預金勘定の引き落し、債権者の預金勘定への振込みという形で決済される。③の場合はクレジット・カード会社が介在するものの最終的には債務者の要求払預金が引落されて、債権者の預金勘定に振込まれて決済される。④の場合も送金する時点で先ず債務者の要求払預金が引落されて、同一の銀行にある債務者の預金勘定に振込み操作が行われるか、他行にある債権者の預金口座に振込まれる手順をとる。

　これらに共通していることは、銀行に開設されている支払・決済手段である要求払預金口座から引出して、相手の取引銀行に開設されている要求払預金口座に振込む形で決済が行われるということである。さらにこのシステムの優れているところは、当事者間の債権・債務関係は最終的には銀行間の債権・債務関係に置き換えられることになるが、小切手・手形交換の場合も含めて銀行間の決済については、各加盟銀行が中央銀行に開設している当座預金勘定を貸借記することで最終的に完了することである。

　これまでわが国では、全銀システム・日銀ネットの加盟銀行を通じてその決済の大宗が行われてきた。決済機能は銀行がほぼ独占的に有している分野であり、金融仲介、信用創造の機能と並んで銀行の有するきわめて重要な機能の1つである。決済の分野はいわば銀行の「聖域」とさえみなされてきた。

　しかしながら、金融機関の有する諸機能や市場が細分化され、発展・変化するに伴い機能の要素分解の現象がみられるようになり、銀行の金融仲介や信用創造に変化が現れると同様に、銀行の「聖域」とみられていた決済の分野にも徐々に変化がみられるようになってきている。

　わが国で証券会社に総合口座開設が可能となり、証券取引に関わる決済勘定として利用できるようになったのはごく最近のことである。これに対して、米

国では1973年証券会社フィデリティがMMFをもとに小切手発行機能を加える方法を開発し、MMFと銀行口座の区別を完璧なまでに曖昧にしてしまったことから始まったという既に長い歴史を有している[7]。

この決済の領域にさらに新しい動きが現れ、銀行の独占的な地位に打撃を与えようとしているのがデビット・カードや電子マネー、さらにはインターネットを通じて行われる商取引に想定されている電子決済である。電子マネー開発の動きは90年代に入って急速に進んだかにみえたが、一般に広く浸透し実現するまでには予想以上に時間がかかっている。

ここでは、クレジット・カード、デビット・カードや電子マネーがITの進展によりどのように変化しているか、そしてどのように伝統的な銀行の決済機能と関わっていくのかについてみることとする。

(ア) クレジット・カード

1958年9月にバンク・オブ・アメリカでクレジット・カード「バンカメリカード」が開発されてから既に長い歳月が経過しているが、クレジット・カードが銀行を中心とした決済システムの中に1つの新しい機能として参入した最初のものであった。銀行は当初クレジット・カードを自からのビジネス拡大のために開発し、事実これによって業務拡大につながり銀行自身が収益を上げることができた。しかしクレジット・カード会社が独立の機能を持ち始めると、銀行が果たしている機能を徐々に蚕食し始めることとなった。

米国におけるVISAカード、MASTERカードやAmerican Expressカードのようにカード会社自体が巨大になり、決済のかなりの部分に関わってくると事情は異なってくる。かつて銀行が知り得た個々の取引情報は、銀行が独占できる情報ではなくなり、クレジット・カード会社と共有することになる。あるいはクレジット・カード会社の得る情報は必ずしも銀行が得られる情報とはならず、クレジット・カード会社が独占する情報となる。

この傾向は最近のわが国でも顕著な現象として起っている。最近各社がこぞってクレジット・カードを発行している結果、人々がカードによる決済を好むようになる。最大の理由はカード発行体が提供するさまざまなインセンティブ

が消費者（利用者）を惹き付けるからである。これによっておカネの流れが明らかにこれまでと変化してきているのが観察されている。このことは銀行が消費者（顧客）のおカネの流れの情報を逐一把握できなくなっていることを意味している。
（イ）デビット・カード
　電子マネーの開発途上で生まれたプリペイド・カードやクレジット・カードの利点・欠点を総合したもので欧州諸国が先行している。わが国では1999年1月に始動した。これは多数の金融機関が参加した「ジェイデビット推進協議会」を中心として旧郵政省のバックアップによるいわば"オールジャパン"プロジェクトとしてスタートした。
　この基本スキームは、バンクPOSと同じであるが、バンクPOSの失敗の反省から改良されたスキーム設計の下に多くの利便性が盛り込まれている。すなわち、①口座振替ではなく即時の資金移動であり、②加盟店は1つの金融機関が加盟店契約すればすべての金融機関のキャッシュ・カードの受入れが可能となる。またスキームの中にクリアリング・センターを設けるのがポイントであるが、大部分既存のインフラを利用することにより莫大な投資を行わずに日本型の電子決済の仕組みを模索するケースとなるメリットもある。さらに既に世の中に流通している郵便貯金と民間金融機関のキャッシュ・カード3億6,000万枚をそのまま利用できるというのが最大のメリットといわれている。今後デビット・カード定着の課題としては、民間銀行側の利用時間の拡大や手数料負担の問題が挙げられている[8]。
　デビット・カードの出現によって多機能を備えたカード社会が実現することになる。すなわち、①前払いの「プリペイド・カード」、②即時払いの「デビット・カード」、③後払いの「クレジット・カード」という3形態のキャッシュレス決済手段が出揃ったことになる。3種類のカードについては、電子マネーの本格的な導入・展開までの間、これらのカードの棲み分けが進展していくとみられている。例えば金額の大きい買い物などはクレジット・カードが望ましく、小口の金額決済は電子マネー（ICマネー）、その中間にある金額について

はデビット・カードが好まれるというように、利用者の使い分け、カードの棲み分けが進むというものである。

また、カードの多機能性というのは、①カード発行者や機関の多様性、②カード利用が多様な店や営業所で可能となる、③カード利用の多目的性、④カードとこれを処理する端末機や情報通信路の多様性を意味している[9]。これら全てを包含するような多機能システムが形成されることにつながることが最も望ましいことではあるが、ここでの経験は今後の本格的な電子マネーの展開に生かされることになろう。

(ウ) 電子マネー

通常電子マネーという場合、現金代替機能を果たす「電子現金」および「電子決済（電子振替）」を含む言葉として用いられる。なぜなら電子現金はその決済の仕組みと不可分に一体化されたものとして捉えることで初めて意味を持つものであるからである。

電子マネーを「電子現金」の方により着目した説明は、「利用者から受け入れられる資金（発行見合い資金）に応じて発行される電磁的記録を利用者間で授受・更新することによって決済される仕組み、またはその電磁的記録自体」をいう[10]。そして電子決済の方により着目した場合の電子マネーは、「決済に関する情報が電磁的な方法により処理され、そのプロセス全体を管理する責任を有する単一の主体が存在しない決済の仕組み」[11]ということになる。

このような定義によれば、「電子マネー・電子決済にはICカードを用いた電子マネー、クレジットやプリペイドの仕組みを利用したインターネット上での決済サービス、インターネット・バンキング等が含まれることになる」[12]。

1995年イギリスのモンデックスが実験を開始したが、ほぼ同時期に世界の各地で様々な企業が電子マネープロジェクトの実験段階に次々と入っていった。オランダのデジキャッシュ社の「eキャッシュ」を使ってドイッチェ・バンクが実験に入り、米国の大手クレジット会社のプロジェクトをめぐる角逐は凄じく、ビザカードが「ビザキャッシュ」、マスターカードがモンデックスの経営権を取得、アメリカン・エクスプレスがベルギーの「プロトン」の技術で各々独自の

展開を目論んでいる。

　欧米に比べてわが国の電子マネーへの取り組みはかなり遅れてスタートしたが、現在欧米の先進企業と組んでいくつかの電子マネープロジェクトが進み始め、実験も行われるようになったというのが実情である。

　システム構成による分類としては、ICカードの中に電子的な価値を保蔵している「ICカード型電子マネー」と「ネットワーク型電子マネー」に分類されるが、後者はさらに価値の保蔵場がどこで行われているかによって、利用者のコンピューターのメモリー上に保蔵されるものとネットワーク上の管理センターに保蔵されるものとに分かれる[13]。

　また岩村（1999）は、システム全体の中でICが果たしている役割の違いによって、電子マネーシステムを「アクセス型電子マネーシステム」と「ストアード・バリュー型電子マネーシステム」に分類し、それぞれの特徴を次のように説明している。「アクセス型電子マネーシステムでは、貨幣的な価値を蓄えるデータベースは金融機関のコンピューターセンターにあって、カード上のICはそうしたデータベースとの通信を行うための通行手形としての役割を果たしているのに過ぎない」。これに対して、「ストアード・バリュー型電子マネーシステムでは、ICカードはちょうど実物的な貨幣の世界における金庫や財布のように貨幣に相当するデータを外部のコンピューターシステムの助けを借りることなく貯蔵する役割を果たす」ものであり、この違いに着目するなら中央銀行が発行する銀行券とパラレルな関係にあるのは後者であるとしている。須藤（1998）は、今後ストアード・バリュー型電子マネー（ICカード型電子マネー）がアクセス型電子マネー（ネットワーク型電子マネー）を包含すると予測している。なぜなら今や両者はプログラムも搭載した多機能ICカードによって融合されつつあるからである。

　欧米で電子マネーが次々と実験段階に入った時期には、電子マネー時代の到来はすぐそこにきているとの感じを強くし、焦躁感と危機意識を抱いた産業や企業は多かったが、動きはその後ややトーンダウンしているかにみえる。というのは、電子マネーが発行され実用化が定着するための条件として、暗号の問

題、電子認証、プライバシー保護、消費者保護、知的財産権の保護やコスト負担の問題など解決されるべき懸案事項が数多く残されているからである。

社会的インフラストラクチャーの整備の進展の度合によって、それが相互に作用し、電子マネー化が新しい局面に突入するということもある。逆に先取の利益を得ようとすれば巨額の先行投資が必要であり、時期を待てば周辺の条件が整ってくることからより少ない投資で済む可能性もあるとすれば、先行する意欲が削がれることが起こり得る。この情報・通信技術革新が与えつつあるインパクトは大き過ぎて、その着地点が不透明であるだけに慎重な対応も出てくるというものであろう。

電子決済システムに求められる要件・課題は時間との闘いの中で解決されていくであろう。その過程で銀行が独占的な地位を享受してきたこれまでの決済機能は、徐々に新しい電子決済機能に取って替わられる可能性がある。新しい情報・通信技術に関係する当事者達の利害は、かつて銀行が有していた機能を要素分解し、それらを1つ1つ持ち去ろうとするであろう。銀行も巨額の設備投資負担を覚悟し、決済機能の確保・存続を試みるとしても、戦線は広域で多方面にわたっているため守り切れないというのが真の姿であろう。そこでは多数の企業が参入することになる。電子決済が多機能化すればするほどその数は多くなる。

IT技術の進展が、さらに深化し広域に浸透するにつれて、銀行のかつての「聖域」とされた決済の機能は分解され、銀行の基盤は侵食されていくが、銀行はその地位維持のための努力は怠るべきではない[14]。銀行にとってこれら新しいIT技術は、伝統的に蓄積されてきた情報や取引ノウハウに付加価値をつけ、新たな魅力あるサービス提供機能の創造にこそ積極的に活用されるべきものであるからである。

(2) 市場の電子ブローキングとインターネット・バンキング

次にみる新しい取引形態である為替市場や証券市場における電子ブローキング、証券取引におけるオンライン・トレーディング、銀行取引におけるインタ

ーネット・バンキングなどは最近急速に利用者が増加している。従来のやり方が新しい取引に取って代わられるのは時間の問題とさえ感じさせる勢いを見せている。

　特に為替取引における電子ブローキングの形態は、従来の取引形態を凌駕し今やマジョリティを占めるまでに拡大してきている。証券のオンライン売買にしても、銀行のインターネット・バンキングにしても利用者が一定の規模・状況に達すると相互に影響し合って爆発的に拡大することも予想される。

　これらに共通しているのは、情報伝達の正確性、迅速性と取引コストの安さが利用者人口拡大の大きなインセンティブとなっていることである。システムそのものの稼動メカニズムが、旧来のホスト・コンピューターに統括されたシステムであるか、インターネットを通じた取引システムかの違いはあれ、取引コストが大きな魅力であることは間違いない。また取引手続きの簡易さ、速さ、正確さなども新しい取引の人気を支える要因となっていることもいうまでもない。

(ア) 外国為替取引

　外国為替取引は銀行と顧客（企業・個人）との間で行われる局面と、銀行間で取引が行われる銀行間市場取引の2つの局面がある。前者が小口取引を含むいわゆる小売市場であるのに対して、後者は大口取引が行われる卸売市場の取引ということができる。外国為替取引の圧倒的に大きな部分は銀行間市場で行われる。わが国の場合、銀行間市場取引のほとんどが東京外国為替市場で行われている。

　東京外国為替市場における従来からの取引の進め方は、銀行と銀行との間にブローカーが介在するか、場合によっては銀行と銀行が直接取引を行うやり方である。その場合ブローカー側は顧客である銀行の何行かを担当するブローカー（担当者）が銀行のディーリング・ルームのディーラーと電話とマイクロフォンで結ばれているラインを通じて、実際に声で会話し売手の銀行と買手の銀行を結びつける。そこで重要なのは取引相手の声が鍵であり、その声によって相手を瞬時に認識し取引が行われることである。信頼性はその声の確認の上に成り立っていて、巨額の為替の売買が行われる。これをボイス・ブローキング

と呼んでいる。

　1992年イギリスの通信社ロイターは、従来の為替情報の提供サービスに加えて為替市場におけるブローカー作業を電子化し電子ブローキングを開始した。その翌年には欧米銀行勢13行とシステム会社クォートロンがロイターに対抗してEBSを設立し、電子ブローキングを開始するにいたり電子ブローキングの競争時代に入ったといわれている[15]。

　電子ブローキングは、ボイス・ブローキングに比べて手数料も安く小口取引もやり易く手続きも簡単で間違いもないとなれば、電子ブローキングが好まれない理由はなく、急速に実績を拡大してきた。1998年には東京外国為替市場における取引中の電子ブローキングとボイス・ブローキングの比率はほぼ50：50であったが、1999年の実績では電子ブローキング8に対してボイス・ブローキング2となっている。

　1999年10月1日、為替ブローカーの最大手トウキョウ・フォレックスと上田ハーローの2社は、外国為替のブローキング部門を他の業務から切り離して、両社統合し新会社を設立、スタートさせた。従来のボイス・ブローキングが電子ブローキングの出現によって、いかに競争力を喪失しているかを示す象徴的な出来事であった。

(イ) 証券電子ブローキングとオンライン売買

① 証券取引市場における電子ブローキング

　証券取引所における株式の売買は物理的に取引する場所があって、そこで人々が立ち回って行われる取引所と、物理的な特定の場所は存在しないがコンピューター画面に表示される株価情報によって個別に店頭で取引されるいわゆる店頭株式市場が存在する。証券取引所の取引は、取引所に加盟している会員のみが取引可能であって、会員が取引所で上場されている銘柄を売買する。

　米国の取引所では場立が行われ、売買取り次ぎの仲介者が介在して取引が行われているが、もう1つの株式市場NASDAQ（The National Association of Securities Dealers Automated Quote System）は電子ブローキング方式で行われて

いる。ヨーロッパでも電子ブローキングに切り替わりつつあり、ロンドンの証券取引所は現在すべて電子ブローキング方式である。東京証券取引所は、1999年4月1日より全ての株式取引を電子ブローキングに切り替え、場立や才取会員を通した売買を廃止した。

外国為替取引の場合にみられたと同様に、電子ブローキングは手数料も諸コストも安く小口取引もやり易く間違いがないなどの利点が挙げられている。

② オンライン証券売買

インターネット上で投資家(個人)が株式を売買するオンライン売買は、わが国の場合最近徐々に増加し、現在では新設のオンライン取引専業の証券会社も含めて約50社がオンライン売買のサービスを提供している。

大手証券会社のみがこのようなサービスが提供できるというよりも、むしろ中堅の証券会社が特色を生かしてこのサービスを全面的に売り物にするケースや、新規にこのサービスを中心に営業展開を目指す設立間もない証券会社も含まれている。

この場合各証券会社がインターネット・ブローカーであり、ネット上でリアルタイムの株価や株価トレンド情報、アナリストによる企業業績予想や種々の投資情報を提供し、個人の投資家はインターネット上でさまざまな情報を得て分析判断し、株式や債券やミューチャルファンドなどを売買する[16]。

日本版ビッグバンによる規制撤廃項目の1つであるが、1999年10月1日株式の委託売買手数料が自由化されたのを受けて、証券各社はオンライン売買によって一挙にシェア拡大を図ろうと狙っている。魅力は安い手数料であり、従来の手数料に比して10分の1程度の安さというのが宣伝文句である。

オンライン・トレーディングではあるが、上記のネット・トレーディングとは性格を異にしているデイ・トレーディングが米国では一部の投資家の間で活発である。これは、主としてトレーディングに必要なシステムと資金を提供された個人投資家が、専用の高速ネットワークを使ってナスダックのシステムなどにアクセスし株式の短期売買を日中頻繁に繰り返す取引方法で、

インターネット取引の普及と差金決済の管理技術による取引費用の低減が新しい形態の取引を可能にした。株式市場が高度に発達しており、IT技術を徹底して市場取引に活用する米国ならではの取引形態である。今後の株式取引の一端を窺わせるものではある。

（ウ）インターネット・バンキング

　銀行取引をインターネット上で行うインターネット・バンキングは、わが国の場合米国の先例を意識しながらもその取り組み姿勢はあまり熱心でないようにみられた。銀行にとって不良債権問題の処理を抱えながら、インターネット・バンキングなど新たなIT戦略に伴う巨額の先行投資の決断ができない事情があったと推測される。証券会社のオンライン・トレーディングが始まってその取引実績も急速に拡大し、証券のネット取引が銀行に先行する様相になって、各銀行とも危機意識を抱き始めたようである。

　現状ではわが国のインターネット・バンキングの内容は、大宗が口座開設、送金指示、残高照会などの取引サービスにとどまっている。

　これに対して米国ではインターネット・バンキングは、既に第二世代サービスに入っているといわれる。残高照会や送金指示など「取引サービス」を第一世代サービスとすれば、金融商品や金融サービスに関するより高度な「情報サービス」という第二世代サービスの段階に入っている。情報サービスの内容は年々高度化してきており、単なるデータ提供の領域から出て高度の専門知識の提供やノウハウに基づくアドバイスを提供する段階に入ってきている[17]。

　消費者（利用者）のニーズは当然利便性を求めており、従来のCD（Cash Dispenser）やATM（Automatic Tellers Machine）で得られるサービスやテレフォン・バンキング・サービスの内容と比較検討される。現金入手のためには、現状では物理的にCDやATMのある場所に出向かない限り不可能である。とすればインターネット・バンキングのサービスとして格別の魅力は何なのか、既に各銀行が始めている電話で注文を受け、相談に乗り、アドバイスもするテレフォン・バンキング・サービスとどこが異なるのかという疑問がある。最大のインセンティブは取引コストの安さである。

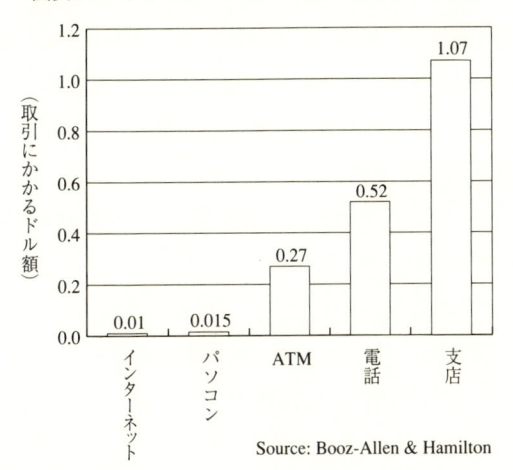

図表2-1　リテールバンキングにおけるコスト比較

（取引にかかるドル額）

チャネル	コスト
インターネット	0.01
パソコン	0.015
ATM	0.27
電話	0.52
支店	1.07

Source: Booz-Allen & Hamilton

出所：U.S. Department of Commerce, "The Emerging Dijital Economy," 1998.

　U.S. Department of Commerce（1998）によれば、インターネット・バンキングがコスト削減に大きな効果を発揮する例として銀行の取引コストを次のように説明している（図表2-1参照）。銀行の支店の場合1回当りの取引コストが1ドル7セントであるのに対して、テレフォン・バンキングは52セント、ATMは27セント、PCバンキングは1.5セント、インターネット・バンキングは1セントである。

　銀行にとって取引コストが格段に削減されることは、提供するサービスのコストも格段に引下げることが可能となり、顧客獲得のインセンティブとすることができる。現在わが国の大手銀行が呈示している手数料も、例えば電信送金手数料でみると、他行経由の手数料は最低額（3万円以下）の場合で、銀行カウンターで手続きをすれば630円で、電話送金では420円、ATMで送金すれば262円、インターネット・バンキング・サービスで210円となっている[18]。

(3) 企業向けインベストメント・バンキング
　コンピューター技術や通信技術が発達したことによって、金融産業にとって

自からの取引リスク・ヘッジのための技術、あるいは顧客に対するサービスの質や商品の開発力が著しく増加した。同時にそれらのサービスや商品を販売するチャンネルも大きく変りつつある。多数の個人や小規模企業を対象としたリテールビジネスに対して、大企業を対象とした金融サービスは、銀行のフォーカス戦略の大きな柱の1つである。ここでは、銀行のホールセールビジネス（インベストメント・バンキング）の代表的ないくつかの分野を取り上げることとする。

(ア) デリバティブ取引

　デリバティブ取引は、1980年代に基本的な取引形態が生まれ、初期段階では相対取引を中心に小規模で行われていたものが、瞬く間に金融資産市場でその地位を確固たるものにしてしまった。デリバティブ市場はプレミアムを支払ってリスクを回避しようとする投資家と、リスクを受取ることで超過的な収益を得ようとする投資家を結びつける市場と表現されているが[19]、コンピューター技術の発達がなければ実際の運用市場での利用拡大は不可能であったと考えられる。市場においてリスクを回避しようとする人々とリスクを引受ける人々にとって、市場取引を通じて特定の金融リスクの経済コストが評価されるためには、コンピューターによるリスク計算が不可避であったからである。ブラック・ショールズ・モデルをベースに多様なバージョンが開発され、次々と複雑なストラクチャーが生み出されてきた。

　時間的・空間的広がりに対応するリスクが対象として捉えられるため、取引市場では従来の金融の各々の領域を簡単に越えてしまう、伝統的な金融の基本的な差違が解消されてしまう取引でもある。例えば長短金融の差違や異種通貨の差違はスワップ取引によって無くなり、あるいはこれまで金融の世界が対象としなかった不確実なリスクをも取引の領域に取り込み、リスクが多くの投資家に分散されていく。企業の倒産リスクはもちろんのこと天候や地震の発生リスクをも取引対象としてしまう。

　現時点では金融機関、機関投資家、ヘッジファンドといったデリバティブ取引市場の大口参加者のための取引商品という色彩が強い。個人の資産運用の領

域でのリスク回避・リスク負担の商品開発競争や、デリバティブ取引市場での取引を小口化し個人投資家レベルの商品に仕立てる商品開発が進み、供給されるデリバリーチャンネルが出現すれば、デリバティブ取引はさらに拡大すると考えられる。

(イ) キャッシュ・マネジメント・サービスとABS（資産の証券化）

キャッシュ・マネジメント・サービスは金融機関が取引先企業に対してその企業のオペレーションに伴う現金の動きを、主として銀行の預金残高を通じて毎日正確に把握し、その情報を迅速・的確に企業側に提供すると同時に、資金の遍在や余剰資金の滞留が存在すれば、その処理・運用方法について逐一アドバイスするというものである。国内を対象としたものと国境を越えて多種通貨をカバーする国際的バージョンがある。

企業の日々変化するキャッシュ・ポジションという情報を収集し、的確に提供するというのが第1の目的であり、金融機関が有する決済ネットワークを駆使した情報網がより優れているという立場上の利点を生かしたサービスである。現段階ではこのネットワークはホスト・コンピューターにつながるクローズド・ネットワーク・システムの上に成り立っている。

今後インターネットによる情報網密度が厚くなっていった場合、キャッシュ・マネジメント・サービスの内容は変らざるを得ない。企業側が独自のネットワークを利用してより優れた情報網を作り上げる可能性がある。金融機関側に情報がより少なくしか入ってこないとなると、従来のサービスにさらに付加価値を付ける工夫をするか、アドバイス中心のサービスに変容させざるを得ない。

一方、企業の資金ポジションに関するサービス分野でのABSに関わるサービスは、企業が有する売掛債権などの資産や稼動不動産などを証券化することによって、企業の資産流動性を高めると同時に、証券化した証券を一般投資家に販売するというものである。各種資産の選択検討やリスクや利回りの算出などは、金融理論とコンピューター技術の発達により最近ではますます精緻化し、取引額は拡大してきている。また、証券の販売に当っては優れた販売チャンネルを有していることが重要となることから、ネットワーク・バンキングの中で

相互効果が発揮される分野のビジネスとなる可能性が高い。
（ウ）M＆Aに関わるアドバイス・サービス

　投資銀行業務の中でも代表的な分野の1つであるが、M＆A情報そのものの収集範囲はインターネットを活用することにより格段に広がることは確かである。しかし、情報を分析し戦略に添った方向付けを行う作業は従来のサービス内容と異なるものではなく、むしろそういった分野の能力をより高度化しサービスの質を高めることが要求される。

　企業情報やM＆A情報の利用可能性については、優れたサービス網が多数出現するであろうから、戦略面でのアドバイスなど質の高いサービスが重要になってくる。LBOなどは経営戦略的アドバイスやストラクチャリングのアドバイス面のみならず、投資家向けの商品開発が可能な有望な分野でもある。

(4) 個人向け投資運用商品の開発と販売

　インターネットの急速な拡大とITの進展は、潤沢な情報量へのアクセスとそれらを分析することによる情報の質を向上させ、新しい商品の開発の余地をさらに拡大させている。

　金融機関の間でのリスクヘッジや運用の新しい手法は、デリバティブ取引を中心にイノベーションが進展したが、それらは時を経ずして機関投資家や大企業向けのリスクヘッジや運用商品開発につながっていった。やがて個人向けに比較的安全な投資信託から複雑な取引が仕組まれたハイリスク・ハイリターンの投資商品にいたるまで、きわめて多岐にわたる投資運用商品が出現したのは、米国において80年代後半から90年代であった。ウオールストリートは金融のエンジニアを多数かかえ、投資運用商品の一大発信基地となった。商品開発エンジニアの存在も不可欠であった。

　わが国の個人（家計部門）が有する金融資産残高のうち預貯金の占める比率が大きいことは、人々の投資運用に対する関心の度合いの低さもあるが、投資運用商品や投資機会が依然として少ないことを意味している。魅力的な投資商品が開発されれば、人々はその商品の購入に向かうはずである。個人投資家の

みならず機関投資家や企業向けの運用商品開発能力が問われるところである。

　現状は、外資系金融機関と提携し、そのチャンネルを通じて商品を仕入れ販売することや、彼等の金融技術やノウハウを活用しつつ共同で商品開発を行うケースが目立っている。外貨建て商品では為替リスク負担がネックとなることから、国内における魅力的な運用商品が大量に供給される必要がある。商品開発能力とそれに従事する層の広がりも未だ大きくないのが実情である。また、商品の販売チャンネルの確立も重要である。銀行における運用商品の品揃え気運が高まるなか、求められるのは商品の開発能力の確立と同様にそれらのデリバリーチャンネルの確立である。それらが投資家によい相乗効果を与え、投資意欲がフィードバックされ、さらに開発意欲につながる効果も期待できる。米欧にみられるインターネット・バンキングやテレフォン・バンキングを活用したデリバリーチャンネル戦略への注力も急務となっている。

3　IT革新への対応と問題点

　これまでみてきたことは、現在金融産業においてIT革新が与えている影響とそれによる金融の変化についてであった。

　金融の変化の潮流は、情報・通信技術の発達、当局による規制の撤廃・緩和、グローバリゼーションの進展などいくつかの力が相互不可分に作用した結果とみられるが、IT革新による影響はその進展の度合が今後ともきわめて大きいことから金融産業にとって注目されるところである。

　特にインターネットがあらゆるものを変え始めている。インターネットが単に金融機関の顧客のうち若い世代や富裕顧客層とのコミュニケーションのやりかたに変化を与えたということだけではなく、企業のビジネスモデルを書き変えてしまう勢いである。古いビジネスの構造は変った、とGandy（1999b）はみている。

　ここでは、これまでみてきたIT技術の進展によって金融の個別取引分野の変

化に関連し、今後金融機関が対応していくなかで、これまでのビジネスや企業経営の枠組から問題と考えられる点についていくつかをみることとしたい。

(1) 閉鎖型システムvs.オープンな分散型インターネット

　金融機関のなかでも銀行は、預金を預りそれを運用することで多くの人々の信頼を受け委託されている（delegated monitor）立場にある。このことは銀行の行動に誤りや不正があってはならず、正確で厳正な処理が斉々と行われることを前提としてきた。

　例えば、銀行間市場においては、銀行もしくはそれ相応の機関のみに取引が許されるため、無担保の金融取引や巨額の資金取引が頻繁に行われるのは、全て信頼・信用が前提にあるからである。きわめて密接な同業者仲間の間での取引関係という閉鎖された世界の中で行われている。銀行と一般顧客との関係でも類似の考え方が取られている。銀行との取引開始に当たって、事前に取引先顧客として認められたもののみが取引を許され、詳細な銀行取引約定書が取り交わされる。きわめて厳しい銀行側の選択によって取引の可能性が決定される世界である。銀行に選ばれた者のみが取引関係に入ることができるのは全て仲間内という強い意識が前提となっているからと考えられる。また、銀行は他行との差別化意識からできるだけ自前主義を貫こうとする傾向が強い。

　このようなカルチャーからは、オープンな分散型のインターネットの世界はことごとく銀行取引の進め方とは相容れないものである。これは技術的側面からの解決と、カルチャー・ギャップを越えるという精神的な克服の問題でもある。技術的な問題は暗号技術の問題であり、電子認証の問題である。仮に技術的側面の解決がほぼ時間の問題とみられたとして、不特定多数者がどこからでもアクセスができるシステムは、これまでのカルチャーの中には無かったものである。他の業界でも同様の意識の調整は必要であろうが、保守的な金融機関であればあるほどそのギャップは大きい。インターネットを積極的に銀行業務に取り込んで、業務間の棲み分けができるほどにこのカルチャーをコントロールできなければ、この分野での成功はおぼつかない。

(2) 取引コストと店舗主義

インターネット上での取引が魅力的である最大の要因の1つは、取引コストの安さである。先にみたU.S. Department of Commerce（1998）では、銀行の支店における1回当りの取引コストが1ドル7セントに対しインターネット上のコストはその107分の1に当たる1セントである。この差は取引のインセンティブとしてはかなり魅力的に映る。コストが全てではないが、コンピューターそのものの普及度やコンピューター・リテラシーの問題などの制約条件はあるものの、急拡大しているインターネット人口にとって取引コストは大きな決め手である。

これまで銀行は店舗主義を原則としてきた。効率的な店舗展開は営業戦略の基本であった。店舗数を増大することが収益増につながるという拡大主義の時代が去っても、店舗は重要な「砦」であった。一方、1店舗にかかる費用は無視できない大きさであり、ネット・バンキングが定着してくると、将来的には銀行の店舗主義は通用しなくなり、銀行の戦略は根本的に転換せざるを得なくなる可能性も出てくる。店舗の統廃合によって合理化を進める検討も必要となる。

営業店舗での業務は極力女性社員によって取り仕切られるべく女子社員へのシフトが図られている銀行は多い。高コスト社員を大幅に削減しなければならない時期が到来すれば、銀行にとって中・長期的展望に立った戦略策定がいかに重要であるか理解されるであろう。

店舗の位置付けも踏まえて、インターネット取引を銀行が積極的に捉え、それによる付加価値を創り出していく能動的な戦略対応が必要となる。

(3) 合併や取引量急増に伴うリスクへの対応

銀行の有する決済機能は、最終的には銀行が中央銀行に保有する当座預金勘定相互の貸借記によって行われる。1日に約4～500万件（全銀行間ベース）の決済取引が行われている日常のなかで、決済システムは経済全体を支える基本的なきわめて重要なインフラストラクチャーである。

この決済機能が円滑に進まなくなるのが決済リスクである。決済リスクが発

生する要因としては、銀行のクレジットリスクとコンピューター上のオペレーションリスクがある。ある特定の銀行の信用不安から決済機能がスムーズに流れず、信用不安が他の銀行に次々と伝播し、決済システムがストップするような事態が前者の場合である。単純なコンピューターシステム上のトラブルが発生して、予想外の影響が拡大するなどの事態は後者の例である。いずれの場合もシステム全体に拡大するシステミックリスクにつながる可能性があるが、IT技術との関連では後者とのつながりが大きいことから、ここではコンピューターシステム上のミスから発生するオペレーションリスクに限定する。

2002年4月1日にみずほフィナンシャルグループは、旧富士銀行、旧第一勧業銀行、旧日本興業銀行を統合する形でスタートした。ところがその直後からコンピューターシステム上の障害が発生し、4月5日みずほフィナンシャルグループは、口座振替が完了していない取引が250万件あることを明らかにした。その後トラブルの全貌が明らかになり、口座の二重引落し、口座振替未了、入金通知遅延、企業向け振込みの遅延、ATMの一時停止などが起っていることが分かった[20]。コンピューターシステムのトラブルから起るオペレーションリスクが他の金融システムに波及することはなかったが、一時的に短期金融市場の資金需要がひっ迫するなどの影響が出た[21]。

この問題は、3行統合によるコンピューターシステム上の問題であった。旧3行は、各々異なったコンピューターシステムを導入していたこともあって、システム統合に当って各行の利害対立が存在しており、新しい統一システム方式ではなく、暫定方式で当面つなぐという経営上の安易な問題意識が原因であったことも明らかになった。しかし、システム障害の問題は、最近合併・統合した東京三菱銀行やUFJグループでも発生している。特に大型合併や統合が行われた場合、取引が複雑化しシステムが高度化してきているだけに万全な対応が必要不可欠である。大型合併・統合に存在する旧当事者間の利害の対立・調整は解決以前の問題と考えられるが、今後のIT戦略に本格的に取組んでいかなければならないわが国の銀行にとって不可欠な基本条件の欠如、すなわち、経営者の技術軽視・IT技術に対する認識不足と、すべて自前主義で行おうとする

弱点・弊害が顕現したものと考えられる。

　証券業におけるオンライン・トレーディングの著しい増加が期待されることは先に触れた。わが国の場合、1999年10月1日から株式の委託販売手数料が自由化されたが、格安の手数料を呈示している証券会社も出現している。価格競争は利用人口を増加させつつあり、金融分野におけるインターネット取引の浸透は、銀行業より証券業の方が確実に早く定着する動きをみせている。

　インターネット上の取引、あるいは専門会社や銀行の専用回線システムでの取引の場合を問わず、証券取引は為替の取引や銀行取引と異なっている。金融ビジネスと流通ビジネスでは、後者は最終的には有形財を運ばなければならない「流通」の制約が存在することは先に触れたが、有価証券売買の取引では金融産業が処理しなければならない有形財の引渡しの問題が同様に残る。株式や債券の売買に伴う名義書換え登録や現物の引渡し作業の問題である。取引量増大への対応には有価証券の引渡しが円滑に行われるかの問題が存在する。

　為替取引では通貨と通貨の取引であるかぎりそれは情報の付け替えでコンピューター上の処理で完結する。銀行の預金取引や送金取引などもコンピューター上での情報の付け替えで済む。ところが証券の売買の場合には、資金の決済と並行して証券現物の引渡し、保管、その他の附随事務があるため事務処理は厄介である。証券現物1枚1枚を処理せざるを得ないわけで、1日億単位の株式が移動するだけに事務処理能力の高さが要求される。1991年から証券保管振替機構のシステムによる証券の保管振替事業が開始され、現在では迅速な事務処理が可能となっている。しかし、最終的には在庫確認、現物の確認作業が必要となるはずである。

　事務処理能力のバックアップ体制が完備していないと、急速な勢いで拡大するオンライン取引にキャッチアップできない恐れも出てくる。取引拡大のボトルネックが事務処理能力の限界にあるということも起こり得る。

　オンライン取引が既に定着している米国でも、事務処理に関して種々の問題が生じた経験を経てきている。米国の場合は信託業務の歴史が長く、この分野の業務能力が伝統的に強いことも幸いしている面もあり、事務処理システムの

開発には時間がかけられている。それに比べてわが国の事務処理能力は、今後取引量が急拡大した場合、問題なく処理可能かどうか疑問なしとしない。

(4) 他産業からの新規参入

　戦後わが国の金融産業は、国の重要な産業の中核として永年にわたり大蔵省の護送船団行政の下に手厚い保護を受けて護られてきた。競争制限規制が見直される以前には、金融産業への他産業からの新規参入は厳しく規制されていた。金融自由化が進展するなかでもこの参入規制が大幅に緩和されることはなかった。日本版ビッグバンの大改革が進展し始めてようやく弾力的な運用が見られることになった。初期段階の傾向として破綻した銀行を他産業が買収する形で新規に参入するケースがいくつかみられた[22]。現在金融産業の広がりは、従来の金融業の概念の範囲を越えてしまっている。金融産業規制時代、金融機関の附随業務から周辺業務へと広がったノンバンク業務が、ノンバンク業界としていくつかの核を形造りながら発展していった。その後金融機関の機能が要素分解されていく過程で、ノンバンクがそれぞれのニッチに入り込み、それらがさらにノンバンク業界を拡大させることにつながっていった。

　一般の事業会社が販売の段階で金融の分野に参入するケースは以前から見られたが、その延長線上で現在金融に強い関心を抱いている企業は多い。また銀行業そのものではないが、証券や保険の分野に早い時期から参入している一般事業会社も多数存在する。しかし、これまでみられた一般事業会社の金融分野への参入の動きと比較すれば、現在のIT革新の流れが金融産業全体に大きな影響を与え、広範囲の産業を巻き込んでいることから、多数の企業による金融産業への参入競争の状況が熾烈化しそうである。インターネットが全てを変えているといわれるが、金融産業も例外ではない。というより最も大きな変化を受ける産業の1つが金融産業であるといってよい。それだけに他の産業に与える影響も大きく他産業からの金融中核部分のみならず周辺部分も含めて参入が激しくなるのもうなずける。

　以上ここに挙げたものは、金融産業が直面する諸問題のなかのいくつかに過

ぎないが、金融産業が大きな変貌にさらされ対応を迫られていることが理解できる。この変化の波が個々の分野にとどまっている段階ではその全貌が見えてこないが、変化はそれらが相互に影響し合い相乗効果によって一挙に臨界点に達するような事態になれば、突然変貌の全容が明確に認識される類のものかもしれない。

4 銀行のIT産業化戦略

　米国で起ったデジタル革命を震源地とする情報化の波は、速いスピードで世界に広がった。1990年代の後半は、世界各国に伝播し、それが各々の産業分野に浸透していく過程でもあった。特に金融の分野では、従来以上のスピードでの取り組みが迫られる時代でもあった。情報化第1ラウンドは米国の完勝であったとみられている。21世紀に突入した現在、世界は情報化第2ラウンドのとばくちにあると認識してよいだろう。

　金融産業の変貌と情報・通信技術の発達の関係は、主としてコンピューターの演算能力の拡大、複雑なリスク解析による新しい金融取引や金融商品に代表される米国における80年代以降の金融技術革新が全てではない。80～90年代を通じて米国の銀行は、IT産業そのものへの変身対応を着実にとってきたとみることができる。米銀にとって経営戦略上IT産業化への対応戦略が最優先目標であった。特にFDICIAを経て、フォーカス戦略をより強化する過程では、IT産業化への思い切った切り換えは不可欠な条件であった。

　1980年代のシティバンクのグローバルなリテール戦略への注力とそのためのIT産業化への取り組みは、従来の顧客取引の進め方を大きく変え、経費の削減と一顧客当りの収益の拡大を目指すオプティマイザー戦略を可能にするものであった[23]。80年代初、次々と発生した累積債務問題に直面して、巨額の不良債権が予想されたシティバンクの舵取り役に抜てきされたのは、40歳代の理工系出身でコンピューターとリテール部門の統括者であったジョン・リード（前シ

ティコープ会長）であったことは、米銀のIT産業化と思い切った経営改革への取り組みを象徴するものである。また、90年代初のJ.P.モルガン銀行（現J.P.モルガンチェース銀行）のIT産業化への取組みも徹底したものであった[24]。情報技術を土台にしたトレーディング、プライベート・バンキング、投資顧問分野へのフォーカス戦略の構築であった。1996年には同行は、「ピナクル」アライアンス戦略でAT＆Tソリューションズ、ベル・アトランティック、CSC、アンダーセンコンサルティングと組んで戦略的アウトソーシングにも積極的に取組んで成果を上げている[25]。上記以外でもスーパーリージョナル・バンクとして成功してきているワコビアやネーションズバンク（現バンク・オブ・アメリカ）やウエルズファーゴなどは、80～90年代のIT産業化戦略が結実し成功している銀行である。またチャール・シュワップのユニークな、異なる多数のチャンネルを効果的に使い統合化している例は他の証券会社にも大きな影響を与えている。このように80年代後半から90年代にかけての米銀のIT産業化戦略取り組みの具体例は枚挙にいとまがない。

　米銀のIT産業化取組みからは若干遅れて、英国の銀行でもIT産業化戦略への積極的な取組みがみられる。ロイズTSB、バークレイズ・バンク、HSBCの合併戦略とIT戦略の統合や、テレフォン・バンキングを生かしたロイヤルバンク・オブ・スコットランドやミッドランド・バンクなどの取組みもある[26]。

　米欧の銀行にとって金融のIT産業化の流れは戦略上の重要な既定路線となっており、それなくしてはサバイバルゲームで存続できないという、もはや戦略上の選択肢ではなくなっている。銀行のIT産業化の第1ラウンドは終わって第2ラウンドに入ろうとする時期にある。第1ラウンド終了後の銀行の姿を、今インベストメントバンクや証券会社も含めて米銀にみることができる。

　わが国の銀行は、米銀より遅れ、キャッチアップ努力を続けている欧州の銀行よりさらに遅れてしまっているのが実情である。わが国における銀行の対応の問題は後に触れることにする。

　次に、上記で触れた米銀のIT産業化戦略の基本的パターンをアンダーセンコンサルティング（1999）によってみることとする。

今日金融産業はIT産業そのものとなったという認識が基本にある。銀行がIT産業化戦略を追求する上で、既存の保有する武器をより先鋭化するために組織も含めてどう対応するかという問題と、IT投資に必要な巨額の資金の問題が選択の範囲を制約する。自ら総花的な戦略展開は不可能となり、フォーカス戦略が遂行されることになる。米国の経験を踏まえると、今後銀行は次の3つのモデルに機能分化し、業務を再編成していくというものである。すなわち、

①リテールビジネス分野の「顧客サービスバンク」への特化
②ホールセールビジネス分野の「金融技術バンク」への特化
③バックオフィス事務処理分野の「プロセッシング・エンタープライズ」への再編である（次の図表2-2参照）。

①は、顧客との取引マネジメント（顧客のセグメンテーションや顧客の追跡能力）や、情報ネットを活用したデリバリーチャンネルの再構築とチャンネルミックスの最適化が競合上の差別化を決定するし、収益的には規模の経済性が追求される。中途半端な取組みでは生き残れない。わが国の金融機関のリテールビジネスの高コスト・低効率構造をIT産業化戦略によって脱却を図ることが重要である。

②は、少数精鋭の高度なスキルを有するプロが構成する部隊で、事務処理は分離し、③の機能に委託する。ここでは、金融商品のストラクチャリング能力が差別化の決め手となる。そのためには、優秀なフィナンシャル・エンジニアの確保と獲得したノウハウを組織全体の能力として管理する体制が重要となる。わが国の金融機関の場合は、欧米レベルと競合できる人材が少ないし、ホールセールとリテールが混在していて、独自の専門スキルが育ちにくい環境にあることも問題である。

③は、バックオフィス事務専門部門として分離独立するためには、収益を上げられる戦略モデルが必要である。規模の利益を実現するための発想・IT活用によるコスト低減と事務処理の高付加価値化の工夫が重要となる。わが国の金融機関の場合、すべて自前主義から自社で保有する事務機能という考え方が強かったが、業界共通の設備方式やアウトソーシングの方法も検討されなければならない。

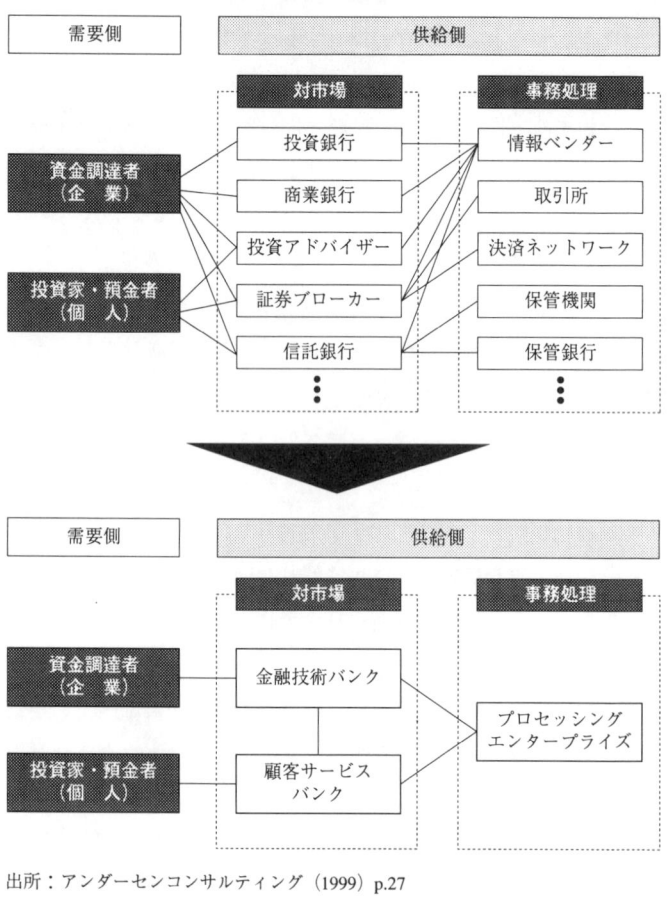

図表2-2 金融業界の機能分化と再編

出所：アンダーセンコンサルティング（1999）p.27

　これら3つのパターンは、わが国の金融機関にそのまま当てはまるかどうかは別問題である。米銀の経験から情報技術を金融のコアコンピタンスとして位置付け、IT産業化戦略の行き着いた現在の形が、この3つのパターンの機能分化であると理解される。従ってこの形態は、今後ITと金融の展開によってはさらに変化していく可能性がある。

　これに対して、わが国の金融機関は、基本的にはIT関連投資額が米欧の金融機関に比べて少なく、IT投資の目的が依然として異なっている点が指摘されて

いる。米銀の場合、IT産業化戦略が最優先の経営課題（これには専門スキルの革新のための積極的投資とコスト削減のための投資が含まれる）であったのに対して、わが国銀行の場合、これまではバックオフィス事務処理や基幹勘定システムへの投資による経費削減を目的とするものが大宗であった。

わが国の金融機関が目指すべきデジタルエコノミー時代のIT経営戦略においては、米国からは完全に引離され、欧州の金融機関とも格差がつけられているように思われる。銀行にとってこれまでの総花的な経営戦略がもはや通用しなくなり、生き残るためにはフォーカス戦略を取らざるを得ない環境が進展していることがようやく認識されつつあるように思われる。それは大手銀行が再編される過程で、コーポレートファイナンス・ビジネスとリテールファイナンス・ビジネスを異なる核としたビジネスデザインが組織化されていることからも窺える。

しかし、わが国の銀行のコーポレートファイナンス・ビジネスにしても、リテールファイナンス・ビジネスにしても、従来から慣れ親しんだ高コストの体質を大改革する様子はうかがえず、期待した収益が上がらない構造を抱え続けている。1つの銀行の中に、また1つの支店の中においてさえ、ホールセールとリテールが混在しているために、どちらかを強化しどちらかを縮小することもできずに中途半端な状況を引きずっているからである。

アンダーセンコンサルティング（1998）が指摘するように、収益を上げる構造にするためには、銀行は提供しているサービスや商品すべてについて価値の違いによって一度アンバンドルし、その上で戦略を再構築していく作業が必要である。すべて自前主義で、仮に形式的に分離しても子会社化して抱え込んでいる構造を分解しなければならない。ホールセールの分野でもリテールの分野においても、米欧の銀行にキャッチアップするだけで巨額の投資を必要とする。ホールセールもリテールもという選択はかぎりある資源の下では到底不可能な選択であるように思われる。それほどIT産業化に向けて巨額の投資が必要となり、先進者との競争がそれほど厳しいことを意味している。米国の銀行がフォーカス戦略で復活したのも、今欧州の銀行がその旗幟を鮮明にしつつあるのは

そのためであると思われる[27]。

わが国の銀行が、先に挙げた3つの特化した金融サービス機関へとパターン化する必然的理由はない。わが国独自の経営戦略が模索されてよい。しかし、国際的な競争の中で競争者と伍して行くためには、今一層の金融技術に特化したサービスのレベルアップが不可欠である。人材が不足しているとすれば、外国からの人材導入も必要であろうし、さらに一段レベルアップを狙った外資金融機関との提携・合併も考えられる。不採算構造を有するリテールビジネスに対して思い切った改革が必要である。コールセンターやインターネット・バンキングは、今や米欧では第2段階に入っている。顧客マネジメントと多様化したデリバリーチャンネルの効率的配置への取組みは、短期間で完了するものではない。生半可な取組みはでは成功はおぼつかない。今後IT産業化を中心に据えた戦略の推移を想定すると、コスト削減と資源の効率活用を追求していけば、先の3つの特化のパターンが最後に残る姿であるようにも思われる。

5　銀行産業の将来像への視点

ITの進展によって経済社会に「連結の経済性」が生れる。これは「ネットワークの経済性」と言い換えてもよい。1つはネットワークの拡大、1つは情報伝達の迅速化とコストの削減が大きなインパクトとなり、経済の活性化をもたらすことは容易に想像できる。

情報産業でもある金融産業、特に銀行は、大きな影響を受け変貌しつつある。最も大きな影響は、①例えば決済機能のようなこれまで銀行が比較優位にあった領域が競争にさらされ、場合によっては侵食されていく可能性があることと、②IT技術を駆使し競争力ある商品を開発したものが勝つというこれまでとは次元の異なったレベルでの熾烈な競争にさらされることである。それは、①ネットワーク化、情報網の拡大によって金融機能のアンバンドル化が可能となり、新しい業務が生れ新しい企業が参入することが可能になったこと、および②金

融理論の発達と通信・コンピューター技術の能力拡大によって、より複雑なリスク予想や利回り計算が可能となり、新たな商品開発が可能となったことに呼応するものである。

伝統的な銀行業務の進め方は、ここ10年くらいの間に大きく姿を変えていくものと予想される。個別業務について整理すれば、次のようになるだろう。

① 取引コストの激変とそれに伴う顧客層の変化は、金融機関の従来の戦略に根本的な見直しを迫ることになる。銀行や証券会社の営業店舗主義は変更せざるを得ない。特にリテール分野における対応は、いかに他社との差別化を図るかが重要なところであり、激しい競争がみられる分野である。
証券会社にとって、ディスカウント・ブローカーを目指すかone to oneのサービスまで含めた方向を目指すか大きく分かれるところである。銀行にとっては預金顧客を獲得しつつ、彼らをいかにして運用商品の投資に向かわせるかが重要である。しかし、インターネット・バンキングが末端の金融機関にまで浸透していくかについて、例えば地方銀行や信用金庫レベルでは従来から地場密着のone to oneが強みであったし、地域利用者はそれを望むところが大きかった。リテール部分については、極力人的コストを削減する大手銀行のテレフォン・バンキングやインターネット・バンキングと従来型の併用、顧客による棲み分けが進むことになる。

② デリバリーチャンネルは一挙に広がることになり、商品情報の提供者も利用者、消費者もこのチャンネルを使う。ここでの取引コストは割安であり、多様な情報を流すことが可能となる。大量の情報の中で情報の選別・判断・アドバイスなど情報の仕分け・差別化も必要となる。情報の信頼性の観点からはブランド化が高まるであろう。

③ 決済機能の変化については、将来的にはICカード方式の電子マネーに集約されるであろうが、過渡的には決済機能の多様化による各種方式の棲み分けが起こる。プリペイド・カード、デビット・カード、ICカード、クレジット・カードなどはそれぞれの利便性に応じて使い分けされる。

④ 特にホールセールについては、これまで以上にサービスの質の高さが要

求される。なぜなら顧客企業側の情報のアベイラビリティは金融機関とさほどの差別がなくなってしまうからである。特に質の高さにおいては、わが国の金融機関にとって米欧の金融機関は脅威であり、彼我のレベルの格差は大きく、キャッチアップまでに時間がかかりそうである。外資系金融機関がわが国の市場においてマジョリティシェアを占めることも十分予想される。

⑤　他産業からの金融分野への新規参入は雪崩現象的に増加するであろう。要素分解された金融機能のそれぞれの分野において、銀行以外のノンバンクや異業種企業が受け持つ形で進展するであろう。例えば、資金の提供、リスクの引受、決済の一部分担機能などへの参入である。今や銀行はそれら外部からの新規参入者を排除するだけの実力は有していないし、その流れに抗し切れず受動的に既得権益を守る姿勢を取り続けざるを得ない状況にある。ただし、銀行の預金取扱分野への参入は、きわめて少数の優良企業か、銀行が破綻した場合に時限的に設立されたブリッジバンクや国営銀行から買収する場合などかなり限定的なものになる可能性が強い。他産業からの銀行業への参入については次章で取り上げる。

　今後、銀行は経営戦略的にはIT産業化戦略を中心に位置付けざるを得ない。それほどIT革新のもたらすインパクトが大きいことを意味している。伝統的な銀行産業が、金融自由化や金融イノベーションを経験して収益を上げる構造を新たに築き上げる上で、IT産業化戦略は中心の課題として位置付けられなければならない。米欧の金融産業はこの方向に進んできている。IT関連投資額においても米銀が先行しており、欧州の銀行がそれに続いている。

　一方わが国の銀行は、この点で未だ明確な戦略を示せないでいる。ホールセールもリテールも指向する銀行にとって、ホールセールの何に注力し、リテールの何に注力するのか、その先の戦略がみえてこない。先のみずほフィナンシャルグループのトラブルは、IT産業化戦略以前の問題である。最近ドイツ最大の銀行であるドイツ銀行がトップにスイス人で長年インベストメントバンクのキャリアを有する人物を迎えたことは、ホールセール分野へのフォーカス戦略をさらに明確にしているように思われる。

わが国の銀行がIT産業化戦略を遂行する過程で、リテールバンクかホールセールバンクか、バックオフィス事業専業会社のいずれかに収斂すると考えるのは早計であろう。銀行を中心とする金融システムを長年経験してきているわが国において、米銀が向う方向にわが国の銀行が急速に転換することは考え難い。face to faceの取引関係を重視する伝統的な制度的銀行取引の考え方はなくならない。この機能は、銀行取引の基本的な核になるものでこれが消滅することはないからである。しかし、IT産業化戦略がこの機能とドッキングする形で生かされ付加価値を高めていくことが求められるだろう。

IT革新とネットワーク化の進展を銀行の金融仲介機能との関係でみれば、情報ネットワークが広がり、情報量が増大することは、当事者にとってメリットでもあるし、デメリットの面も存在する。顧客との関係では、大量の情報を整理し、適切に提供しアドバイスする機能がより高まる可能性がある。最終顧客からのニーズとして、情報生産に専門的に従事する金融仲介機関が求められることになる[28]。テレフォン・バンキングやインターネット・バンキングの拡大などによって取引コストは下がるが、顧客のニーズがより高くなる専門的な情報生産・アドバイスのコストは下がらない。銀行にとって信頼できる的確な情報を提供できるインフラを整備し、それに対応できる優れた能力を備えなければならないが、そのコストは高くつく。IT産業化戦略に本格的に取組む覚悟がなければ、この大きな変化の流れのなかで顧客からの信頼を獲得して存続していくことは難しい。

第3章

異業種の銀行業参入

　預金の受け入れと貸し出しを同時に行う金融機関を現代的な「銀行」の定義とすれば、この「銀行」の姿は、17世紀英国の金細工匠にその原形ができて以降歴史的に形成されてきたものである[1]。概念的にはできあがっているが、その中身は時代によって変化してきた。また、国や地域によってもそれぞれの特徴を有している。それは、経済社会的な概念であることから、金融システムの基本構造（アーキテクチャー）と個別銀行のビジネスモデルによっても異なってくる。

　1930年代以降「銀行」の姿はほぼ安定したものであった。銀行システムのアーキテクチャーも、個別の銀行のビジネスモデルもあまり大きく変化することなく推移してきたことは、銀行の破綻が少なく銀行経営が比較的安定していて、従って金融システムも安定していたことを意味する。

　1970年半ば以降銀行を取り巻く環境が変り始めた。金利の変動幅が拡大し、為替相場が変動するようになると、銀行の負担するリスクが大きくなると同時に、それまでの競争制限的な規制のもとにあった銀行の規制の枠組みが変化し始める。競争制限的規制が緩和・撤廃されることで、銀行のビジネスモデルが変化するとともに、それらの集合体である金融システムのアーキテクチャーも変化する。

　競争制限的規制が課せられていた時代には、銀行は特殊な存在として守られており、異業種が銀行業へ参入することは規制の趣旨からすれば認められるものではなかった。今日、異業種から金融業や銀行業へ参入するケースが数多くみられるようになっている。それは、金融の規制緩和が進展するなかで、従来

金融機関が担っていた機能の要素分解が進み、外部の機関や異業種企業がそれらの機能のある部分を分担する状況が出てきているからである。

　銀行のビジネスモデルが変りつつあると同時に、金融システムのアーキテクチャーにも大きな変化が生じつつある時代に入った。銀行は従来の銀行の枠を越えて、より広範な「金融サービス業」のなかに融合されつつあるようにさえ思われる。この評価については別途検討するが、金融サービス業が各々の分野においてサービスの質を競い、全体としてさらにサービス化が進展していくことは確かである。

　本章では、最近の新しい動きとして先進国にみられる異業種からの銀行業参入の問題を、その背景や意味、それが従来の銀行に与えるインパクトについて、特に米国、英国とわが国の事例を参照しつつみていくこととする。

　最初に金融の規制緩和によって銀行がカバーする金融の多様化の動きと、異業種企業における金融業全般への進出の背景をみた上で、異業種企業からの銀行業への参入の意味について検討する。次に、米国での最近の金融制度改革法と異業種からの銀行業参入の事例、英国での主として流通・小売業からの銀行業参入の事例を、そしてわが国における最近の異業種からの参入事例をみる。

　最後に異業種からの銀行業参入が、既存の金融システムに対してどのようなインパクトを有するのか。既存銀行にとっては競争者の出現であり、既存銀行はシェアを侵食される恐れがある。そこで、米英とわが国の政策当局が金融における競争の促進をどのように捉え、この異業種からの参入にどのように対応しているかを概観する。そして、銀行の対抗策としての新しいビジネスモデルの可能性と金融のアーキテクチャー構築の議論につなげていくこととしたい。

1　金融機関の業務多様化と異業種の金融参入

　一般経済社会においては、金融取引はいたるところで行われている。金融取引の内容・種類・パターンは種々雑多であり多数存在する。金融取引は金融機

関の専担事項でもなく、金融機関がその取引の当事者でなければならない必然的な理由もない。

　しかし、銀行が家計（個人）から預金を受け入れ、企業に貸し出しを行う金融仲介取引や各種取引の最終決済尻を処理する機能、証券会社が企業の発行する株式を引き受けて市場を通じて売り捌く取引、保険会社が保険料の積み立てを受けて行う保険サービスの提供などは、それらの金融取引のなかでも最も基本的な中核にある取引である。一方、時代の変化や環境の変化とともにその都度新しい金融取引や金融業務が生み出され、多様化・複雑化して、今日の金融取引、金融商品、金融サービスの総体が形成されてきている。

　金融取引が完全に自由化された状況条件の下では、それらのうちどの部分を1つの機関が取引の当事者となり取り込むかは、企業のビジネスモデル次第であり、企業にとっての品揃えの問題であり、その機関の意志決定による。一般企業が企業相互間の取引や顧客との間で行っている金融取引のうち、一定範囲の業務を専担的に取り込むことは実際にみられることである。

　ここでは、金融機関の業務範囲の拡大と業務の多様化、および一般企業による金融機能の取り込みについてみることとする。

(1) 金融機関の業務多様化

　かつて金融の世界は、競争制限的規制が支配する期間が長く続いた。金融機関は、業務内容に基づく分離規制（compartmentalization）によって専業的領域が決められ、各々の領域内でのみ活動が許された。銀行業務と証券業務あるいは投資銀行業務はその代表的なものである。保険も銀行業務とは異なるものとみなされた。

　わが国においては、戦後、商工業貸付において短期と長期の分離、信託業務との分離規制も行われた。業務分離規制の下で銀行経営は比較的安定して推移した。米国においても、また米国の影響を受けた他の先進国においても、変化が起るのは1970年代半ば以降である。1980年代～90年代を通じて金融の自由化が大きく進展する。わが国でも、80年代～90年代前半には個別的な金融自

由化は行われてきたが、1996年の金融ビッグバン（金融の大改革）実施で思い切った規制緩和が実現した。米国で長年にわたり銀行業務と証券業務の分離を規制してきたグラス・スティーガル法の条項が撤廃されたのは、1999年の金融制度改革法（Gram-Leach-Bliley Act: GLB法）によってである。金融の自由化、分離規制の廃止によって銀行業務の範囲の拡大が実現し、業務の多様化が可能になった。

　1970年代後半から80年代は、わが国銀行が銀行の附随業務と周辺業務[2]の境界線を明確にしつつ、数多くの周辺業務分野に一斉に参入した時期であった。事業金融（ファイナンスカンパニー）、クレジットカード、リース、住宅金融、ベンチャーキャピタル、調査研究など、これらは銀行本来の金融業務の周辺にあって本来業務を支援する業務と位置付けられ、銀行が子会社を設立し参入することを認めることで本来業務をより活発化するのが狙いであった。この業務多様化の流れは、1980年代米国の「ワンストップ・バンキング」業務、金融サービスの品揃え戦略などの影響によっても急速な展開をみたものである。しかし、これら子会社の存在が、バブル時代に銀行の不動産取引や劣後信用先取引のヴィークルとして利用され、結果的に不良債権の温床を作り出す悲劇につながったという見方もある。

　わが国において金融の主要業務の柱でもある証券業務や信託業務へ銀行が子会社を通じて参入することが可能になるのは、1992年の「金融制度改革法」によってである。この時点では未だ不完全な参入形式であって、それが完全自由化され、かつ保険業務についても参入が認められるようになるには、日本版ビッグバンによる一連の改革を待つしかなかった。現在わが国銀行の業務多様化の範囲はかぎりなく拡大している。この総花的な展開が相乗効果を創り出し、銀行の本来業務を活性化させることにつながるかどうかには疑問がある。どの銀行も同じような周辺業務の子会社群を抱え、一応の品揃えを行っているにとどまっているようにみえる。米国の銀行が一時期戦略的に取組んだ業務の多様化や、「ワンストップ・バンキング」の方向から一転して、FDICIA以降の「フォーカス戦略」へとシフトしたこととわが国の現状を比較すると興味深い。

最近、わが国の金融機関が外国の投資銀行や保険会社など外国資本と提携したり、国内の保険分野や消費者金融、情報・ソフト開発分野において提携・業務多様化を図る動きがみられる。これらは、かつての"とりあえずの品揃え"とは異なり、高度の金融技術を駆使した最先端金融商品の開発、投資信託その他運用の先端商品の導入、IT化に向けた新しいシステムとサービスの提供などを目的とするもので、個々の銀行の戦略的選択をより鮮明に示すものであるように思われる。

　近年進展した金融の自由化は、銀行の業務範囲を拡大させると同時に銀行の買収・合併をも促進した。米国で90年代に起った地方銀行の合併・統合であり、マネーセンターバンクの合併であった。ケミカルバンクとチェースマンハッタンバンクが1989年に合併し、その後チェースマンハッタンバンクがJ.P.モルガンと1999年に合併した。1998年にはシティバンクとトラベラーズ保険会社との統合が起った。一方、80年代後半から90年代前半にかけて、欧州において英国のマーチャントバンクを傘下に入れるケースが増加した。ドイツ銀行は1998年に米国のマネーセンターバンクでホールセールに特化していたバンカーズトラストを買収した。欧米で銀行と投資銀行、銀行と保険の統合が進んだ。一方わが国は、1998年の公的資金導入を契機に大手銀行の再編成が進み、都市銀行10行は2000年には、みずほ、三井住友、三菱東京、UFJ、りそなグループに集約された。

(2) 異業種の金融参入

　経済取引が行われるところ必ず金融取引が存在することから、従来から銀行以外の一般事業会社においても金融取引は活発に行われてきた。例えば売り掛け・買い掛け、手形による売買取引などのような企業間信用取引は最も身近にある例である。消費者に対する販売においては割賦信用販売やクレジットカード販売なども含まれる。大手メーカーの販売部門あるいは系列の販売会社、総合商社などは、特に金融に関わるウエイトは大きい。家電分野の販売金融、自動車の販売金融や総合商社の金融支援などはその代表的な例である。企業内の金融機能の部分だけを企業から分離独立させる動きが出てくるのは、わが国に

おいては70年代から80年代にかけてである。販売金融会社、クレジットカード会社、リース会社など、大手メーカー系、総合商社系、独立系といったこれらの金融会社が、銀行系の金融子会社による業務多様化の流れと並行して次々と設立されていった。現在ではそれらのいくつかは、金融機能の拡大とともに企業グループのなかで金融機能を果す中核の金融総合会社として位置付けられるところも現れている。この流れは、1970年代の米国の大手企業（自動車、鉄鋼、電機、通信、コンピューターなど）の業務多様化、多国籍化とグループの金融機能強化の流れにフォローするものであったと考えられる。

　米国における異業種からの金融参入は、歴史的には60年代から70年代に活発に起ったが、それらがその後米国金融構造上大きな貢献をする基盤を形成した。D'Arista and Schulesinger（1993）のいうパラレル・バンキング・システムは、金融システムにおける伝統的な銀行と異業種金融参入組との並存を意味している。米国においては、銀行系ノンバンクも含めて、独立系、大手企業系ノンバンクを総合したノンバンクの金融全体の構造に占めるウエイトは欧州諸国やわが国と比較して相対的に大きく、銀行との競争上も大きな意味を持っている。

　わが国のノンバンクの分野において最近の特徴的なこととして、次の2点を挙げることができる。①独立系事業金融会社や消費者金融会社が力をつけてきており、業務のシェアを拡大させていることである。また、オリックスの例にみられるように、独立系で総合金融会社を目指し着実に実績を上げている企業も出てきている。②金融機能の要素分解が進むなかで、機能の一部、要素の一部を受持つ形で異業種企業の金融業参入も進んでいることである。例えば、クレジットカード会社のみならず、各業種においてカードによる販売決済方式が進んでいることや、IT産業化戦略上の情報処理やシステム開発の一部を銀行がアウトソーシングを進めたり、IT関連専門企業と共同で会社を設立し金融分野へ参画するケースである。次頁の図表3-1は、最近の異業種の金融関連事業への参入事例である。

図表3-1　異業種の金融関連事業への参入事例

企業名	業務分野	パートナー	情報出所（日経新聞）
KDD	電子商取引少額決済	コンパック	99. 5.28
大日本印刷	電子商取引（多様化決済）		99. 5.31
NTT	公共料金決済情報サービス	マイクロソフト	99. 6.11
トヨタ自動車	カード事業	マスターカード	99. 7. 8
日立製作所	資金決済請負サービス	日本興業銀行	99. 7. 9
日本IBM	ネットバンキング業務	スルガ銀行ほか	99. 8. 6
日本マクドナルド	共同出店	横浜銀行	99. 8.19
日立製作所	デビットカード決済	福岡銀行ほか	99.10.25
ローソン	ネット通販決済		99.11.12
東京電力、富士通	インターネット銀行参加	さくら銀行	99.11.12
沖電気工業	携帯電話決済サービス	NTTドコモ	00.11. 5
凸版印刷	クレジットカード事務代行	ISI	01. 6.19
三井物産、三菱商事	インターネット貿易決済	トレードカード	01. 8. 6
日本ユニシス	システム運用業務	百五銀行	02. 5.10
東洋エンジニアリング	銀行基幹システム	TCS（インド）	02. 7. 5
日立製作所	銀行基幹システム	UFJ、大和銀行	02. 7.26
トヨタ自動車	米国で銀行業		02.11.29
富士通	オンライン証券	日興証券	99. 7.15
三菱商事	インターネット専門証券	ウィットキャピタル	99. 7.22
伊藤忠商事	オンライン証券	マイクロソフト	99. 7.22
ソニー	オンライン証券	マネックス証券	99. 8.22
三井物産	電子証券取引ネットワーク	DLJディレクト	00. 1. 5
吉本興業	証券会社に出資	岩井証券	02. 5. 2
エイチ・エス証券	モンゴル国有銀行買収		03. 1.31
BMW	インターネット銀行業務		01. 3. 2
GMアクセプタンス	個人向け融資事業	伊藤忠商事	01. 5.24
GEキャピタル	あおぞら銀行買収名乗り	あおぞら銀行	02.12.26
ダイムラークライスラー	ドイツで銀行業		00.11. 4
シアーズローバック	米国で銀行業		03. 1. 6
ウォルマートストアーズ	米国で金融サービス		03. 1.10

2　異業種の銀行業参入

これまでにみたように、異業種からの金融参入は従来から活発に行われてきたし、現在ではさらに広範囲に進展しつつある。しかし、異業種が銀行業に参入することは最近まで認められることはほとんどなかった。ここでは、異業種の銀行業への参入の意味をみることとしたい。

異業種からの従来の金融業参入と異なる点は、預金取扱い業務への参入である[3]。銀行は多くの人々から預金を受け入れ、その資金を資金需要者に貸し出すという金融仲介機能を果すだけでなく、受け入れた預金勘定は人々の決済（送金や勘定振替）のために利用される重要な機能も果している。銀行業に参入することは、預金を受け入れることができること、それは中央銀行を含めた銀行間での決済システムに直接参画できることを意味している。クレジットカードや一般企業の「買い物」カードなど非銀行部門の決済は、最終的には銀行間の決済に委ねられ、終結しない銀行間の決済はさらに中央銀行の決済システムに依存せざるを得ない。経済社会生活にきわめて重要な預金受け入れと決済の領域は、これまで銀行の独占専担分野であり、いわば第三者から侵されることのない「聖域」とさえみられてきた。従って、決済機能を受持つ銀行には、他の一般企業とは異なる特殊な存在として特別に守られてきた経緯がある。国によって特別存在の位置付けは異なるが、なかでも英国は特権的立場をきわめて強く認めてきた国である[4]。

預金者に対する流動性保険機能やモニタリング機能、リスク負担機能は、銀行の金融仲介機能の中核をなすもので、これらは銀行の仲介形態を通じて最も効率的に機能することが認められている[5]。これらの機能は将来にわたって有用な機能として存続し続けるものと考えられている。決済機能は、経済社会における根幹となるインフラストラクチャーの1つで、これは金融システムが安定して初めて稼動する基本機能である。

銀行業に参入する異業種側にとっては、本業の顧客層に対してよりよいサー

ビス、より大きな利便性を提供することにより、本業の顧客層を確保し拡大させ事業をさらに発展させることを狙いとするケースが多い。この狙いのなかには次の2点が意図されている。1つは、決済システムを自らのビジネスに取り込むこと。銀行の決済システムが加わることによって決済コストを内部化することができる。預金受け入れによる資金運用利益は預金者に還元されるべき顧客誘い込みの材料であり、銀行業としての運用利益はその次に位置付けされるものである。銀行業の展開によって顧客の金融面での情報入手が容易になる利点があり、それを銀行業務の推進に活用することも可能となる。他の1つは、グループ内に銀行を有することによって信用力とイメージアップを図ることである。本業のブランド力は、銀行業成功の重要な鍵でもあるが、その意味で両者の相乗効果を狙うものである。

　これらの具体的な目的から明らかなことは、あくまでも本体企業の顧客層という対象とする顧客層の明確な輪郭が存在していることである。漠とした不特定多数を相手とする既存の銀行と真正面から競合するものではない。しかし、銀行が対象とする漠とした不特定多数の個人には、異業種本体事業の顧客が含まれている。本体事業の顧客を自ら新設した銀行に取り込むことが第一義的な目標となるが、その進展の過程で既存銀行は確実に顧客を失うことになる。

3　米国の事例 —— 金融制度改革法とウォルマートの試み

　米国はもともと規制がきわめて厳しい金融制度を有する国である。1933年銀行法制定以来長い間銀行と証券の兼業禁止は金融制度の基本にあったし、保険制度は個別州単位での厳しい監督行政の下に置かれた。この業務分離制度は、経験的に実力を有する銀行の行動を主として規定することを想定している。

　銀行の証券分野への参入はもちろんのこと、保険その他の金融分野への参入についても種々規制が行われた。すなわち、1956年の銀行持株会社法および1970年の同法改正によって、FRBの銀行持株会社に対する監督範囲は拡大され、一

方、銀行の業務範囲は銀行業と銀行業に密接に関連する業務にのみ限定された。

業務分離制度は、競争制限的規制に基づく制度であり、競争制限は金融制度の安定を目的とするものであることから、各業務分野の金融機関、就中銀行の経営（収益）が安定しているかぎり問題は起らない。事実この制度は、1970年代にいたるまで安泰であった。ところが、1971年のファースト・ナショナル・シティバンクのキャンプ事件を皮切りに、80年代に入ると銀行が証券業務に参入することで裁判上の争いが続出した。その都度銀行側の要求が認められる展開となったが、1989年FRBはシティコープ、JPモルガン、バンカーズ・トラスト、チェースマンハッタンの各銀行に対して銀行持株会社傘下の証券会社に証券の引き受け・ディーリングを認可し、その後も非適格証券業務収入の上限規制も大幅に拡大させた[6]。70年代の金融環境の変化を受け、銀行が新しい業務を追求していくなかで、80年代は銀行が裁判を通じて銀証分離の規制をなし崩しにしていく過程でもあった。

1999年11月、クリントン大統領はGLB法（金融制度改革法）に署名した。これは、70年代から90年代に経験した金融の大きな変化の潮流のなかで、銀行の業務分野拡大のあくなき闘いの軌跡を追認する象徴的な儀式でもあった。これによって銀行の関連会社および子会社を通じた証券会社の規制（グラススティーガル法による銀証分離規制の一部）が撤廃された。ただし、グラススティーガル法における銀行本体による証券業務規制は依然として存続する。これまでなし崩し的に実質規制緩和が行われてきた実情があるが、新しいGLB法がこの時点で銀証分離破棄を明確にし、さらに銀行、証券、保険などの兼業を認める意思表示をしたことは、それなりの理由があった。

1998年10月米国最大のマネーセンターバンクを有するシティバンク・グループは、保険業務（トラベラーズ）や投資銀行（ソロモンブラザーズ・スミスバーニィ）を有するトラベラーズ・グループと合併することで合意し、運用資産残高で世界のトップクラスの地位を得ることになった。90年代に入って欧州を中心に銀行・証券・保険の合併・統合が進み、一方わが国でも90年代後半には銀行の再編劇により規模がますます大きくなる状況が進展したが、米国の金融

機関が相対的に見劣りする環境が生まれていた。金融産業を国益上最も重要な基幹産業の1つと位置付ける米国にとって、シティバンク・グループとトラベラーズ・グループの合併は実現させたいという意向が働いていたように思われる。合併時点で行われている銀行持株会社法で認められていない業務は、2年以内に銀行持株会社法の枠内に収めるとの条件付き合併であって、2000年9月にこの猶予期間が切れることから、シティバンク・グループとしては何としても早期に決着をつける必要があった[7]。

　GLB法に新しく認められる金融持株会社は、「本質的に金融」である業務と、「そのような金融業務に附随する」業務、それに金融業務に「補完的な」業務をカバーすることができる。また、FRBが規制や命令によって認めた業務に従事することができるし、そのような業務に従事する会社の株式を保有することができる。銀行持株会社は金融持株会社に転換することにより、これまで銀行持株会社に認められてきた全ての業務に加え、証券業務、保険業務、マーチャントバンキング業務、不動産開発・投資業務などを傘下で行うことが原則として可能となった。また金融持株会社の監督はFRBが行い、金融持株会社の傘下で可能な業務の範囲はFRBが判断することとなった[8]。

　次にGLB法について特記されなければならないのは、一般事業と銀行業の分離の強化が盛り込まれた点である[9]。これまで一般事業会社は、貯蓄金融機関を1社のみ有する「単一貯蓄金融機関持株会社」を通じて銀行業に参入することができた。単一貯蓄金融機関持株会社の場合は、銀行持株会社と違って株主に関する規制が存在しなかったために、異業種が買収や資本参加によって銀行業への参入が可能であるというループホールが存在していた。このループホールによる異業種からの銀行業参入を問題視する既存銀行側の抵抗が大きくなっていたことは否定できない。GLB法は、1999年5月4日以降申請が行われる一般事業会社による単一貯蓄金融機関持株会社の新規設立認可を禁止した。これは異業種から銀行業への参入を狙って行動しようとしていた企業にとっては晴天の霹靂であった。

　世界最大の小売業である米国のウォルマート・ストアーズ（以下ウォルマー

ト）はオクラホマ州にある貯蓄金融機関フェデラル・バンクセンターの買収承認申請を1999年6月29日当局に提出していた[10]。米国では銀行と流通・小売業が接近していくなかで、当初銀行のインストア・ブランチ方式が主流となり、流通・小売業が直接銀行業に参入する動きはなかった。その意味でウォルマートの申請は、小売業の銀行業参入の突破口として注目された。その後米国の大手百貨店フェデレーテッド・デパートメント・ストアーズやノードストロームなども貯蓄金融機関の買収を当局に申請する動きとなり、大手流通・小売業が小口金融の勢力図を塗り替える可能性も出てきたとさえいわれていた。

　GLB法は、1999年5月4日以後に申請が行われた一般事業会社による単一貯蓄金融機関持株会社の新規設立認可を禁じるとともに、既存貯蓄金融機関の買収も禁じた。これによってウォルマートは銀行業参入の道を断たれることになった。

　それから3年後、2002年5月ウォルマートは、フランクリン・バンク・オブ・カリフォルニアの買収を当局（米連邦預金保険公社とカリフォルニア州金融当局）に申請した[11]。今回買収の対象銀行は、GLB法の対象とする連邦規制の対象となっていない州法に基づく銀行で、「産業銀行」と呼ばれる特殊な金融機関である。監督当局は通貨監督庁（OOC）や貯蓄機関監督庁ではなく、州政府と連邦預金保険公社（FDIC）である。連邦法上の規制対象でないため法律上は認可される可能性が高いとみられていたが、地元金融機関などの反対で再び挫折した[12]。ウォルマートが今回銀行買収する背景には、次のような事情があった[13]。1999年の試みは上記にみた通りであるが、同社は2000年秋にもカナダのトロント・ドミニオン銀行と共同で米国の百貨店にインストア・ブランチを計画し、そこでローンの申し込みや買い物代金決済サービスの提供を実現しようとしたが、中小金融機関からの反対が強く断念した経緯がある。一方、同社はVISAの決済システムを利用していた。またスーパーなどでの買い物にデビットカードの使用の増加がみられる状況のなか、決済システムを導入すれば銀行に対し決済システム利用手数料支払いが発生する。銀行決済システムに自らが参加すれば手数料を内部費用とすることができる。そして、銀行を買収すれば、

決済システムへの参入が可能となると同時に住宅・自動車ローンや買い物のローンなどのサービス提供が可能となる。これが同社のニーズの基本にあった。多数の小口顧客を有する大手スーパーの提供するサービスの一部として、決済や小口ローンなどの金融関連サービスは避けて通れない不可欠の商品との認識がある。同社の戦略実現に向けた飽くなき闘いは、同様の戦略的志向を目指す大手デパートやスーパーに同様の動きを誘発する可能性がある。

70年代から80年代にかけて、米国のマネーセンターバンクが銀証分離規制に挑戦し、その都度裁判で実績を積み上げ、規制撤廃を勝ち取ったように、業界として確たるニーズが存在するかぎり当初の挑戦はループホールの活用であったかもしれないが、やがては法改正にいたるプロセスをたどることは容易に予想される。流通・小売業の一部が銀行業に参入することは、地域の中小貯蓄金融機関にとって脅威であることは間違いない。それが銀行業全体にとって脅威となるかとなると、それほど大きな影響を与えるものではなかろう。なぜなら米国の銀行は、各市場やその他多くの金融機関からの競争にたえずさらされており、競争の促進が実現されているからである。流通・小売業という異業種が銀行業に参入することが格別に銀行の変革を迫る大きな要因となるとは考えにくい。米国の銀行は、資本市場と常に競争上緊張関係にあり、他方ではノンバンクとの熾烈な競争をも強いられており、それらとの競争こそがより重大とみられるからである。

4　英国の事例 ── 流通・小売業界からの参入とその後[14]

1986年ビッグバン元年として英国は証券業界を中心とする金融の大改革を実施、並行して消費者を保護する「金融・サービス法」を制定した。金融機関に競争意識を高めさせ効率化を図るとともに、消費者への金融サービスの利便性を向上させ活力を取り戻させることが目的であった。

90年代に入って英国の銀行は連続して好収益を記録したが、一般の人々には

事務上の間違いが多くサービスの悪い銀行が好収益を継続することに対する反発が強く、よりよいサービスを提供してくれる機関の出現を要望する空気が高まっていた。特に大手銀行の寡占的な状況が続いていた。そのような状況の下で小売業と金融サービスが結びついて発展する素地ができあがっていたと考えられる。

英国の流通・小売業が銀行分野に参入していったその主要なケースの概略を時系列的にみると次の通りである。

①1985年、百貨店大手のマークス＆スペンサーが金融商品の販売開始。後にMarks and Spencer Financial Services Ltd.（MSFと略）を設立。

②1996年10月、流通・小売業界第2位のセインズベリーとバンク・オブ・スコットランドが共同で銀行子会社を設立。Sainsbury's Bank PLCとして1997年に営業開始。

③1996年12月、業界第3位のセーフウェイとアビー・ナショナル銀行が提携。これは提携関係から進展していない[15]。

④1997年7月、業界1位のテスコがロイヤル・バンク・オブ・スコットランドと合弁の金融サービス会社Tesco Personal Finance Group Ltd.（TPFと略）を設立。

先ず①のマークス＆スペンサーの場合、単独で銀行免許を取得し、流通・小売業では他社に先駆けて100％子会社のMSFを通じて金融商品の提供を行ってきている。ただし独自の貯蓄預金口座は提供しておらず自社カード決済のための決済口座を設けている。むしろ投資信託、年金、保険、消費者ローンなどで実績を上げている。マークス＆スペンサーは無借金で最高の格付けを生かした市場からの低利資金調達が消費者ローンなどの収益を支えているようである。

②のセインズベリーの場合は、バンク・オブ・スコットランドと共同でセインズベリー銀行（セインズベリー55％）を設立し、銀行免許を取得。貯蓄口座も利率を高くするなど工夫をこらしており、住宅ローンや消費者ローンも提供している。

③のセーフウェイの場合は、アビー・ナショナル銀行と提携をしているだけで合弁銀行を設立しているわけではない。アビー・ナショナル銀行はセーフウ

ェイの店舗内にインストアブランチを設置している。また共同で貯蓄預金の商品なども提供している。

　④英国のスーパー業界第1位のテスコの場合は、いち早く銀行と共同して金融サービス業へ参入することを目論み、ナショナル・ウエストミンスター銀行と提携したが、その後解消した。1997年7月にロイヤル・バンク・オブ・スコットランドと合弁（50：50）でTPFを設立、銀行免許も取得した。独自のカードと決済口座を有し、ポイント制と高利率の預金、当座貸し越しを併せ持った品揃えで消費者にとって便利で魅力あるもので、開始以来口座数が急拡大したといわれている。　テスコは当初ナショナル・ウエストミンスター銀行と提携し金融サービス分野への参入を計画したが、同行のリテール戦略が不明確であり、しかも共同で銀行を設立することに反対されたために提携関係を解消した経緯がある。2000年にロイヤル・バンク・オブ・スコットランドが英国大手銀行の1つナショナル・ウエストミンスター銀行を買収した。これは小が大を食う買収劇であった。しかし、この買収劇に最初に手を挙げたのはバンク・オブ・スコットランドであった。同行は先に触れたように英国の流通・小売業界第2位のセインズベリーが合弁銀行を設立したパートナーである。結局セインズベリー／バンク・オブ・スコットランド連合はこの買収には失敗したが、彼らのアグレッシブな戦略は、今後既存銀行の買収劇を引き起すのでなないかとさえみられている。

　かつてサッチャー首相は、ビッグバンで証券業界のみならず金融産業全体の活性化を目的としたはずであった。英国の銀行がリテール分野において明確なビジョンと戦略が描けないなかで、積極的に金融サービスに参入してきた流通・小売業が、特定の銀行と組んでターゲットにした銀行を買収する事態に発展したケースである。

　上記①、②、④は銀行免許を取得した流通・小売業の子会社としてリテール金融サービス業を営んでいる。MSF、TPF、セインズベリー銀行とも設立後の業績は、創業赤字の段階を過ぎて期間収益を計上する状況になっている。また、これらの新銀行が共通して提供している商品は、預金（各行によって工夫をこ

らし特徴がある)、カード、住宅ローン、消費者ローン、年金、損害保険、生命保険などをカバーしている。次の図表3-2は最近の英国リテール金融サービス市場への参入事例をまとめたものである。

英国の場合、金融サービス庁が銀行業における監督および設立審査を行っているが、異業種からの新規参入という理由で特別に追加的な規制があるわけではない。銀行の免許は一種類であり、免許申請に対し認可を受けるためには、収益見通しや人的構成はもちろんのこと、設立母体(親会社)が銀行経営に責

図表3-2 最近の英国リテール金融サービス市場への参入事例

新銀行／子会社	銀行パートナー	所有形態	商品／サービス	注
Sainsbury Bank	Bank of Scotland	55% Sainsbury 45% BOS	モーゲージ 預金 クリスマス預金 Visa 貸し出し	
Tesco Personal Finance	Royal Bank of Scotland	合弁 50:50	預金 Visa 貸し出し 外国為替	ダイレクトライン (RBS) やScottish Window (RBS) 提供
ASDA	Lloyds	ロイズ銀行のインストアブランチ		パイロット
Safeway	Abbey National	アビー銀行のインストアブランチ		パイロット
William Morrison	Midland	ミッドランド銀行のインストアブランチ		パイロット
Virgin Direct One Account	Royal Bank of Scotland		モーゲージ／預金／当座預金小切手帳／Visa／スウィッチ／ATM	ヴァージン島コールセンター (RBS) の商品
Legal & General Bank	クリアリングサービスのみ	100% L & G	モーゲージ	保険会社の参入
Prudential Bank-EGG Account	クリアリングサービス	100% Prudential	高金利貯蓄性預金	保険会社の参入

出所：Grandy A. (1999), Banking Strategy beyond 2000. The Chartered Institute of Bankers p.7

任を持てるかについて厳格な審査が行われる。事業親会社の事業リスク遮断については、主として監督段階における大口融資規制として行われている。

このケースは、英国の産業のなかで好業績を上げ大きな地位を占めている流通・小売業をエネルギーの発動元とする、既存の銀行業界に参画していく金融制度変動の事例である。

英国も含めて欧州諸国は、異業種からの銀行業参入は基本的に自由であり、従って銀行免許は、わが国でのイメージとはかなり異なっているように思われる。銀行を中心に金融制度を形成してきたドイツやフランスでも異業種からの銀行業参入については、英国と同様のスタンスをとっている。しかし、今後ドイツやフランスにおいても流通・小売業あるいは他の産業からの銀行業参入が同様に起るかどうかについては、各国の特殊事情があるため一概には言えない。

5　わが国の事例
　　――イトーヨーカ堂、ソニーの事例と潜在的予備軍

わが国の銀行法（第2条）は、銀行を①預金等の受入れと資金の貸し出しを併せ行う、②決済サービス等の為替取引を行う、のいずれかに該当する事業と定めているが、それを業として営むには銀行免許を必要とする。

従来の「護送船団」行政のパラダイムからすれば、銀行はある種の「聖域」であって、一般事業会社が銀行免許を取得することは、ほぼ不可能と考えられていた。しかし、金融の自由化の過程、日本版ビッグバンを経て、一方では徐々にではあるが金融機能の要素分解も進み、銀行以外の機関が金融取引の一部を分担するケースが増加してきた。事業金融、消費者金融会社の業績の伸長、クレジットカードによる決済サービスの拡大、コンビニでの公共料金決済の増大などが特に著しい。異業種からの銀行業参入はそのような状況のなかで出現した。

ここでは、イトーヨーカ堂のアイワイバンク銀行とソニーのソニー銀行の事

例をみることとし、併せて今後異業種からの参入が考えられる潜在的予備企業についても触れる。

(1) アイワイバンク銀行（以下「アイワイバンク」という。）

イトーヨーカ堂は当初、東京海上、オリックス、ソフトバンクと組んで1989年12月に国有化された日本債券信用銀行（日債銀）を買収することで銀行業務に参入する方針を固めていた。しかし、イトーヨーカ堂は、自らの狙いとする戦略と合致しないと判断し、買収グループから離脱した。その後、単独で決済専門銀行を設立し銀行免許を取得する方針を固め、1999年11月に設立趣意書を金融監督庁に提出した。

企業向け融資は一切行わず、手数料収入を中心とした「個人向け決済専門銀行」である。新銀行の資本金は150億円でスタートし、5年後には500億円程度にまで増資する。2～3年後の上場を目指す。当然のことながら日銀ネットなど各種の決済システムに参加する。新銀行は、イトーヨーカ堂傘下のセブン・イレブン・ジャパンなど全国9,300の全店舗に1台以上のATMを設置、店舗の利用客や口座開設の顧客から預金を受入れ、企業向け貸し出しには回さず国債や高い格付けの金融商品などで運用する。また銀行サービスはイトーヨーカ堂の利用者以外にも幅広く提供するというものであった[16]。

特徴的なことは、あくまでも個人向け決済銀行に徹し、貸し出しはしないナローバンクのような形態を想定する。収入は店舗に設置したATMでの決済サービスによる手数料で収益全体の6～7割を確保するが、グループとして1,000億円程度の余裕資金を本体企業から預金として入れることで、発足2年目から経常損益、最終損益ともに黒字に転換すると予想していた。

2001年5月、異業種による銀行業参入第1号であるアイワイバンクが営業を開始した。ATMによる決済サービス手数料が収益の主体であることから、銀行、証券、保険、消費者金融などとの提携拡大に努めてきているが、ATMの1日平均利用件数は採算ラインの70件には達していない。銀行との料金交渉などスケジュール上手間取ったこともあって、最終損益黒字化を当初予定より1年先延

ばしし、2004年3月と修正している[17]。

　セブンイレブンのネットワークの利点を顧客の利便性につなげる決済サービスではあるが、従来から銀行が行ってきた同様のサービスに対して、手数料面での競争力があるという理由だけで、果して顧客を引き付け急速に顧客層を拡大することが可能だろうか。アイワイバンクが最近打ち出しているセブンイレブンの24時間金庫サービスや消費者金融大手7社へのATM解放提携などのような新しい付加価値の開発がさらに重要になってくるように思われる[18]。

(2) ソニー銀行

　ソニーは1999年12月にネット銀行構想を打ち上げた。資本金は200億円、5年以内に1兆円の預金を集めるというもので、新銀行の概要は次のようなものであった。

　インターネットを利用する個人向け業務に特化する。業務の内容としては、決済業務、預貸業務と富裕層対象のプライベート・バンキング業務の3分野。特徴的なことは、店舗は一切持たず、現金の入出金や決済・送金取引などは既存銀行のATMを活用する。預金については、物理的拠点を持たないことからコスト面だけでも競争上優位に立てるとしている。採算を確保する意味から貸出業務は行うが、消費者金融などの無担保ローンと住宅ローンなどの担保ローンを取り扱う。住宅ローンの審査は既存銀行の審査機能をアウトソーシングする。富裕層を対象としたプライベート・バンキングは、ソニーというブランドと一流の信用力を売り物にした業務で、その展開には期待を表明。品揃えとしては、普通預金、定期預金、外貨預金、投資信託、消費者ローン、教育ローン、住宅ローンなどをカバーし、特に資金運用の相談にきめ細かく対応するサービスに力点を置くというもの[19]である。

　2001年6月、ソニーグループのインターネット専業銀行が営業を開始した。初年度目標は、口座数20万口座、預金残高2,000億円、2004年3月期に単年度黒字を目指している。また、三井住友銀行のATMとの提携に加えて、郵便貯金のATMと提携することで郵政事業庁とも合意している[20]。

ソニー銀行の場合は、ネット専業銀行であり、物理的な拠点ネットワークを有していない。従って今後ATM網の構築がコスト対策上重要となるが、一方でインターネット専業銀行や銀行のネット専業支店の設立が相次いでおり、それらとの競争上サービスの差別化が求められることになる。

(3) その他の銀行と予備軍

　異業種からの銀行業参入例としては、上記の他にeバンク銀行とあおぞら銀行がある。インターネット専業銀行のeバンク銀行は、伊藤忠商事、住友商事、日本テレコム、日立製作所などが中心となり設立された。2001年6月に営業を開始した。特徴は、旧あさひ銀行と包括提携し、銀行間の決済業務を同行に委託することで決済のコスト削減を狙う。

　また、ソフトバンクは、国営化された日債銀の買収に当たって、東京海上、オリックスと三者連合を組んで買収交渉を行った結果、他のグループを排除して勝利した。2000年8月新銀行あおぞら銀行としてスタートした。東京海上は損害保険業界のトップ企業であり、オリックスは総合金融サービスグループを目指し広範囲の金融サービスを提供しているノンバンクの最大手である。いずれも金融に直接関係している企業であるが、そのなかでソフトバンクは異質の存在であった。銀行のIT産業化の展開にソフトバンクが主導的役割を果せば、異業種参入のケースとなった。しかし、その後ネットバブル崩壊後のソフトバンクの業績面から同社の離脱が決定した。

　わが国の異業種のなかには、金融分野への参入、銀行業への参入に関心を有する潜在的予備軍が多いように思われる。なかでも興味がもたれるのは、トヨタ自動車とヤマト運輸である。

　トヨタ自動車は既にトヨタフィナンシャルサービス証券を設立しており、その総合口座を活用した銀行業務とほぼ同様の業務展開を図りつつある。グループのカード業務を中心とするトヨタファイナンスの機能と併せて、今後既存銀行との競合局面が多くなっていくものと思われる[21]。

　ヤマト運輸は既にインターネットバンキングプロジェクトのいくつかに出資

参加しているが、ネット通販クレジットカード決済サービス（「クロネコ＠ペイメント」）に踏み込んでいる[22]。強力なネットワークと商品配達機能を有するヤマト運輸の必然的な展開プロセスとみられる。今後電子商取引の増加に伴い、物財のデリバリーの問題解決は避けて通れない。商品配達機能に決済機能を統合させることで利用者の利便性は高まる。最終決済をクレジットカード会社や銀行の機能を利用するのではなく、自らが銀行となり決済機能を有するようになれば、手数料が安くなる分利用者の魅力は一層高まることになる。

6 異業種銀行業参入のインパクト
　　—— 競争の考え方と将来への視点

　異業種企業が銀行業に参入することによる既存の銀行に与えるインパクトを考えてみたい。
　異業種からの銀行業参入は、既存銀行との競争を促進する。異業種本体の業種がどのようなものであれ、参入した新しい銀行によって提供されるサービスの価格は、既存銀行が提供する価格に比べて利用者にとっては有利なはずである。異業種からの参入銀行は、ATMや情報処理ネットワークのための初期設備投資負担は避けられないにしても、既存銀行の抱える重装備の店舗網や人件費、その他の諸経費との比較では明らかに新銀行が有利である。特に、本体業務の営業ネットワーク拠点数が既存銀行の店舗数より格段に多く、立場上本体業務の顧客にきわめて近く、多数の顧客に利便性を提供できることから顧客取り込みの可能性は非常に大きい。新銀行は、提供する商品やサービスの価格競争力を有していると考えられる。もともと本体業務における顧客の情報は入手しやすい立場にあり、加えて決済システムを備えることから得られる情報と併せれば、消費者ローンや住宅ローンなどの貸し出しの場合の情報収集面での有利さは存在する。既存銀行は、新銀行が提供するサービスの質においてそれを凌駕しないかぎり競争に負け、結果一部顧客を失うか預金のシフトを招くことになる。

この点は、ITを活用し、特にインターネットの低価格の利点をサービスや商品コストに生かし競争的な対応を行うネット専業銀行の戦略と共通している。既存銀行にとっては競合者が出現したことで、リテール分野の顧客が侵食される緊張のなかに置かれる。特に地域金融機関の緊張感は高まるであろう。
　それでは、このような新規銀行業参入の競争への関与はどう評価されるのだろうか。米国、英国とわが国の政策当局の考え方のなかでの位置付けをみてみよう。
　先ず、その前提となる金融における競争について、米・英とわが国での政策当局の基本的な考え方を、米国については米国財務省報告書であるLitan with Rauch（1997）、英国については英国大蔵省報告書であるCruickshank（2000）、わが国の場合は、経済審議会報告書（1996）と懇話会報告書（2002）に依って概観することとしたい。
　米国は、長く続いた従来の規制パラダイムから安定性の敵とみなされてきた競争への転換を明確にし、21世紀金融モデルは競争の促進を目指すものであると位置付けている。金融業界にはさまざまな非効率が存在しており、競争原理を導入することで非効率が解消されるという前提が置かれている。70～90年代にわたり競争環境は着々と整えられてきた実績を有していることから、政策当局者にとっての問題は、金融産業における競争原理導入の可否の問題ではなく、むしろそれをどのようなスピードで、どのような条件で進めるかという問題こそが重要との認識を示している。
　具体的に政策当局としては、競争の結果として懸念される集中化に対する深い不信感と非競争的弊害に対しては介入が必要であるし、特に預金保険や経験の浅い電子マネーなどは当局の適切な介入が必要であるとしている。
　80～90年代に金融業界において合併や統合がかなり進行したが、現状では集中はほとんど問題になっていない。しかし、過度の集中は集中と区別されて排除されるべきである。多様な金融サービス提供者の登場による競争の激化のなかで、グループ再編は当然進展するもので、金融機関の長期的な健全性の視点からは一段の統合は不可欠であるとしている。しかし、統合が進展しても市場での競争の度合いが低下するものではなく、金融サービスの利用者が不利益を

被ることにならないという理由付けとして、次の2点を挙げている。すなわち、①金融市場自体急速に拡大し多様化しているので、少数のサービス提供者が市場を支配することは困難になっているし、新しい商品が次々と持ち込まれているから市場支配力に影響を及ぼすこともますます難しくなっていること。そして、②技術の進歩とグローバリゼーションが、集中化が進めば競争が後退すると考えられてきた関係を一変させたこと。仮に特定の金融サービス提供者の間で集中化が進んだとしても、他方で市場の自己展開力が強まり、全体の競争が促進されるにつれて特定市場を個別に分割しておくことは次第に意味をなさなくなる、というものである[23]。

英国における銀行の競争について、Cruickshank（2000）は、徹底して政府当局の介入による競争の促進を図るべきことを強調している。サッチャー首相の金融ビッグバンの基本にあったものは、従来からの規制の緩和・撤廃であり、市場機能の最大限の活用、旧レジームの打破によって新しい活力を取り戻すことを狙ったものであった。競争原理を導入することによって非効率が是正され、競争のある有効市場のダイナミズムを通じて問題が解決され、経済を活性化するというものである。本報告書の競争原理についての考え方は同じ延長線上にあると考えてよいが、消費者、中小企業や社会的弱者に対する配慮の度合いは多少異なっている。

しかし、競争が活発化すればすべての問題が解決するわけではなく、いわゆる「市場の失敗」に対しては、政府の強力な介入が必要であるとの考え方を取っている。英国では、歴史的に政府と銀行との間には、銀行は特殊な存在として銀行システムに対する人々の信頼を確保するための非公式な契約が存在していて、政府がその目的を遂行するに当って、銀行が協力する見返りに銀行は厳しい競争から免れてきたことを指摘している。そして、この政府と銀行の関係に新しい政策的枠組みを設定する必要があるとして、次の4つの観点から具体的な政策提言を行っている。すなわち、①銀行監督業務における透明性を高めること、②政策機関における誘因を適正にすること、③有効な競争を監視すること、④規制上のゆがみを排除すること、である。また、資金決済市場、リテール市場・

個人市場、中小企業取引市場の競争状況について分析し、資金決済市場と中小企業取引市場では、少数の大銀行に支配されており、この市場集中のために効率的な競争が実現していないことを指摘し改善を種々提言している[24]。

わが国の場合も、1996年の「日本版ビッグバン」を経て懇話会報告書（2002）にいたる流れから、金融における競争の促進の方向はきわめて明確である。

金融の大改革（日本版ビッグバン）のベースになった経済審議会報告書（1996）は、金融システム活性化のために幅広く競争を実現させることを提案するものであった。競争促進の前提となる金融諸規制の大幅な撤廃・自由化が中心のテーマであったが、金融部門内の各業態間のみならず、非金融部門から金融部門への参入を容易にするため、参入規制を原則撤廃することもうたっている。この報告書は、銀行の不良債権問題が大きな問題であったにもかかわらず、それに対する解決策には何も触れておらず、また、早急に金融大改革を行うことの逼迫性のためか、わが国金融の中長期的ビジョンも描かれていないという欠点はあるものの、競争の促進を強く明確に主張している。

わが国金融システムの政策的な方向性が打ち出されるのは、懇話会報告書（2002）においてである。ここでも競争の促進は前提とされており、市場機能を中核とした金融システムへの指向が示されている。この方向は、ドイツ、フランス、イタリアなど欧州諸国が金融市場改革を行い、金融市場強化を進めてきているのと同一の方向を目指すものである。

以上のように、米英そしてわが国の金融における競争促進の方向は基本的に共通しているものの、具体的な対応は各々の国における異なった金融システムの特徴から異なっている。

米国の場合、競争を促進するためにわざわざ異業種からの参入を積極的に導入する考え方は存在しないようである。金融構造そのものが既に十分に競争的であるという認識からである。もし異業種にとって銀行業参入のニーズが十分に強ければ、必ず規制を取り崩すエネルギーが蓄積されていくように思われる。現実に銀行の証券分野への参入をめぐる70年代～90年代米国の金融の動向はそのことを物語っている。

英国の場合、Cruickshank（2000）に流れている精神からすれば、当然異業種からの銀行業参入は歓迎され大いに奨励されるべきものである。

参入障壁に関わる規制のあるものについては適切であると認めながらも、不必要な規制による参入障壁は取り除かなければならないとしている。例えば、新規参入銀行は、既存銀行と提携していなければならないという事実上の規制条件や、親会社が誰かについても非公式な制約が存在しており、また、新規参入者に対しては、より高い自己資本比率が要求される傾向があることなどを指摘している。

報告書は個人を対象としたリテール市場の現状分析のなかで、個人顧客サービス分野では新規参入と競争の活発化を促すようないくつかの兆候がみられるとして、今後の政府の介入の仕方次第で競争の促進が急速に前進する可能性があるとしている。流通・小売業の銀行業参入が想定されており、報告書はそれを高く評価している[25]。

わが国の場合、銀行にとって急激な競争の促進が好ましいか否かについては議論のあるところであるが、少なくともこれまで永年にわたり保護される環境に慣れ親しんできたわが国の銀行に対しては、競争の緊張は肯定される。懇話会報告書（2002）も、市場原理が機能するためには参入は自由にし、結果として非効率な企業は業績が悪化して退出するという産業全般に通ずる一般論からも、異業種からの参入については金融システムにイノベーションをもたらす可能性が高いものとして可能なかぎり積極的に対応すべきであるとしている[26]。

それでは、異業種からの銀行業参入は、一時的、単発的な現象として終ってしまうのか、あるいは中長期的に次々と新規参入者が拡大していくのだろうか。

確かに銀行免許付与の審査に当って、本体事業の財務体力や業績内容が厳しくチェックされることから、参入資格のある優良企業の数も限定される。また、本体企業が販売ネットワークや顧客を多数抱えていることがニーズの根底にあることから、このような条件を充足する企業で、かつ戦略的に踏み込む企業はそれほど多くはないであろう。しかし産業がダイナミックに動いている産業であるほど、そのような企業が出現する可能性は高く、単発的現象とはいえない。

また、多数の拠点ネットワークの利点を生かす観点からは、ITを積極的に活用したビジネスモデルとの相互発展の新たな展開も考えられる。
　異業種からの銀行業参入は、既存銀行に対して競争の緊張を与え続けることは間違いないが、IT戦略機能が加わるとさらに緊張の度合いは大きくなる。中長期的には既存銀行のシェアは侵食され続ける可能性がある。異業種も含めて銀行のなかで新しい金融へのアプローチ、金融のビジネスモデル構築の模索が始まっていることは確かである[27]。
　今後金融システムにおける金融仲介機関の重要性が増していくと考えられるものの[28]、既存銀行は、異業種からの参入に対して防衛的対応は避けられず、既存商品やサービスの質を高め顧客に訴える努力を続けなければならない。一方、新規参入者には、低価格提供に満足することなく既存商品やサービスに新しい付加価値を加える挑戦が最も期待されており、それが銀行自体、あるいは金融産業そのものの活性化に貢献することになる。
　なお、銀行の競争問題の観点からは、銀行業への参入と銀行業からの退出が併せ論じられなければならない。銀行業からの退出が制度的にも法的にも整備されていて手続きが斉々と行われることは、参入が歓迎される体制が整備されることと同様に重要である。

第4章

市場と仲介機関の役割とその関係

　1980年代から90年代における金融の変化は、米国の金融構造や金融市場の変化に最も著しくみられた。その変化への金融機関の対応と変貌、新しい市場の拡大や金融機関の取引を活性化させた革新的な金融取引や商品の導入は、きわめて活発な議論が集中した金融理論の展開と米国金融監督・行政当局の積極的な取組みの結果でもあった[1]。米国の金融産業は、元々国際的に競争力の強い産業であったが、グローバリゼーションの波に乗って米国の金融の影響力は、先進各国のみならず発展途上国の新興市場の隅々まで浸透していった。20世紀も終りに近い90年代後半には、各国は21世紀の金融システム構築を展望するなかで、米国の金融産業の成功を踏え米国型アーキテクチャーを優れたモデルとして受入れるようになった。同時に金融の世界における米国のプレゼンスは、各国市場で強さを発揮し、各国はそれとの競争上常に自国の市場改革や規制緩和などの緊張を強いられることとなった。英国は1986年に証券市場の大改革（ビッグバン）を行ったが、ドイツ、フランス、イタリアなど欧州各国においても証券市場改革が遂行された。米国型金融システムに倣った方向転換の姿勢がうかがえる[2]。90年代世界に強力な金融のプレゼンスを示した米国型アーキテクチャーの成功は、各国にその利点を導入することで自国の金融産業の活性化と競争力強化を狙いとする政策を取らせたと考えられる。

　わが国においても同じような事情が存在した。1996年から始まった日本版ビッグバンは、わが国金融システム活性化のために先ずは金融を自由化し、思い切った諸規制の撤廃・緩和を行うことで市場改革を実現することを目的とするものであった。その背景には、先進各国との比較で立ち後れている金融市場改

革を断行し、国際的競争に伍していくだけの環境条件の設定が喫緊の課題とする危機意識があった。それから6年後、2002年7月金融担当大臣主催の「日本型金融システムと行政の将来ビジョン懇話会」(以下「将来ビジョン懇話会」)はその報告書において、市場を中心とした金融システムを指向し、間接金融・仲介機関を中心とした金融システムからの方向転換をわが国金融の将来ビジョンとして示した。

銀行を中心とした仲介機関主導の金融システムを有する欧州大陸諸国において、市場取引主導型の金融システムへのシフトは何を意味するのだろうか。また、わが国においても、従来の間接金融中心の金融システムから米国型市場中心の金融システムへの方向転換を図ろうとするのは何を意味しているのだろうか。これは、金融仲介機関の機能に問題が存在するからなのか、市場型金融システムがより効率的で優れていることを意味しているからであろうか。

わが国においてバブル経済崩壊が銀行の巨額の不良債権をもたらし、それがその後の経済運営に大きな障害となっていることから、わが国の間接金融中心の金融システムに問題があったという議論については第1章で触れた。また、金融の自由化が始まり競争原理が導入されたことで銀行がそれまで享受してきたレントが減少し、それが銀行行動としてモラルハザード(資産選好)を起こしたという議論がある[3]。銀行はリスクを分散することなく、リスクを抱え過ぎて処理不能に陥ってしまったことは間違いない。それが金融仲介機関の機能の限界を示しているとして、仲介機関に対する市場機能の優越性が強調され、市場主義・米国型金融システムを歓迎する見方が強く存在しているようである。

間接金融と直接金融、あるいは仲介機関を中心とする金融システムと証券市場など市場を中心とする金融システムのいずれがより優れているのかに多くの関心が示されている。

ここでは、金融仲介機関機能と金融市場の機能を比較し、これら両者の関係を検討する。先ず仲介機関と市場が有するそれぞれのメリットとデメリットを明らかにし、その対比においては、むしろ仲介機関の機能が優れていることを示す。次に、最近の仲介機関の機能変化から、仲介機関と市場の関係はあれか

これかの選択の問題ではなく、両者が相互異存の関係にあることを説明する。そして仲介機関には、元々市場に対する専業銀行的な機能と個人や企業の顧客とのリレーションシップを重要視する機能が並存していたこと、仲介機関のこれらの機能を強化することが市場拡大にとって重要であることを述べる。

　第2章、第3章で銀行に大きな影響を与え銀行に変革を迫るものとして、通信・情報技術の発達と異業種からの銀行業参入の問題を取り上げたが[4]、これら以外に銀行に大きな影響を与えているものは、市場の存在であり市場の機能である。最近の著しい金融仲介機能の変化は、市場からの影響によるものである。また、これら両者の関係については、仲介機関がますます市場を必要としそれによって市場はさらに発展する関係にあるということができる。市場取引が発達すればするほど仲介機関を必要とするという相互依存関係が存在する。

　現在市場の発達・進展はとどまるところを知らず、今後ともこの趨勢は継続するものと予想される。このことは仲介機関に対する市場からの競争がこれまで以上に熾烈化する可能性があることをも意味しており、仲介機関はそれに対応していかなければならない。このことは、今後銀行を中心とした金融仲介機関が市場取引をどのように位置付けて対応していくかという将来像の視点を与えてくれる。

　本章では先ず1で、市場と仲介機関の特徴を述べ、なかでも仲介機関の有する特異な2つの機能、①異時点間スムージング（intertemporal smoothing）と②リレーションシップに基づいたリスクシェアリングを説明する。2では、70年代半ば以降米国において金融イノベーションによって起った金融構造の変化から、金融仲介パラダイムの変化と仲介機関の果している役割の重要さを指摘する。3では、仲介パラダイムの基礎にあるのが仲介機関と顧客とのリレーションシップであり、それが市場の失敗を克服する要に位置付けられるものであること。また、伝統的な銀行のリレーションシップ・バンキングのなかには市場取引が包含されており、わが国の銀行が経験済みの例として外国為替取引を説明する。4では、産業金融機関、投資銀行や伝統的な銀行をリレーションシップの観点から眺め、それぞれの特徴をみた上で、それらがいかにリレーション

シップを重要な基盤にしているかを指摘する。それらを踏まえて最後にわが国の銀行の可能性について検討する。

1　市場[5]の機能と仲介機関の機能

　経済先進国のなかでもさまざまな異なった金融システムが存在しているが、そのシステムがどのように働いているのか、ある国では株式市場はきわめて重要な位地にあるのに対して他の国ではそうでもない。Allen and Gale（2000）は、1つのシステムが他のシステムより優れているとはどういうことかを問う。すなわち、市場の失敗を克服するにはどのようなシステムが優れているのかという問題意識を基本に置いている[6]。

　米国は、多様性に富んだ奥深い金融市場を有する市場中心の金融システムを有しているのに対して、銀行を中心とする産業金融システムの比重が高く、株式市場があまり活発でない金融システムを有するドイツのような国が存在する。これらを両極とすれば、英国とフランスと日本はその中間に位置し、英国は米国の金融システムに近く、日本とフランスはドイツの金融システムに近いと位置付けている。そして、市場中心の金融システムを有する米国とは異なった歴史を有し、異なった金融システムを有する欧州の国々や日本が、最近米国型の金融システムの方向に舵取りを行っていることに対して、なぜ多くの国が1つのパラダイムに収斂させるような政策を取るのか疑問を呈している。

　ここでは先ずAllen and Gale（2000）に従って金融市場と金融仲介機関の機能の特徴を概観することとする。

(1) 市場の特徴

　市場の情報はほとんどが価格情報に集約されるといえる。非対称情報の問題は市場の方が軽減される度合は大きい。市場における競争は熾烈であるが公明正大で、瞬時に結果が出る場合が多いのが特徴的である。また、リスク分散の

点では、各部門を越えて横断的なリスク分散機能に優れている。すなわち、できるだけ多くの人々にリスク分散したいときには、市場の機能を利用し市場を通して分散させる方法が考えられる。しかし、ひとたび価格の下落が起ると市場参加者の損失額は明確になり、それだけにリスクが高い。一方、将来の技術評価や将来予測に関して議論が多い場合、市場は決断も速いしリスクを取る人々も抱えている。例えばベンチャービジネスへの投資などは、市場機能を通すことで可能性がより高くなる。

　市場の機能は仲介機関の機能に比べてはるかに優れており、市場こそが自由な競争を通じて経済的効率達成を可能にするという市場万能主義の見方も存在している[7]。しかし、現実の市場には数多くの障害が存在している。取引費用、逆選択、モラルハザード、流動性不足や参加コストなど多くの摩擦が存在していることは明らかである。これまで市場の歴史のなかでそれら障害を克服する方策が試みられ、修正・改善され、構築されてきている。また、市場取引のリスクが高いことは、金融システムの不安につながる。1929年の米国株式市場における株価大暴落以降株価暴落の事例は多いが、1986年のブラックマンデーや2001年9月のテロ事件とその後の株価暴落にみられたように、セクターを越えて横断的に影響が及ぶだけに経済社会全般に与える衝撃は直接的で大きい。このようなマクロ経済ショックの影響は直接的であり、市場は解決できないという欠陥がある。

(2) 金融仲介機関の特徴

　金融仲介機関の代表として銀行の機能を考える。多数の人々から預金を受入れそれを多数の企業に貸し付ける銀行の行為は、取引費用の節減や預金の流動性に対する保険の役割とともに、企業をモニターする機能として非対称情報の問題を克服する優れた機能であるとの見方は定着している[8]。ここでは、Allen and Gale（2000）に依って、市場の機能に対比して仲介機関が優れている次の2点に注目してみることとしたい。

① 異時点間スムージング（intertemporal smoothing）
　これは、銀行が市場からの競争にさらされないかぎり有している優れた機能である。長期資産の配当収入が変動するリスクは、市場によっては排除することができないが、顧客との取引関係が長期間にわたって存続している銀行のような機関によって排除できる。すなわち、長期にわたって存在する仲介機関は、長期の間に経験する高利回りや低利回りを平均することで不確定な利回りに対する保険機能を提供することができる。仲介機関は資産を保有し、それぞれの世代に預金契約を提供する。最初のうちは世代間の保険を提供するだけであるが、後に大きな蓄積ができるとすべての世代に対して実際の利回りに関係なく預金に対して一定の利回りを提供することができるというものである。市場ではこのような機能は期待できない。しかし、仲介機関に対する市場からの競争が大きいと預金者が市場の方にシフトし、ディスインターミディエーションを引き起こす可能性があり、この異時点間スムージングのメカニズムを崩壊させてしまう恐れがある。
② リレーションシップに基づいたリスクシェアリング
　市場におけるリスクはセクションを越えて横断的に分散できることから、リスクシェアリングには市場を利用するのが効果的であるが、市場の参加コストや情報のコストが高いためにそれが障害となって利用が難しい。それら市場への参加コストや情報コストを縮減してくれるのが仲介機関の存在である。仲介機関取引を選択した場合、リスク管理にはベテランの熟練知識が必要であることからベテランに依頼するとしても、そこには情報のバリアとモラルハザードの問題が存在する。すなわち、ベテランは顧客が欲している情報をすべて与えてくれるとはかぎらないし、顧客のリスク排除のためにあらゆる努力を傾注してくれるとはかぎらないという問題である。これらの問題を解決するのが、仲介機関と顧客との長期間にわたるリレーションシップの活用である。市場のソフィスティケーションが進展するにつれて、仲介機関は顧客からのリスク管理へのニーズの高まりに対してリスクヘッジの機会を提供するようになり、投資運用のアドバイザーとしてまた情報の足りないと

ころをつなぐブリッジの役割を果すようになってきている。長期にわたる仲介機関（銀行）と顧客（企業、個人）との間のリレーションシップがリスクシェアリングの重要な柱となる。すなわち、銀行と顧客の間に築かれた長期にわたる安定したリレーションシップは、相互信頼関係であり、相互依存関係を意味する。信頼関係は相互契約であり、レントの共有と衡平な利益配分に裏付けされている。仲介機関は顧客に不測の事態に対する保険も提供する。この仲介機関の機能の変化とリスクシェアリングの問題については次節で詳しくみることとする。

　もちろん仲介機関の制約条件は存在する。先に触れたように、仲介機関にとって市場からの競争が強い場合は仲介機関の機能が働かなくなる（インターミディエーション）可能性があるし、仲介機関の間で競争が高まるとレントが減少し、それによって異時点間スムージングが機能しなくなる可能性もある。また、長期にわたるリレーションシップの不利な点にホールドアップ問題がある[9]。すなわち、長期の取引関係を通じて銀行は企業の情報をかなり詳しく知っているが、この情報を他の銀行が利用することはできないし、企業が取引銀行を変えると、新しい銀行はその企業に何か問題が生じているのではと疑問視し、審査により大きなコストをかけることになる。このことは企業へのレントの減少を意味している。

　また、仲介機関取引を通じて得られる情報量は、市場から得られるのに比べれば少ないという限界もある。預金という単一商品のための銀行システムでは情報量が不十分であるのに対して、株式市場は多くの情報を伝達する機能を有している。しかし、情報が多ければ多いほど投資家は果敢にリスクをとって投資しがちであり、結果として大きなリスクを負ってしまう可能性もある。従って、この点では情報量が多いことが必ずしもよい結果に結びつくとはいえない面もある[10]。

2 仲介機関の機能変化と市場との関わり

　金融機関と市場の機能をみる場合、われわれが目にしている現実の姿は常に外的、内的な影響によって変化していることから、その変化も踏まえて考察する必要がある。特に米国における1970年代半ば以降の金融イノベーションの進展が金融構造に大きな変化を与え、それが他の国々にも影響を及ぼしてきている。米国におけるこの間の金融仲介機関の機能変化に注目し、その観点から仲介機関と金融市場の関わりを、Allen and Santomero（1998）によってみていくこととする。

　金融市場における取引は企業価値の計算手法の確立などで拡大したが、それをさらに加速したのは1970年代〜80年代を通じて起った金融イノベーションであった。多様なモーゲージ証券や資産の証券化に加え、スワップやオプション取引などのデリバティブ商品の導入が相次ぎ、市場の規模は正しく爆発的に拡大を示してきた。規制の緩和と通信・情報技術の発達は、この市場取引の拡大に貢献したが、同時に情報コストや取引コストの低下が起ったことは間違いない。それは個人投資家の市場参加の増加と仲介機関の機能低下につながると考えられた。しかし、実際には逆に市場取引における個人投資家の割合の減少と仲介機関の取引規模が増大した。実情は、個人の直接参加からミューチャルファンドやペンションファンドなど多様な仲介機関を通じた参加への劇的なシフトが起ったことである。市場の不完全の原因と考えられる摩擦の減少は、仲介サービスを減少させることはなかった。伝統的な仲介機関の投資資産のシェアは減少しているが、仲介機関部門そのもののウエイトは拡大している。これは、銀行や保険会社などの伝統的な仲介機関の活動が変化したためとみられる。次頁の図表4-1および図表4-2は、米国におけるミューチャルファンド増加の推移、ミューチャルファンドによる家計の株式所有の推移を示したものである。

　この20世紀最後の20年間あまりに起った著しい変化について、取引コストや非対称情報に基づいた伝統的な金融理論によってある部分は説明可能であるが、

図表4-1　米国個人保有の預金・ミューチャルファンド推移

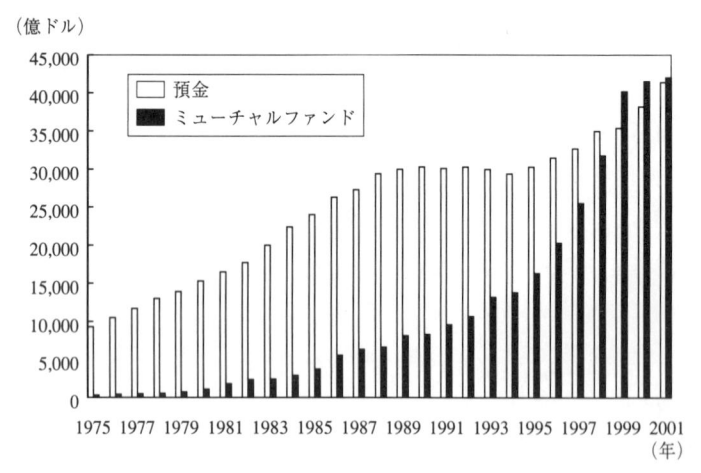

注：預金＝当座＋普通＋定期＋現金。ミューチャルファンドにはMMFを含む。
出所：FRB. *The Flow of Funds Accounts*　野村総合研究所（2002）p.208

図表4-2　米国ミューチャルファンド／家計株式所有推移

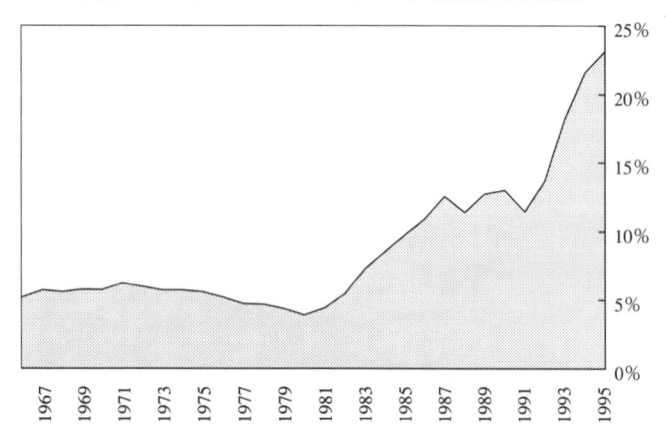

出所：Allen and Santomero (1998)

ある部分（例えばミューチャルファンドの拡大など）は説明できない[11]。
この現象を説明するために、Allen and Santomero（1998）は、①企業のリスク管理ニーズへの対応と、②人々の市場参加費用の縮減に対する仲介機関が果して

いる役割を指摘している。

　企業や個人のリスク管理ニーズへの対応から、リスク管理は今や仲介機関の中心的な活動となっている。顧客のリスク管理のニーズに応じて仲介機関は巨額のリスクを引受けている。仲介機関は金融技術を駆使し、リスクを市場の異なった参加者に配分し、自らリスク管理を行う存在である。1970年代以降高まった金融セクターにおける種々の変動要因、特に金利と為替の大幅な変動は資産価格の変動を増幅し、それは経済活動そのものにも影響を与えるところとなった。企業は特に金融破綻コストが高くつくことの認識を強めてきた。企業収益の変動に対してボラティリティ縮減戦略への取組み、リスクヘッジやリスク管理に対するニーズがますます高まってきている。銀行は今やリスク管理サービスを顧客から求められることになる。伝統的資産やデリバティブを含む金融資産のトレーディングの大部分は金融仲介機関によって行われている。仲介機関は取引そのものを開発し商品化し、リスクを分割したり組み合わせたりしてリスクを取引し、リスクを管理する金融サービスビジネスを行っているとみることができる。

　次に、市場参加コストについては、不完全な市場の取引への不完全な市場参加から説明される。市場は2つの異なったグループの参加者から成り立っていると考えられるが、1つは常に十分に情報が与えられていて金融資産のポートフォリオのダイナミックな管理を行う活発な参加者であり、今1つは、十分に情報が与えられず限られた情報のみで決断せざるを得ないグループである。仲介機関が市場への参画サービスを提供するのは後者のグループの人々に対してである。もちろん市場参加者には必要な固定費用がかかるが、後者グループの人々にとって、小規模ポートフォリオに対してはトレーディングコストが高くつく。すなわち、市場でトレーディングを行うプロフェッショナルのコストが非常に高くつくことから、家計が彼等の機能を積極的に利用するのはきわめて難しくなってしまう。この点ミューチャルファンドなどは参加コストが安く、直接参加コストが高くなった個人が投資参加できる効果的な方法となったからであると説明される。仲介機関は比較的安定したリターンを配分する商品を創

り出すことができれば、投資家は自分の保有資産に常に注意を払って見ていなくてもよいことになる。仲介機関はキャッシュフローを安定的に分配する商品を創り出すことで、顧客のために参加コストを低下させることができる。このことは仲介機関がリスクを取引し、リスク管理を広範囲に引受けている事実と一致している。

　以上から明らかなことは、金融仲介のパラダイムが従来の取引コストや非対称情報への対応から変りつつあることである。新しく出現しているパラダイムは、①リスク管理の重要性の増大と、②仲介機関と企業・家計との相互作用の増大である（次頁の図表4-3金融仲介機関のパラダイム変化を参照。）。

　それではこの新しいパラダイムに対応する市場と仲介機関の位置付けをどのように考えればよいのだろうか。

　先に触れたが、仲介機関と市場の競争に関連して、市場はセクションを横断するリスク分散機能に優れているが、異時点間のリスク分散は難しい。他方、仲介機関は異時点間のリスク分散が可能である。とすればこれらの機能を一緒にできる方法はないのだろうか。

　不完全な市場では異時点間のリスク分散は機能しない。一方投資家が市場に自由にいつでもアクセスできる状況にあるとディスインターミディエーションを起こす可能性があり、異時点間のリスク分散は機能しなくなる。逆に投資家が仲介機関との関係上市場に容易にアクセスできない状況が存在すれば、これを機能させることができる[12]。また、市場に参加する上での情報の制約と参加コストの問題は、仲介機関を利用することで克服できる。リスク管理にはベテランの熟練知識が必要であるが、そこには情報の制約とモラルハザードの問題が存在することは先に触れた。

　これらを解決するのが、仲介機関の顧客との長期リレーションシップであると考えられる。これを具体的に実現する可能性が最も大きいと考えられるのが銀行と顧客の関係である。銀行と顧客との確立された長期のリレーションシップは、相互依存関係にあり相互信頼関係にある。仲介機関と顧客の間の長期のリレーションシップのなかでは、曖昧な（implicit）契約に基づいて両者間のリ

図表4-3 金融仲介機関のパラダイム変化

(1) 従来のパラダイム

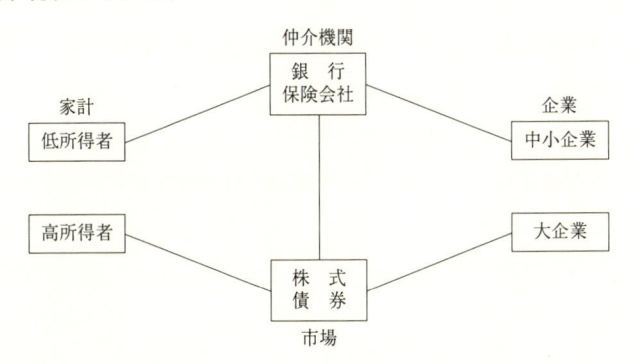

```
家計                仲介機関              企業
低所得者  ――――  銀　行     ――――  中小企業
                    保険会社
高所得者  ――――  株　式     ――――  大企業
                    債　券
                    市場
```

(2) 新しいパラダイム

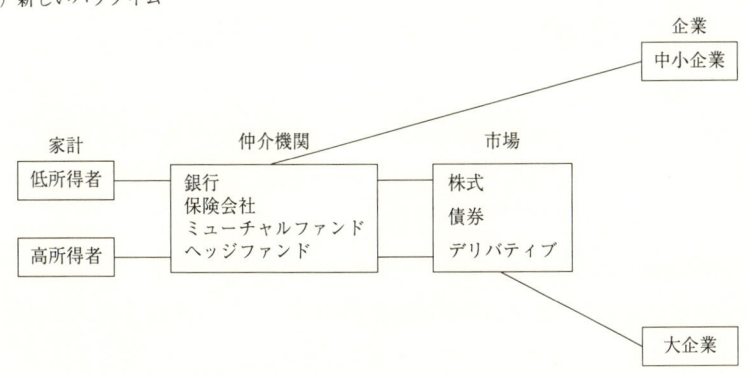

```
                                            企業
                                          中小企業
家計           仲介機関         市場
低所得者  ―  銀行          ―  株式
              保険会社          債券
高所得者  ―  ミューチャルファンド  デリバティブ
              ヘッジファンド
                                          大企業
```

出所：Allen and Gale (1999), (2000) pp.471-472

スク配分が守られる。両者は契約を遵守するインセンティブを有しており、この曖昧な契約を通してリスク配分を支えることが可能になる。市場取引におけるような明確な（explicit）契約ではなく、相互信頼に基づいた柔軟性に裏付けられて、もし不測の事態が起った場合、仲介機関はそのコストを負担するか、少なくとも顧客とコストを配分し合う関係である。信頼関係は相互契約で衡平な利益配分に裏付けられている。これは顧客に対して将来の特定できないリスクに対する保険を提供することを意味している。仲介機関はこういう不測の事態に対する保険を顧客に付与することによって、潜在的に巨額のコスト節減を

しているのであって、結果として人々が市場に投資したいと考えている資金を増加させている[13]。

これらは仲介機関の比重が急速に高まっている理由付けを説明するものである。仲介機関が存在しなければ、情報のバリアや参加コストのバリアが投資家の市場参加を妨げ、投資家が市場の恩恵を受けられなくしてしまう。そうすれば市場そのものの存続が危うくなる。一方市場は、仲介機関やその顧客のためにコストを削減し、以前よりさらに効率的にリスクヘッジやリスク取引を可能にする。この意味から金融市場と金融仲介機関は相互に必要とし合う共生の関係にあるということができる。

3　リレーションシップ・バンキングの意味するもの

先にみたように金融仲介機関のパラダイムが変化してきている。そこでは市場の欠点を補完する機能を仲介機関が有している。市場の取引を増大させているのは仲介機関であり、その仲介機関の最も重要な機能を支えているのが顧客との長期間に構築された良好な取引関係（リレーションシップ）である。このリレーションシップこそが仲介機関経由の市場取引に内在する問題点を克服するものである。そこで、次に仲介機関を代表する銀行とリレーションシップの問題を取り上げる。

(1) リレーションシップ・バンキング

リレーションシップ・バンキングとは、伝統的な銀行業務において顧客との関係を重視し、その関係を反映した預金取引や貸出取引が行われることを意味している。預金金利や貸出金利が取引の度合（リレーションシップ）を反映しきめ細かく決定される。銀行と顧客との間には相互依存関係が存在し、利益や損失は事情に応じて両者間でシェアされるか、一方が負担するという関係がある。銀行にとっても安定的リターンのある程度の保証であり、特に顧客にとっては

ある種の保険的機能であり安心材料である。銀行はこの関係を通じて顧客に情報を提供し、顧客は市場のコストや市場参加コストを軽減することができる。

しかし、仲介機関と顧客の関係は、Allen and Gale（2000）が指摘するように、市場からの競争に対して脆さを有している。顧客の市場へのアクセスが自由であればあるほど、この関係は不安定になる。市場から高利回りの取引機会が提供されれば、簡単に取引を乗り換えてしまう可能性があるからである。すなわち、提示されるプライスによってディスインターミディエーションが引き起こされる可能性がある。対抗上の最大の武器は、長期間にわたって築き上げられた顧客との堅固な関係である。

リレーションシップ・バンキングに対するのが、プライス・バンキングである。これは、あくまでも取引価格を重視し、曖昧な取引関係に基づく評価を極力排除して、審査手続きや諸手順を合理化・簡素化した、いわばドライな顧客関係をベースとするものである。

1980年代、米国において金融のイノベーションによって市場に次々と新しい金融商品が出現し、銀行は市場からの競争にさらされ、多くの顧客が銀行から市場にシフトした。銀行は従来の伝統的な銀行手法による戦略から新しい戦略への転換を図る必要に迫られた。具体的には、規制下での証券業務への進出や海外証券マーケットの開拓とともにプライス・バンキングへの指向が高まった。この時期はリレーションシップ・バンキングの崩壊とさえ危惧された[14]。その後さらに10年の間に、ミューチャルファンドやデリバティブ取引など市場取引が著しく増大するが、そこに占める銀行を含む仲介機関の役割の増加を経験するのである。

(2) リレーションシップ・バンキングは生き延びるか

Boot and Thakor（2000）は、今後市場からの競争や銀行間の競争が熾烈化するなかで、リレーションシップ・バンキングは生き延びることができるかを問うている。結論として、銀行間の競争が増加するにつれて銀行のリレーションシップ貸出[15]は増加し、市場からの競争が増加するとリレーションシップ貸出

は減少するが、リレーションシップ貸出そのものは借り手にとって付加価値の高いものとなるとしている。

　従来の見方は、市場の競争圧力が高まると銀行のレントを減少させ、銀行貸出のインセンティブが減少し企業が資金調達を市場へシフトさせるというものであった。これに対して、銀行間競争が激化しても銀行はリレーションシップ貸出を増加させ、市場競争が増加しても付加価値の高いリレーションシップ貸出を提供することができるというものである。このことは、銀行間において種々の要因により競争圧力は変化するもので、市場からの競争圧力の変化による影響を同一視できないことを意味している[16]。

　Boot and Thakor（2000）は、銀行活動の構成（銀行貸出の種類によって異なる対応）に注目したものである。すなわち、銀行貸出をリレーションシップ貸出と取引貸出に分ける。銀行の情報生産活動によって得られたレントは借り手との間で共有されるが、その緊密度によってリレーションシップ貸出は影響を受ける。一方、取引貸出は借り手との間で情報の共有がないので市場での資金調達と競合関係にある。銀行間競争の高まりは、銀行のレントを減少させることから銀行は収益性の高いリレーションシップ貸出を増加させ、取引貸出を減少させ、リレーションシップ貸出の情報生産投資額を減少させる。また、市場からの競争の増加は、銀行業からの撤退の増加をもたらし銀行間競争を低下させる。リレーションシップ貸出は相対的に低下するが、一方銀行は情報生産投資額を増加させるため、リレーションシップ貸出そのものは借手にとって付加価値の高いものとなる。そして銀行と借り手との緊密度は上昇する[17]。

　Boot and Thakor（2000）においても、Allen and Gale（2000）と同様に銀行のレントは銀行の顧客との間で共有され、その配分がリレーションシップの緊密度に応じて決められる点ではリレーションシップ・バンキングの基本的な考え方は同じ方向にある。Allen and Gale（2000）では、伝統的な銀行のリレーションシップ・バンキングにおける曖昧な契約と市場の明確な契約の間の相互間の影響（interaction）の意義を強調している。

(3) リレーションシップ・バンキングに存在した市場取引

　伝統的な銀行産業は、銀行と顧客とのリレーションシップが核となっている。銀行のレントは顧客との間で共有されるが、その配分は取引価格や取引内容を通じてリレーションシップの緊密度を反映して行われる。すなわち、リレーションシップ・バンキングである。

　リレーションシップ・バンキングと市場の関係は古くから存在する。資金市場の例がそれである。銀行貸出が活発化し、規模が拡大する過程で預金量を超過して貸出需要の大きいところは、中央銀行が貸出政策によって銀行に不足資金を貸し出すようになるが、銀行間市場としての短期資金市場が発達するようになると、銀行はこの市場との取引に大きく関わっていくことになる。資金余剰銀行は市場への資金の出し手として、資金不足銀行は取り手として金融市場に参画する。金融市場の発達は銀行業務の遂行をより安定させるもので、リレーションシップ・バンキングの効果が一層発揮される。預金を受け入れ顧客に貸し付ける業務からすれば、必然的に発生する市場取引と考えることができる。従って銀行は従来から不可避的に市場取引に関わってきた。その意味で、伝統的銀行取引には市場取引が緊密に絡んでおり、市場はリレーションシップ・バンキングの中に包括的に組み入れられる存在であったとさえいえる。

　今1つ、銀行がその有する機能の延長線上に存在する市場取引と不可分に関わってきた典型的な事例としては、外国為替取引がある。金融市場における資金取引が必然的に市場への展開に結びつく銀行貸出と不可分のものであるのに対して、外国為替取引の場合は、銀行の機能を活用する意図のもとに人工的に設定されたアーキテクチャーとみることができる。わが国における外国為替制度はその特徴が著しい典型例である。

　わが国の銀行の歴史において、外国為替制度が本格的なアーキテクチャーとして設定されたのは、第2次大戦後であるといえる[18]。わが国の戦後経済再出発のなかで貿易が再開されるが、やがて外貨の稼ぎ手としての輸出促進策に合わせて貿易金融や外国為替取引の政策的・制度的なアーキテクチャーの設営が検討されることとなる。1949年に「外国為替及び外国貿易管理法」、1954年に「外国為替

銀行法」が成立し、外国為替の取扱いを銀行に限定した、外国為替取扱銀行制度を設定した。外国為替取引はすべて外国為替公認銀行を通して取引を行うことが義務付けられた。いわゆる「為銀主義」と呼ばれるものである。

為銀にとって最初の試練は1967年の英ポンドの切り下げであった。為銀は顧客取引において顧客の損失を最小化する努力を行い、顧客から高い評価を得た。1971年のニクソン・ショックの緊急事態における為銀の活躍は顧客とのリレーションシップを一層強めることとなった。変動相場制への移行後の為替リスクの高まりに対して、銀行を仲介機関とする外国為替取引はきわめてスムーズに稼動した。この背後には、正確・迅速な為替情報の顧客への提供や為替リスク回避、為替取引技術の高度化を図る一方、為銀の外国為替市場育成・拡大のための懸命な努力の積み重ねがあった。ニューヨーク、シカゴ、ロンドン、チューリヒ、その他主要市場との関係強化、新規市場の開拓などは、東京外国為替市場のさらなる拡大発展につながることを意味した。銀行が市場を育成・開拓し拡大させていった。1ドル360円の時代から1ドル100円水準へと30年間の円高方向への相場変動プロセスのなかで、銀行は顧客と外国為替市場との間に介在する機関として効率的に機能した。わが国においてこの外国為替取引のアーキテクチャーは成功した例と考える。

初期段階では、一般企業の貿易取引における金融技術は十分に浸透していたわけではなく、ましてや相場変動への対処は、専門家のガイダンスやアドバイスを必要とした。例えば為替リスク対策としては、リーズ・アンド・ラグズ (leads and lags) から始まって、銀行との間で締結する為替予約を中心とするものであった。ニクソン・ショックの時点、その後の2度にわたるオイル・ショック、プラザ合意ショック、その他ファンダメンタルズが大きく動揺する都度、銀行と顧客のリレーションシップはより堅固なものになっていった。1997年日本版ビッグバンのフロントランナーとして外為法が改正され、「為銀主義」は廃止されたが、顧客の意識のなかには既に為替取引や為替リスクへの対応として仲介機関の重要性は定着している。次頁の図表4-4は、旧為銀法の下での金融機関の外国為替取引関係を示している。

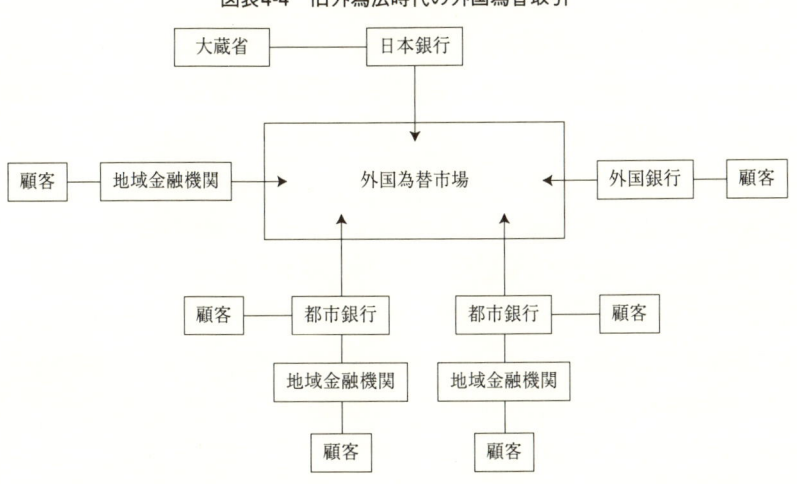

図表4-4 旧外為法時代の外国為替取引

わが国の外国為替取引のアーキテクチャーについては、次のように評価することができる。
① リレーションシップ・バンキングが有効に機能し、銀行と顧客の為替取引が活発化し、それが為替市場を活発化させた実証的事例とみることができる。
② 市場を活性化するために仲介機関の機能を活用するアーキテクチャーが有効であり、他の取引に応用できる可能性がある。特に新しい取引や金融の構造を一定の方向に誘導する場合の初期段階のモデルとして効果的であると考えられる。

4 産業金融機関と投資銀行・マーチャントバンク

次に、ドイツの銀行の典型例といわれる産業金融（industrial lending）機関と、米英において市場取引を中心業務とする米国の投資銀行（investment bank）、英国のマーチャントバンク（merchant bank）における顧客とのリレーションシップについてみることとする。

(1) 産業金融

　産業金融は19世紀欧州の金融の分野において、英、仏、独のせめぎ合いのなかで、ドイツが選択した金融アーキテクチャーであった。当時英国の国際金融取引における影響力は強く、一方ドイツはの伝統的な銀行業務においてもフランスとの競争において遅れをとっていた。そのような状況下でドイツが選択したのは株式市場中心の金融システムではなく、伝統的な銀行中心のシステムでもない、自国の産業を育成するために不可欠な金融の担い手となる産業金融に専念することであった[19]。産業発展のために長期安定資金を銀行が企業に供給する機能を主たる目的とするものである。産業金融機関は、従って市場取引も通常の銀行業務も可能なユニバーサルバンクである。

　特徴的なことは、Hausbankシステムと呼ばれる企業と銀行の関係で、銀行は特定企業の株式を直接保有するとともに、その企業の株式を保有する一般株主から株式を預り保管する。銀行は企業の経営監視委員会に代表を送り込むことができ、一般株主から株主総会における投票権の委任を受け（proxy voting）、決議時においてそれを株主のために行使する。しかしHausbankと企業との関係は、少数の大手銀行と株式市場に上場している特定の企業との関係であって、大部分の銀行とその他大部分の企業との関係は通常の銀行と顧客の関係である。

　戦後ドイツ経済の成功は、ドイツの金融システム、特にドイツ企業の設備投資金融のための銀行を基軸とするシステムが貢献したと広くみられている。この点についてEdwards and Fischer（1993）は、英国の銀行とドイツの銀行を実証的に比較検討している。産業金融機関としてのHausbankの特徴である企業の経営監視委員会への代表の送り込みと、株主総会におけるProxy投票行為が、コーポレートガバナンスの観点から企業への有利な株式や長期安定資金の調達上のメリットが存在したかについて、結論的に何ら明確な優位性は見いだせなかったとしている。確かにドイツの企業にとって、理論的には次の2つの理由からより低利の資金調達が可能になるはずである。すなわち、①企業経営監視委員会への代表の送り込みは、貸し手と借り手の非対称情報の問題を軽減する、と同時に②財務的困難な状況にある企業が貸し手に不利な行動を取らないよう監視

することで、破綻のコストを軽減することができる。ユニバーサルバンクとしての銀行と企業の密接な関係は、株主のために新株を発行し評価・遂行する機能を有し、質の高い企業が株式市場で資金調達し、投資家は銀行によってスクリーニングされた新しい株式を購入するという利点にもつながる。しかし、実際にこの機能が働いてメリットを得るのはほんの少数の企業であるとしている。

　Edwards and Fischer (1993) が、産業金融機関においてコーポレートガバナンスの観点から積極的に貢献するものがほとんどみられないとしつつ、重要な点として指摘するのが、銀行の有するファイナンシャル・サービス提供の機能である。これは銀行と顧客の効率的な長期の取引関係を維持するために必要不可欠のものと考えられる。例えば業界で何が起っているか、どのような技術が注目されているか、政府の特定業界に対する政策的方向付けはどうか、など情報提供することによって特定の企業の投資決定が他の企業の投資行動と符合するものであるかどうかを確認させる (general coordination) 機能である。ここで注目されるのは、銀行の有する顧客との間の効率的な長期の関係である。産業金融機関である銀行は伝統的な商業銀行に比べてリレーションシップ・バンキングをより重要な生命線としている。

　一方、わが国の産業金融モデルについて2002年の「将来ビジョン懇話会」報告書では、わが国における産業金融モデルの重要性が低下し、市場金融モデルがより重要になるとの問題意識が前提に置かれている。すなわち、わが国の産業金融モデルの終焉と市場機能を中核とした複線的金融システムへの転換を指向したものである。そこでの産業金融モデルの意味は、わが国経済が資金不足時代に政策的に重要と考えられた産業に安定資金を供給してきた金融システムを継承する銀行中心の預金・貸出による資金仲介金融システムを指している。しかし、それはわが国の伝統的な銀行機能そのものとオーバーラップするものである。

　ドイツの銀行に代表されるHausbankと類似の機能はわが国の銀行のなかに存在しており、わが国の「メインバンク制」に一部共通するものである。産業金融機関の役割そのものは終焉するものではなく、リレーションシップ・バンキングの機能を色濃く備えている以上、今後とも重要な存在として存続するもの

と考えてよい。わが国の無借金経営の優良企業がメインバンクとの関係を鮮明に意志表示するのは、企業と銀行のリレーションシップを重要視しているからである。長期のリレーションシップから得られる広範囲の領域をカバーするギブアンドテイクの関係（assurance）を重視するからである。

(2) 投資銀行とマーチャントバンク

　資本市場あるいは証券市場を仲介する代表的な機関として米国では投資銀行、英国ではマーチャントバンクが存在する。わが国の証券会社の機能と重なる部分もあるが、投資銀行やマーチャントバンクはもっと広範な業務をカバーしている。通常証券業務の柱は、①委託売買業務（broking）、②引受け業務（underwriting）、③売捌き業務（selling）、自己売買業務（trading）からなる。投資銀行やマーチャントバンクには両者に若干の分野の特徴があるものの、上記に加えてアドバイザリー、リレーションシップ・マネジメント、ファイナンシャル・イノベーション、インターナショナル・ビジネス、リスク・ウェアハウジングなどに関連する分野も広くカバーする。

　戦後国際金融の主導権が米国に移るのを恐れていた英国にとって、ユーロ・ドル市場の成立は恰好の機会であり、マーチャントバンクの活動はユーロダラー・ビジネスで活況を呈した。しかし、80年代に入るとマーチャントバンクの勢いの後退が始まるとともに、米国の投資銀行やわが国の証券会社のプレゼンスが目立つようになる。90年代に入るとマーチャントバンクの衰退は著しく、多数のマーチャントバンクが欧州大陸の銀行、保険会社、米国の銀行や投資銀行などに次々と買収されていった。なぜマーチャントバンクは競争から敗退していったのだろうか。

　Banks（1999）は、その原因として次の2点を強調している。①国際的な競争とリスクが増大するなかで、明確な戦略を打ち出すことができなかったこと。特にビッグバン（証券市場改革）が混乱に拍車をかけた。②米国の投資銀行との対比で資本力に格段の差が存在したこと。米国のマーケットに参入する資力もなかった。このことは、投資銀行もマーチャントバンクも顧客とのリレーシ

ョンシップを基盤とするものであることを物語るものである。なぜなら、両者の収益力は両者の顧客層の力の差を意味しているからである。マーチャントバンクは元来リレーションシップ・マネジメントに強いと考えられていたが、彼らの顧客である英国の企業はもとより大陸諸国やスカンジナビアの顧客層の勢いは後退し、米国企業の実力が徐々に優勢となっていったことと大いに関係している。投資銀行もマーチャントバンクの戦略もリレーションシップを基盤とする顧客との取引関係からの収益力に裏付けられていることを示している。

(3) 伝統的銀行と投資銀行

　伝統的な銀行あるいは産業銀行においても、投資銀行やマーチャントバンクにおいても、銀行と顧客とのリレーションシップが取引の中核にあって、銀行は収益を異時点間に平準化することでより安定した取引が可能になる。また、銀行のレントは実質銀行と顧客で共有される形で、その間には曖昧な契約が存在することでより柔軟な対応が可能となる。これは市場には存在しない機能で、仲介機関のすぐれているところである。産業金融機関を含めて伝統的な銀行と投資銀行とでは、国によって守られていた時代では伝統的な銀行が収益的により安定していた。しかし、その後の金融自由化による競争の促進によって銀行は既に安泰ではなくなっている。投資銀行は市場の価格変動に影響を受ける要素は多く、収益の変動幅は大きく安定度は劣る。銀行間の競争が促進され市場からの競争が激しくなると、銀行の安定度が減少するのは避けられない。

　1980年代米国において金融スーパーマーケット（あるいはワンストップ・バンキング）の名の下に、1つの機関があらゆる金融サービスの提供を試みる動きが広がった。金融機関が投資銀行を買収し、多様な金融機能や金融商品・サービスの品揃えが流行した。シアーズローバックによる投資銀行ディーンウィッター、アメリカンエキスプレスによる投資銀行シェアソンレーマンの買収、保険会社プルーデンシャルによる投資銀行ベーチェの買収などがその事例として挙げられる。しかしそれらの目論みは失敗に終った。その原因について、Allen and Gale (2000) は、買収企業が従来から保有する機能との融合戦略を取らずにむしろ

各々が独立した機能として相互に競争させる戦略を取ったことで、顧客との間で収益上のバッファー機能が生かされなかったことによるものとしている。

これに対して、1998年に合意し、翌年のGLB法によって認められたシティバンク・グループとトラベラーズ・グループの合併は、伝統的な銀行であるシティバンクとトラベラーズの有する投資銀行ソロモンブラザーズ・スミスバーニーや保険会社トラベラーズとの合併であり、これらが融合した形で収益プールの効果が活用されるならば、合併による効果はより大きく発揮されるとみられている[20]。バンカーズトラストとアレックスブラウンの合併やJPモルガン・チェース銀行も機能的に同様の効果が期待されている。80年代から90年代にかけてチェースマンハッタン銀行は、マニュファクチャラーズハノーバー銀行を吸収合併したケミカル銀行と合併することで規模を拡大してきた伝統的な銀行である。一方、JPモルガン銀行は、ホールセールバンキングや投資銀行業務に強みを発揮してきた銀行であった。また、英国の伝統的な銀行HSBC（香港上海銀行）と投資銀行メリルリンチとの合併の可能性もうわさに上っている。ここでも顧客とのリレーションシップを核にした伝統的な銀行と投資銀行との合併によって、両者の将来収益が相互に関わる効果を想定しているように思われる。先に触れたが、80年代半ばから90年代欧州においても銀行によるマーチャントバンクの吸収合併はすでに起っていた。クレディスイス銀行による米国投資銀行ファーストボストン、ドイツ銀行による米国ホールセール銀行バンカーズトラストや英国マーチャントバンクのモルガングレンフェルの買収の事例など多数の事例がみられた。

5　わが国の銀行の可能性

それではわが国の銀行にとって今後どのような展開が可能であろうか。

市場の取引を活性化させる意味においても仲介機関の果す役割が重要であり、その基本にあるのは仲介機関と顧客とのリレーションシップであることを見てきた。従ってここではリレーションシップ・バンキングを中核に据えた銀行の

事業展開のなかで、3つの分野におけるわが国の銀行の可能性についてみることとしたい。

① 産業金融機関としての可能性

新しい成長産業に対して、銀行が的確に長期安定した資金を提供し、支援していく産業金融としての役割は引き続き重要である。今後新しい技術が開発されることにより従来想像されなかった新しい産業や、業際的あるいは多様なサービスの組み合わせから生れる新しい産業が出現する可能性がある[21]。Allen and Gale（2000）が指摘するように、伝統的な銀行においては、新しい技術に対する評価や産業の進展の方向などに関して対立する意見が存在する場合、決断に時間がかかりリスクを取れない体質がある。このような場合は市場がリスクを取るのに優れている。しかし、技術が評価され事業が軌道に乗った段階以降の展開は、成長資金の提供者であり経営のアドバイザーとしての産業金融機関の機能が必要である[22]。銀行が新しい産業を的確に見極め安定資金を提供し、経営のアドバイスを行い育成していくことは、銀行と企業との緊密なリレーションシップに基づいてこそ効果が発揮されるものである。

② リスク分散機能をはじめとする投資銀行の可能性

銀行の仲介機能にはリスクを常に内蔵する体質を備えていることから、リスクを大量に抱えてしまう前にリスク分散を図る機能を強化しておく必要がある。それは投資銀行機能の1つの業務である。

わが国のバブル崩壊後の銀行の姿、現在の不良債権処理に呻吟する銀行の問題は、1人銀行のみが能力以上のリスクを抱えてしまってその処理ができない状態である。銀行にリスクを他者にシフトする能力が十分に備わっていなかったことが理由の1つではあるが、リスクを移転する場合の受け皿やインフラが十分に整備されていなかったことも大きな要因である。デリバティブなどの金融技術を駆使したリスク分散や、ローンポートフォリオの売却や証券化などによるリスク軽減は、まずは銀行自らのためのものである。銀行は主として市場においてカウンターパーティとリスク取引を行う。この技術のソフィスティケーションは、銀行自らが企業のリスク回避のカウンターパ

ーティとして機能するだけでなく、具体的リスク対策を提供するアドバイザーとしての機能を強化するものである。リスクを市場で移転したり、金融技術を複雑に組み合わせて企業に商品として提示、あるいはテイラーメイドの金融取引をストラクチャーすることなどは、ここから出てくるものである。外国為替取引にみられるように、企業を相手とした為替リスク回避のための取引やアドバイスは、わが国銀行は既に経験済であることは先にみたとおりである。投資銀行業務はこれらにとどまるものではなく、コンサルティングやM＆A、企業戦略などのアドバイス業務など、広範囲をカバーするソフィスティケートされた領域にわたっている。これらはすべてリレーションシップを基盤にしてこそ各々のサービス機能が生かされるものである。

③　個人の資産運用のためのアドバイザーとしての可能性

　資産運用に当って仲介機関の果す役割が大きくなってきていることは既にみた。個人の市場参加コストや情報のコストが高くなって、直接市場へのアクセスが困難になっているのが大きな要因であった。市場との金融取引のエキスパティーズを有する銀行が個人と市場をつなぐ機能を果すのは自然の流れでさえある。金融技術が今後さらに進展し、大がかりになり複雑になればなるほど銀行の仲介機能の意義は大きくなる。わが国において米国におけるような独立のヘッジファンドやミューチャルファンドが多数出現するには時間を要するものと考えられる。先ずは銀行を仲介するこの種のアドバイザリー・サービスや情報提供サービスがますます重要になってくる。インターネットバンキングのニーズは事務処理機能としては要請されるが、情報をベースとした判断機能では銀行にそれが求められよう。価格とマニュアルで合理化されたプライス・バンキングは一部のニーズを満たすことができるだけである。

　本来的には伝統的な銀行のなかに存在するリレーションシップに起源するアドバイザリー機能やリスク分散、リスクヘッジ機能などは、銀行の他の機能と一体のものであるはずである。収益的に統合され、収益の共有化が前提となっているかぎり、組織上機能別に分離するのは効率的であるかもしれない。日本版ビッグバン以降銀行による金融持株会社の設立が認められるよう

になり、その傘下に銀行業や証券業や保険業を保有することが可能になった。大手銀行の場合すべてが持株会社方式の組織形体を取るようになっている。大手銀行統合直後の経過措置的な持株会社の活用から、現在ではマーケットセグメントによる組織的な分離を行う銀行が多い。例えばみずほファイナンシャル・グループの場合、みずほ銀行にはリテールを中心とした伝統的な銀行業務、みずほコーポレート銀行は産業金融機関としての銀行業務と投資銀行機能の一部をここに持たせている。みずほ証券とみずほ信託銀行はこれらと対等にみずほホールディングスに直結している。従来から大手銀行の意識として、わが国の証券会社には基本的な証券業務を除いて米国の投資銀行機能はほとんど存在しておらず、むしろその機能のかなりの部分は銀行に存在しているという意識が強く存在していた。しかし、最近の組織変革のなかで、三菱東京フィナンシャル・グループにみられるように、銀行が有している米国の投資銀行型機能を新しい傘下証券会社にシフトするケースが出てきている。みずほ方式、三菱東京方式いずれが成功するかは全く未知数である。

　これらの場合重要なことは、リレーションシップによる顧客との間での収益の共有という考え方と、組織間で将来収益が相互に関わることができる形態であるということである。特にわが国の場合、アドバイザリー業務によって収益を計上するビジネスモデルが未だ熟していないため、収益を組織毎に分離し独立採算で組織間で競争させるならば、米国の金融スーパーマーケットのケース同様に失敗するだろう。これらは顧客とのリレーションシップから生れる相互効果を反映するものだからである。

　市場取引を活性化させるためには、金融仲介機関の機能がますます重要になる。上にみた産業金融機関としての機能は、新しい産業に対する長期安定資金の提供者として不可欠である。自らのリスクを分散するのみならず、市場に対して顧客のリスクをヘッジ・移転する機能や、顧客のニーズに応じたアドバイスを提供し、テーラーメイドの商品をストラクチャーする投資銀行機能はさらに重要性が増大する。個人の資産運用への関心が高まり、むしろ積極的に市場への誘導を図る上からも、仲介機能による情報コストや取引コストの縮減やア

ドバイス機能は、最も必要とされるサービス機能である。いずれの分野においてもそれぞれの機能が強化されなければならない。顧客側にきわめて高いニーズの存在が予想されるかぎり、可能性は十分に存在する。これらはすべて顧客とのリレーションシップと不可分のもので、良好なリレーションシップがこれらの機能をさらに進展させ、より機能的に尖鋭化させるのである。

　それでは、今後この血の通ったリレーションシップは誰が築き上げるのかといえば、それは伝統的な銀行である。銀行が最もよくそれを熟知しており、その筋道を拡大し高度化できる最も適切な立場にいるからである。現在わが国銀行は、巨額の不良債権を抱えてしまったために必ずしもこれらの機能が十分に働いていない。しかし、従来銀行は顧客との取引関係のなかでレントを共有し、事態に応じて柔軟に対応してきた歴史がある。例えば1つの恰好の事例を挙げるならば、銀行は外国為替取引において既に経験済みである。この取引は、銀行全体を包含するアーキテクチャーとして完成している。この方式のもとでは、今後外国為替取引のような最終的には市場によってリスク分散される商品を取り扱う場合、この図式をそのまま生かすことができる。わが国のすべての銀行が各々の分野で最先端を目指す必要はない。それは為替取引において甲種・乙種為銀が存在し、各々の顧客層・取引規模に応じて銀行間の取引手順が斉々と形成されていたのと同様に考えることができる。高度の金融技術を駆使する取引が困難な銀行は、能力ある銀行と取引することで顧客のニーズに応えることができる。為替リスクとポジションが取れない銀行は、それが可能な銀行につなぐことで問題をスムーズに解決してきたのに類似している。

　仲介機関である銀行が顧客とのリレーションシップを活用し続けるかぎり、取引が安定し拡大し、それによって市場取引も拡大する。

　今後市場において引き続き競争が促進され、情報の質や金融技術などがますます高度化（ソフィスティケーション）するところでは、重要なことは市場と仲介機関がセットになって機能することである[23]。銀行と顧客のリレーションシップは、その拡大図式の出発点に存在するものである。これらのポイントは銀行の将来アーキテクチャーをデザインする上で不可欠な視点である。

第5章

銀行規制とセーフティネット

　21世紀の金融システムを展望する場合、20世紀のそれと大きくかけ離れた金融システムが出現するというより、20世紀の金融システムが時代とともに徐々に変化を遂げながら新しい体系を形成していくと考えるのが適切であろう。
　20世紀の先進国における金融システムの基礎は、1930年代に経験した経済大恐慌を経て米国で生み出された金融パラダイムにあって、それに基づいて展開されてきた。基本的な考え方は、金融機関相互の競争を抑制し、業務分野を規制して金融システムの安定維持を図るというものであった。
　しかし、20世紀の第4四半世紀に起こった金融の変化の潮流は、金融システムにも大きな影響を与えた。特に80年代以降急速に変革を促進させることとなった。情報通信技術の発達とグローバリゼーションの進展がその大きな推進力であった。
　80年代に入り金融システムに規制緩和と「競争」原理が導入されると、金融システムは大きく変化するところとなった。市場原理を基本とした競争の促進が中心課題となり、従来の金融システムのパラダイムは大きく転換した。米英が先導した「金融の自由化」改革は、独・仏をはじめとする欧州諸国やわが国にも伝播しその流れが現在も続いている。
　経済的に競争を促進させることは、コストを引き下げ金融システムの効率を高め、経済全体の厚生を増大させることにつながる。しかし、競争制限を前提としたシステムが競争を促進するシステムへと転換することは、金融システムの安定性の観点からは潜在的にリスクが高まることを意味している[1]。
　金融は、その機能のなかに経済を発展させ安定を維持する働きを有している

と同時に、脆弱な側面を持っている。特に預金を受け入れる金融仲介機関の持つ脆弱性は、金融システム全体の脆弱性につながり、これを根本のところで解決するのは非常に難しい。金融システム自身のなかで解決方法を完結させることはきわめて困難であることから、外部から国の介入に頼る方策を取らざるを得なかったのが実情である。それが金融規制（その代表的なものが銀行規制）でありセーフティネットである[2]。

新しい競争パラダイムのもとでは、金融システムの破綻を想定した対応策がなおのこと必要となる。新しいより適切な銀行規制とセーフティネットが構築されなければならない。従来の金融システムにおける銀行諸規制とセーフティネットよりも新しいシステム下でのそれらの重要性はむしろ大きくなるものと考えられる。

本章ではまず1で銀行規制とセーフティネットの考え方を整理し、既存のセーフティネット政策の基本的な問題点を指摘する。2で米国における銀行規制とセーフティネットに対する考え方の変化を概観し、いくつかの新しい提案の内容を説明、それらに対する評価にも触れる。米国における制度的変遷やセーフティネットに対する考え方は、金融制度を異にする国々との対比においても参考になるところが多い。3では銀行規制のなかでグローバルな次元での規制であるBIS規制（バーゼル合意）について触れ、それがわが国の経済や銀行に与えた影響とBIS規制そのものに対する評価を述べる。4でわが国の銀行規制とセーフティネットの問題点をみる。これまでわが国に正規の銀行健全経営規制やセーフティネットが存在していたのかどうかについてである。最後に21世紀の金融システムの姿を展望するとき、どのような銀行規制とセーフティネットが望ましいかについても触れることとしたい。

1 銀行規制[3]とセーフティネットの意義

(1) 銀行諸規制について

　銀行に対する種々の規制は19世紀においても見られなくはないが、一産業として銀行業の行動は基本的にはレッセ・フェールが原則であった。銀行規制が今日のような形を取るのは20世紀に入って、しかも世界が金融大恐慌を経験した1930年代においてであったといわれている。原形は1930年代の米国において形造られたもので、その後状況変化に対応し徐々に修正・補完されて今日にいたっている。先進各国を中心として導入されている現行の銀行の諸規制の多くは、米国で生み出されたものがベースになっているといえる。

　米国において、1930年代に銀行規制の20世紀の新しい体制が形成されるが、そこで取り入れられた諸方策を銀行規制の20世紀モデルとしてとらえることができる。その後60年以上にわたり、この20世紀モデルが金融の政策の大枠を規定するところとなった。

　そこでの第1の目的は、金融危機の自己増殖を防止する伝染防止策であり、第2の目的は、金融システムの危機の再来を避ける破綻防止策が主要な柱であった。これが20世紀の金融規制のパラダイムと考えられている。

　銀行規制は一般の公的規制の一部であるが、一般の公的規制が正当化される理由は、市場の力の存在、外部経済、情報の非対称性などによる市場の失敗があるためとされる。また、銀行規制が正当化されるのは、一般的には銀行の破綻リスクから預金者を守るセーフティネットを供与する必要があるからであると説明されている[4]。これは銀行が破綻することによって預金者に対する負の外部経済を生じさせることになり、市場の失敗に関係している。銀行の破綻というこの特殊性は情報の非対称性による市場の失敗として説明される。しかし、市場の失敗の諸要因が相互にきわめて密接に関係しているので要因を個別に分析することは難しい。

　基本的な考え方は、金融システムが不安定になったり破綻することにより経

済全体に大きなマイナスの影響や経済的厚生の減少が発生することから、できるかぎりそれらを最小限にとどめるというものである。金融システムの破綻により産業界への資金の流れが止ったり、決済システムに支障が出るなど実体経済が停滞する一方、一般大衆の小口預金者の利益が損なわれるなどの事態が引き起こされ、それらが与える影響の度合いがあまりにも大きいからである。

(2) セーフティネットについて

セーフティネットは、一般的には経済社会における政策上の安全網を意味しており、行政的に雇用政策や税制上の措置など経済社会の安定が崩れ不測の事態が生じた場合に、人々の生活を守るための対応措置を指している。金融システムにおいて基本的に金融機関破綻の可能性が高い場合、あるいは破綻が生じた場合、人々（主として預金者）の利益を保護したり、破綻金融機関を救済することでシステムの安定と人々の安全を守るための安全網を指しているが、考え方は基本的に銀行規制と共通している。

金融システムに対するセーフティネットは、狭義には銀行が破綻した場合の事後的な破綻処理に伴う社会費用の分担のメカニズムを指すが[5]、上記の意味からは、より広範な事前的な予防措置（規制）も含めてセーフティネットをとらえるべきである。

その場合、セーフティネットの代表的なものとしては、次の4つが挙げられる。先ず事後的措置として、①中央銀行の「最後の貸し手」機能、②預金保険、③公的資金の導入を含む銀行政策の諸方策がある。また事前的措置として、④銀行の健全経営規制（自己資本比率規制や早期是正措置など）がある[6]。

歴史的には中央銀行の「最後の貸し手」機能が最も古く、18世紀英国において中央銀行が破綻の恐れある銀行に対して救済的融資を行うのが定着していった経緯がある。それによって金融システムの不安定は大幅に減少したといわれている。

事後的措置としての預金保険制度は、米国において金融恐慌の経験から1930年代に導入された。その後銀行が破綻した場合に、他の健全な銀行がその商権

を譲り受けて肩代り継承する方法（P&A）や、破綻の恐れある銀行に対して国が直接資本を注入する方法などは、米国において1970年代～80年代に具体的な事例のなかで種々のバリエーションが形作られてきた。その他の事例では、80年代におけるコンチネンタル・イリノイ銀行破綻時の経験は象徴的な事例であり、"too big to fail"政策の可否が議論されたし、わが国では1998年、99年、2003年に銀行に対して公的資金が注入された。

事前的規制としての健全経営規制も米国において具体的な形で定着していった。80年代に国際金融活動を行っている銀行の行動を健全化し、世界的規模での金融システム不安の伝播を予防することを目的としたバーゼル合意（BIS規制）が先進国の金融当局の間でなされたが、これが代表的なものである。現在では先進国のみならず、この規制を採用する国は発展途上国を含めて100カ国以上に上っている。各国ではこのBIS規制措置を取り込んで、広く国内法制化した早期是正措置が制定されている。

セーフティネットの目的は次のように説明される。

銀行は特別のリスクを被る可能性が常にあることからそれ自体脆弱性を有しており、それによって銀行が窮地に陥ると、それが銀行の外に大きな影響を及ぼし、最終的に特別の社会的費用を引き起こしてしまう。Calomiris（2000）は、銀行は次の点で一般企業とは異なっているとしている。すなわち、①銀行は、預金者が時に情報に対して過剰に反応することで「取り付け」を惹き起こし、それが伝染し、システムの破綻につながる可能性を有していること。②銀行部門で起った問題が、銀行以外の部門に大きな流出効果を及ぼすこと。それは銀行が企業に信用を供与していると同時に、経済全体の決済資金の流れを管理しているからである。

このような銀行の特殊性に対して、セーフティネットを設けることで社会的費用を制限する効果があるというのが一般的説明である。その直接的な効果は、①預金者の預金を引き出そうとする誘因を変化させることで、預金者の過剰反応を抑制すること、②外的なマクロショックによる損失から銀行と銀行信用に依存している企業を救済する。すなわち、セーフティネット政策は、銀行資本

を損失から守り、資本毀損に対して補填を行い、広範な金融仲介不全を防御して、銀行を破綻から守ることを目的としたものである[7]。

次にセーフティネットの政策手段の代表的な預金保険、自己資本比率規制、公的資金導入の問題点などを個別にみることとする。

(3) 預金保険について

預金保険制度は、1933年に米国において導入されて以来50年以上にわたり維持されてきた。この制度は成功した事例とみられていた。

預金保険制度は、預金者の預金に対し一定額を国が保証し、銀行が破綻した場合その払い戻し（ペイオフ）を行う制度である。預金者は銀行の経営状態について十分な情報を持たないことから、時として過剰反応し取り付けを引き起すが、事前的にはこの制度によって預金者が預金を引き出す誘因を抑制する効果がある。

銀行の経営破綻に対して、米国の預金保険機構（FDIC）がカバーする処理方法は次の3つである[8]。

①破綻銀行の預金者に対して、設定されている一定限度まで払い戻しを行う預金払い戻し処理。②破綻銀行の資産を健全な銀行に買い取らせるか、健全銀行が買収するかして、破綻銀行の預金債務を他の健全銀行に継承させる買収・預金継承（P＆A、purchase and assumption）処理。③破綻した銀行に直接資金を投入し、その銀行の存続を図る救済処理。

しかし、この制度は、結果的に巨額の費用負担を国民に強いることとなった。理由として、70年代後半から80年代にかけて進展した銀行規制の緩和策が、これまでの銀行規制の下での抑止効果を弱体化させ、一方預金保険制度は改革されることなく維持運営されてきたことが指摘されている。預金保険制度がマイナスの誘因効果を有しており、それが作用し銀行経営者がリスクを取る行動を拡大させ、大規模な経営破綻に拍車をかけることとなった。1980年代後半から90年代初における米国のS＆L（貯蓄貸付組合）を中心とした多数の金融機関の破綻である。

この事件を契機に、預金保険コストを最小化することが最大の課題となった。対応策のなかでも預金保険制度そのものが有するインセンティブ問題に対する解決策が数多く提案されてきた。それらは、銀行のリスク取得そのものを制限しようとするものと、銀行が取得しているリスクの度合に応じて銀行に手数料（保険料）を負担させる案に分かれている[9]。

　後者の問題は、銀行が取得したリスクの度合を誰が判断・決定し、誰が要求するかである。金融監督当事者と政治的要素の介入の余地、当事者の恣意性の問題などが存在する。また市場の客観基準を導入する場合でも、市場はセーフティネット政策の存在そのものを評価のなかに取り込んでしまう点や、基準そのものが複雑化するという欠陥もある。従って、預金保険制度は、銀行のリスクそのものを制限する政策とセットにした組み合せが最も効果的であるとする考え方が多い[10]。

(4) 自己資本比率要請の根拠

　セーフティネットとそれに対応する銀行諸規制のなかで、銀行行動に対する監視機能を最も直接的に有するものは自己資本比率規制である。自己資本比率規制とは、銀行がその資産に対する自己資本の比率について一定の目標値を維持しなければならないとするもので、自己資本の範囲や資産（会計上の資産にしろリスク資産のみを対象とするにしろ）に何をどのように算入するかは個別に決定されている。

　自己資本比率の維持が要求される理由は、銀行の破綻リスクを軽減するためである。銀行の自己資本は、預金者を資産運用リスクから守るバッファーであり、自己資本比率向上がこのバッファーを増強することになり、預金者保護が改善される。また預金者が銀行の資産運用についてコントロール権を持たないことから生じる銀行経営者が起すモラルハザードの被害は軽減される。すなわち、資本・負債比率を規制することにより銀行が過剰なリスクを取る行動も抑制することができる[11]。

　Holmström-Tirole（1994）は、金融仲介機関は投資家（預金者）から資金を集

めてリスクの高い借り手に貸し出しを行うが、前提は投資家が十分な情報を得ておりかつ協調的に行動すると仮定して、このような設定の下では投資家は金融仲介機関に対して最低自己資本比率の維持を要求するもので、自己資本に対する要求は市場から発生するとしている。市場が要求する金融機関の自己資本比率は、借り手の経営判断ミスの可能性が大きければ大きいほど高くなる。また最低自己資本比率の均衡値はモニタリング・コストが大きければ大きいほど、銀行の純資産が大きければ大きいほど高くなる[12]。

Dewatripont-Tirole（1994）はこれに対して、情報が非対称の状況では最低自己資本比率の要求は市場に代わって、投資家（預金者）の代表者がそれを課すという代表仮説を想定する。

Rochet（1992）は、それまでの成果を踏まえて、自己資本比率規制の意義について検討しているが、自己資本比率規制に最低自己資本比率規制を追加的に課す必要があるとしている。一般的に自己資本比率規制は、銀行に対してリスクの高いポートフォリオを減少させる効果を有するだけでなく、リスク資産配分が非効率であるようなポートフォリオへの組み直しも起してしまう。その結果自己資本比率規制が課されることで、銀行が破綻に追い込まれる可能性もある。また不十分な資本しか保有しない銀行は、過剰なリスクをとる行動に走ってしまう問題があるからである。理論的に適正なポートフォリオを算定することができればマイナスの事態は排除できる[13]。

しかしながら、自己資本比率規制はこれのみでは完結していない。銀行経営からマクロ経済ショックを受けた場合の問題を隔離するものではないからである。それを補完する手段としては、例えば自らの資本の増強策や、それが困難な場合には外部から資本を注入するなどの方策が必要となる[14]。この点については次に触れることとする。

(5) 公的資金導入の正当性

自己資本比率規制をクリアする方法で最も強力なものは、外部の第三者による資本の注入であり、現実的には国による公的資金の導入である。

銀行の自己資本比率の低下の原因を、銀行の経営の誤りによるものとマクロ経済ショックによるものとに区別し、後者によるものについて公的資金の導入を正当化するものである。

Dewatripont-Tirole（1994）はこの点に関して詳細な議論を展開しているが、考え方は次のように要約される。

銀行は個別銀行毎に経営者がコントロール出来る固有なショックと、銀行業全体に影響を及ぼしかつ経営者にとっては外生的なショックであるマクロ経済ショックに直面している。情報理論の応用からすれば、銀行がコントロールできないリスクは負担すべきでないということになる。資本投入の前提となる考え方には2つある。すなわち、マクロ経済ショックの度合に応じて銀行業界全体の健全度を計り、それに応じて銀行の所要自己資本比率を調整すべきであるという相対的業績評価の考え方に基づく相対的自己資本比率の方法と、あくまでも一定の基準に従って自己資本比率が維持されるべきであるという考え方（絶対的自己資本比率）である。

マクロ経済ショックの下では、同じような経営環境にある他行の自己資本と自行の自己資本を比べることにより、銀行経営のインセンティブを改善させることができるが、単純な相対的自己資本比率ではコントロール権を持つ外部主体のインセンティブとの関係で不都合が起こる。すなわち、マクロショックに応じて最低自己資本比率を変動させると外部投資家の経営介入が正のショックに対しては過度になり、負のショックに対しては過少になるという問題である。従って、マクロ経済ショックから銀行経営者を隔離するためには、他行との比較で最低自己資本比率を調整するということではなく、最低自己資本比率をマクロショックの規模に応じて資本再構築額を1：1で調整することである。相対的自己資本比率ルールの欠点を補うためには、例えば8％の自己資本比率を達成できるように資本再構築を行う必要がある。また銀行が資本再構築を拒む場合、コントロール権が債権者に移転し経営者は過度のペナルティを課される可能性がある。従って、大きな負のマクロショックが発生した場合には、何らかの方法により株主の資本再構築を支援すべきであるというものである[15]。

しかし、公的資金導入の前提は、大口預金者に自己責任を求めるペイオフの実施が斉々と行われる体制が整っていなければならない。なぜなら、公的資金の導入は預金者保護が目的ではなく、公共財として保護されなければならないのは金融システムであり、この崩壊による経済全体の機能麻痺を防ぐことが目的だからである。

(6) セーフティネット政策の問題点

セーフティネットは、破綻の可能性ある銀行あるいは破綻した銀行に対し、国が救済の手を差しのべることによって銀行の金融仲介機能不全を治癒し、経済活動の低下を防ぐことを目的とするもので、大きな影響力を持つものと考えられてきた。

しかし、80年代後半から90年代にかけて世界が経験した金融システムの不安と銀行の破綻の事例を通して、最終的に国民が負担する社会的費用との比較で、セーフティネットが真に利益をもたらす政策であるのかが問われるようになった。実際、80年代終わりに起った米国のS＆L破綻では巨額の社会的負担を強いられたし、90年代にバブル経済の崩壊を経験した国々では、銀行救済にGDPの10～50％もの資金をつぎ込んできた[16]。セーフティネット政策が必ずしも整備されていない国は別にしても、既にセーフティネット政策が制度化されている国々においてさえも社会的費用の負担は巨額であった。

改めてセーフティネットの動機付けを問い直し、セーフティネット設定のコストを考え直すことから、政策導入による費用対効果の観点より果たして政策上厚生の最大化が実現可能か否かの議論が盛んに行われるようになったのはこのような背景がある。

明らかになったことは、セーフティネットの存在そのものが、金融システムの脆弱さの唯一の源であるということである。セーフティネットは銀行からリスクを隔離するのではなく、負のマクロショックに直面したときには、むしろリスクを増殖し加速させる働きをするというものである。

この問題にどう対応するかについては、種々の処方箋が提案されてきている

が、後にこれらを取り上げることとする。

2 米国における考え方の変化

これまでにしばしば触れたが、20世紀後半、特に70年代から90年代に米国の金融は大きな変貌を遂げた。他の国々においても経済構造の変化に伴い金融に変化がみられた例も多いが、米国の金融の変化が他の国々の金融に与えた影響も大きい。むしろ後者の影響が大きく、また今後とも影響を与え続けるとみられることから、先ず米国の銀行規制・セーフティネットの考え方の変化をみることとする。

米国の場合、株式や債券などの証券市場のウエイトが高い金融システムの形態をとっているのが特徴的であるが、特に80年代に証券市場を中心とする新しい取引、商品、技術のイノベーションが次々と現れた。銀行の金融システムも証券市場の発展・変貌によって当然のことながら大きな影響を受けるところとなった。

銀行規制やセーフティネット改革の問題については、80年代後半から90年代に入って盛んに行われるようになった。それはきたるべき21世紀の金融システムを展望して議論が行われたというより、その時期に米国が経験した未曾有の規模でのS&Lを中心とした預金受入機関の破綻に伴う巨額の経済的負担に対する真剣な反省から出発したものであった。

ここでは、Litan（1997）に基づき、米国金融の変化の潮流とパラダイムの変化、および21世紀の金融システムに向けた銀行規制とセーフティネットの方向付けをみる。その後にその他の銀行規制・セーフティネット改革提言の代表的な例をみることとしたい。

(1) 変化の潮流とパラダイムの変化

米国の金融業界は80年代後半から90年代初にかけてかつてない厳しい試練を

経験した。多数のS＆Lが破綻し、1,300億ドルという巨額の公的資金を投入せざるを得なかったことは、米国の金融の歴史のなかで明らかに汚点を印したものであった。それ自体は突如発生した事件というより金融構造上の変化や金融の枠組修正の積み重ね、さらに大きくは1930年代以降の金融システム維持の基本哲学の限界という形で現れたものであった。この反省は米国においてきわめて迅速に対応が行われ、種々の制度的な改革が行われた。1991年に成立したFDICIA（連邦預金保険公社強化法）はその結果であった。

一方、80年代に萌芽を始めていた金融の新しい技術・商品・システムは、90年代に入り本格的な拡大発展を見せ始めた。世界規模で金融の自由化・グローバリゼーションが進み始めたのもこの時期である。

特に1980年代は、従来の銀行業務が銀行の競合者によって創造された金融商品や市場の新しい取引によって徐々に狭められていく過程であったとみることができる。ABS、LBO、LEIT、ジャンクボンドやスワップ、オプション、フューチャーといったデリバティブ取引もこの時代に定着していったものである。90年代を前後してデリバティブ取引などの着実な増加によって、銀行は重点を資産形成業務から徐々にさまざまなオフバランス業務活動へシフトさせていった。銀行は衰退産業か、と真剣に議論されたのもこの時代である。

大きな変化の潮流の特徴的なトレンドとして、①情報通信技術の進歩、②グローバリゼーション、③金融の技術革新、④競争環境の出現が挙げられる。

①の情報通信技術の進歩は、現在もインパクトを与え続けているもので、金融情報のデジタル化とそれの与える影響である。セキュリタイゼーションが可能になったのは、コンピューター技術の発達に負うところが大であった。

②のグローバリゼーション、特に金融のグローバリゼーションにより国境を越える資金移動の驚くべきスピードでの増大である。

③の金融技術の革新は、米国の最も得意とする分野であり、セキュリタイゼーションにも増して今後ますます大きな影響を与えると考えられるのがデリバティブ取引の定着である。

④の競争環境の出現は、上記のグローバリゼーションや金融の技術革新が金

融機関を競争の場に追い込む環境を提供した。それに加えて金融規制の撤廃や緩和がさらに競争の環境を作り出した。

これらの変化は金融の基本的な機能を激変させつつある。金融のデジタル化によって決済システムは従来とは大きく姿を変えつつあるし、金融の市場取引が増加することにより金融仲介者機能の変化が起っている。さらに異業種からの金融業への参入局面が増加し、伝統的な垣根が消滅しつつあることで、これが競争の流れをつくり出す要因ともなっている。このような競争環境が出現する過程で金融サービス提供者としての銀行の伝統的ビジネス（預貸業務）は、相対的に低下傾向を示しているのも金融産業変貌の特徴である。

このような金融産業を取り巻く環境の変化の潮流の基盤にあったのは、規制のパラダイムから安定性の敵とみなされてきた競争への転換であった。21世紀金融のモデルは競争の促進を目指すものである。Litan（1997）において、70年代、80年代、90年代各々を通じて競争環境が着々と整えられてきたのを踏まえて、さらにその競争を活性化し促進すべきであるとの決意が込められている。多様な金融サービス提供者の登場による競争の激化のなかで、グループ再編は当然進展するもので、金融機関の長期的な健全性の観点からはもう一段の統合は不可欠であるという認識がある。

(2) 危機封じ込め政策としての破綻の早期是正政策

80年代後半のＳ＆Ｌの苦い経験の反省に立って、1991年FDICIAが制定され、従来の欠陥がかなり修正され強化された。例えば、大手銀行の破綻が、そこに預金を有している中小銀行の流動性リスクを引き起す恐怖は軽減されているし、非付保預金者に対しても預金の保証を過去の平均回収率に基づいて実施する権限をFDICが有するようになった。非常事態ではFED（中央銀行）の直接的緊急金融政策に加えて、苦境に陥った企業や清算機関に直接貸出介入したり、困難に陥った企業に対する貸し出しを銀行に督励し注視することもできるようになっている。

しかし、FDICIAは根本的な問題を解決するものではない。それだけでは十分

でないとすれば銀行規制やセーフティネット政策にどのような方策が存在するのだろうか。

　金融システムの危機救済にあたって、FEDの機能に100％依存することのない、基本的な欠陥のないショック緩和の仕組みを作り上げることが必要となる。すなわち、金融システム全体に及ぼす事故の影響を地域限定し、結果的に最小化することで災厄の隔離・封じ込めを図る方法を作ることである。問題の早期隔離、封じ込めを図り、その都度タイムリーな情報を活用しつつ、規制当局によって強制される汎用規範ではなく、市場参加者によってデザインされた連鎖反応を抑制するリアルタイムの問題解決メカニズムを作ることが、新しい金融パラダイムに基づいた21世紀金融のシステム安定への対応である、とLitan（1997）は指摘している。そして、具体的に次のような政策を提案している。

　①　早期隔離　早期是正措置（PCA）はFDICIAで想定されているリスクの早期隔離の方法であるが、さらに早期発見の方策として早期情報開示の方策の検討が必要。例えば銀行に劣後債の発行を義務付け、市場規律機能をこれらの劣後債の投資家に期待する方法が考えられる。これは規制と市場の規律の両方を組み合わせてシステミックリスクの防止を図るアイデアである[17]。

　②　早期発見　最近のBISの方向やFEDの「プリコミットメント方式」などは、大銀行における業務の複雑性がますます高まるなかで、リスク計量を大手銀行自身が使用しているリスク計量技法に委ねるもので、規制によってではなく市場指向を容認するものである。

　③　市場によるショック緩衝機能利用　市場のショック緩衝機能を利用するやり方は間接的ではあるが、危機封じ込めのもう1つの強化策である。

　④　決済の迅速化・国際協調　決済システムの迅速化に向けての技術的な改良と、BIS規制に関しては国際協調が不可避である。

(3) 銀行規制とセーフティネット改革の提案

　90年代に入って銀行規制やセーフティネットについて数多くの改革案が議論されたが、ここではPierce（1991）、D'Arista（1993, 1994）、Calomiris（1999）に

基づいて各々の考え方をみることとしたい。
　問題は、その後も必ずしも解決に向って規制と改革が着実に進められているわけではない。新しいパラダイムに則した全く新しい銀行規制やセーフティネットが設定されたわけではない。既存のパラダイムのもとに制定された諸規制やセーフティネットは基本的には存続し、部分修正が加えられているのが実情である。今後21世紀を展望した真に実効ある銀行規制とセーフティネットが構築されることを期待したい。この点については、後述5で触れる。

(1) 貨幣的機能とその他の金融機能の分離案

　Pierce (1991) は、従来の規制が金融機関を特定化したアプローチであるのに対して、貨幣的機能とその他の金融機能を区別しそれに焦点を当てたアプローチを取る。

　銀行は従来と同様に貨幣・金融サービスを提供する企業として存続するものと位置付けるが、銀行の内部構造は次の2つに厳格に区別され、セーフティネットに組み込まれる。すなわち、①貨幣的活動は銀行業務から分離され保護されるが、②その他の業務は保護されることなく厳しい市場原理にさらされる、というものである。

　より具体的には、銀行の性格を機能的に分離し、貨幣サービス会社（Monetary Service Companies: MSC）と金融サービス会社（Financial Service Companies: FSC）とに分割する。MSCは決済勘定と送金・振替サービスを提供するもので、FSCは従来の銀行業務のうちMSCの業務を除いたものが中心業務となる。国家の保証は、MSCのすべての債務に対して無制限に認められ預金保険でカバーされるのに対して、FSCの負債である貯蓄性預金や定期預金などは預金保険の対象とはならない。その代わりにMSCが保有できる資産は制限され、市場性に富んだ格付けの高い短期金融商品しか購入できないという厳しい制限がつけられる。またMSCは資格を満たせば誰でも参入できるが、関連会社の債務の責任を負わないことが厳しく法定化される。一方FSCは、預金保険の保護がないので多くの規制が削減されそれだけ活動の範囲は広がり、金融コングロマリット的な存在となる。

これによって決済勘定と決済システムの安定性が改善され、通貨制度の安定性を強めることになる。MSCの倒産リスクは小さくなるので保険料も安くなるであろうし、最終的には国の負担も軽減される。FSCの万一の事態によるシステミックリスクへの対応としては、健全な金融機関に対して中央銀行が最後の貸し手として機能するセーフティネットが用意されている。全体として金融システム不安の社会的コストは大幅に削減されるというものである[18]。

(2) 金融市場と金融構造変化に伴う改革案

　D'Arista（1993, 1994）は、米国において80年代以降金融構造上大きな変化が起り、それによって既存の銀行規制やセーフティネットは制度的に機能しなくなったとして、新しい金融構造に見合った銀行規制・セーフティネットを提案する。

　特に新しい構造変化として、①銀行の役割の低下、②パラレル・バンキング・システムの出現[19]、③金融市場の拡大と新商品の出現による複雑化を指摘する。そしてこれらの変化に効果的に対応する規制の枠組みこそが必要であり、規制された特定の業態としてではなく、特定の機能を担う業務や商品として規制されなければならないとする。

　上記②との関連で、預金保険のセーフティネットが銀行の金融仲介機能の弱体化につながるメカニズムは次のようになる。10万ドルの保険対象上限の存在→預金者は決済勘定に必要最小限の残高を残すか、決済勘定を預金取り扱い金融機関以外に置くようになる→銀行の金融仲介コストの上昇→銀行は預金調達コストを貸出金利の引き上げに転嫁→借り手コストの上昇→借手企業はコマーシャルペーパー市場に向う→銀行のポートフォリオ悪化→銀行のなかで高リスク貸し出しへのインセンティブが高まる→銀行の金融仲介機能を弱体化→決済システムリスクが高まる。

　D'Aristaが提案する預金保護のための代替的改革案の骨子は以下の通りである。

① 非預金取り扱い金融機関（ノンバンキング）金融システムが、銀行に比べて規制コストが低いために銀行を犠牲にして80年代急成長を遂げたことに鑑み、規制はすべての金融機関に対して一律公平に適用されなければ

ならない。
② その前提として、すべての金融機関は設立や業務に関し監督当局による認可を必要とする。
③ 納税者の負担を最小化するためには、金融機関ではなく個人・家計が直接保護を受け、またコストも負担するような仕組みに変更する。すなわち、金融機関ではなく個人・家計が一定額の預金を保証される預金保険に加入する。
④ 決済勘定については、保証範囲に制限を設けない。その代わり決済勘定の投資運用対象は規制当局が特定するものに限定される。

(3) 2つの考え方への批判とインセンティブ方式セーフティネットの提案

1980年代半ば以降集中的に出てきた米国の銀行規制批判とセーフティネットの議論は、必然的に預金保険のコストを最小化するための方策をめぐる議論が大宗であった。

Calomiris (1999) は、これらの改革・政策議論は①早期介入ないし閉鎖か、②ナローバンキングの考え方に集約されるとして、それら各々の考え方の問題点を指摘する。そして③市場規律の考え方を導入し、市場規律のメカニズムを加味したインセンティブ方式のセーフティネットを提案する。すなわち、

① 早期介入／閉鎖の考えの問題点

これには会計上の諸基準（財務諸比率など）の遵守、自己資本比率規制や遵守できない銀行に対し閉鎖させるという威嚇の方策が含まれる。ここでの問題点は、銀行監督当局が自己資本比率査定が十分行える能力があるか、会計基準を強制できるかということである。銀行監督当局がリスク分類の査定を行う必要があるが、情報を最もよく知っているのは銀行であり、銀行は条件クリアのために恣意的に対応できる余地を有している。また、マクロ経済ショックから銀行の自己資本問題を切り離すことができないという問題もある。すなわち、上記2で述べた「危機封じ込め」政策としての早期是正措置だけでは問題解決には不十分である。

② ナローバンキングの考えの問題点

低金利の安全資産に裏付けられた決済資金勘定のみを保証するというので

あれば、実質的にセーフティネットの機能を排除してしまうことになる。銀行信用を築き、銀行の取り付けから起る外部性に対処するためのセーフティネットの問題解決機能にはならない。規制されない業務分野について銀行の行動が全く自由であるとなると、決済資金以外の貯蓄性預金について銀行の取り付けがなくなるわけではないので問題解決にはなっていない。上記PierceやD'Aristaの提案の限界でもある。

③　市場規律を生かしたインセンティブ方式

　上記①、②の限界を踏まえCalomiris（1999）は、銀行預金に対する政府保証と銀行規制の市場による強制とを組み合わせた方法を提案する。この方法は、銀行リスクの計量的判断として銀行監督局ではなく市場による判断を重視するものであり、あらゆる預金に対しても明確な政府保証がつく点が異なる。

　銀行に保証資産（リスク資産）の一定割合の劣後債券（期間・利回りなどの条件も規制）を発行させ、それを市場の規律にさらすというものである。この規律のメカニズムはこうである。リスクを過剰に取るような銀行や資産運用の劣悪な銀行は、劣後債券を市場で売却するのが困難となることから、リスクの高い資産を取るのに慎重になり、新しく劣後債発行に際しても政府保証のない負債の保有者の規律を満足させなければならない。

　自己資本比率規制の場合は、銀行がリスクを取り収益を上げると株主が利益配分に参入してくるが、劣後債券の場合はそのようなことがないので銀行規制の効果は自己資本比率規制より大きい。取引が銀行間市場で行われるのでより厳しい目にさらされるし、小額のロールオーバーが常時あるようにしておけば、突然の事故（取り付け）は排除されるという利点がある。

　この市場規律を生かしたインセンティブ方式の考え方については、5でさらに検討する。

3 バーゼル合意（BIS規制[20]）と新しい動き

(1) BIS規制

　銀行健全経営規制のなかの自己資本比率規制を代表するBIS規制について、最近の動きとわが国の銀行に与えた影響とその評価についてみていくこととする。

　1974年のヘルシュタット銀行破綻事件の経験から、国際金融取引における銀行のリスクへの対応策について1975年にG10諸国の中央銀行総裁会議が開催された。そこで設立された銀行監督当局の委員会であるバーゼル銀行監督委員会（クック委員会）がBIS規制のそもそもの発端であった。自己資本の充実を含む銀行監督上の諸問題が検討されるようになり、1984年にそのための具体的な作業が開始された。1988年7月に自己資本比率規制の国際統一に関する基本的枠組みに関して最終合意がなされた。これがいわゆる第1次BIS規制であり、基本合意から5年間の経過措置を経て1992年度末から実施されたものである。

　そして、第1次BIS規制では問題意識はありながら十分カバーできなかったところ、特に金利リスクや市場リスクについてさらに実態を反映させることで、1996年に合意されたのが第2次BIS規制である。

　国際間で銀行の自己資本の充実に関する規制を統一することの目的は、国際銀行システムの健全性と安定性を強化すること、および国際業務に携わる銀行間の競争上の不平等の要因を軽減することであった。

　BIS規制の主たる内容は、銀行はリスクに応じてウエイト付けされた資産に対して自己資本「Tier I」[21]で4％、自己資本「Tier II」で4％合計8％の自己資本で担保することが義務付けられるというものである。

　銀行の保有する資産についてはリスクに応じてウエイト付けされるが、それは信用リスクに応じて算出されるものであった。第1次規制では市場性のリスク要素は考慮されていなかった。また、個別の銀行に対する固有のショックとマクロ経済ショックの区別はなされていない。8％を下回った場合、株主は資本再構築により8％の水準まで回復させるという条件付きでコントロール権を

維持することができるようになっている(それができなかった場合には、最終的には各国の規制当局が銀行を売却するか清算することになっている。)。

わが国は1988年にこの規制を受け入れ、わが国の銀行で海外に支店を有し国際金融取引に従事する銀行は、1992年3月末日以降この基準をクリアしなければならなくなった。この規制は、国際的な初めての試みであったこともあって問題点も多く積み残しのまま発車したもので、その後さらに改良した内容のものとして先の自己資本基本合意に対する改定が行われた。1996年第2次BIS規制が合意されたが、特徴的なことは第1次の信用リスクによるリスク資産の評価に加えて市場リスクによる評価も加味することになったことである。

この規制が各国の国内規制に導入され、その規制基準が守られない銀行に対して規制当局がコントロール権を獲得し権利を行使する方法が明らかにされている。また各国監督当局がより高い水準を設定する措置を取ることは自由である。ここでは米国とわが国のケースについて見てみよう。

(ア) 米国におけるBIS規制

1991年FDICIAの中でこの規定は、さらに新しい政策実現の対象として取り込まれている。ここでの発想は、規制当局の厳格で段階的な経営介入をルール化することにより、規制当局の裁量の余地を減らすということであった。銀行を自己資本比率で5段階に分類し、監督・規制に差を設けるなどBIS規制より厳しいものとなっている[22]。資本力の弱い銀行に対して規制当局は「早期是正措置(PCA)」を講じることができる。すなわち、問題銀行に対して配当支払いの停止、資本の増強、資産増加の抑制などを指示することができるようになっている。

しかし、市場のリスク算定の際トレーディングのリスク計量で多様な計測方法のある業務について、その作業がきわめて困難であることが分かってきた。1997年には規制当局の画一的な計測基準を強制することなく、トレーディング業務の盛んな大銀行に対しては各銀行が独自に有している計量手法を用いて算定してもよいことになっている。各銀行のデリバティブ取引のリスク算定手法やディーリング上の各銀行の手法・ポジション戦略なども異なっており、それらを画一的に

評価・計測することはほぼ不可能に近いことが判明してきたためである。

さらにこれを発展させたものが、金融当局が「プリコミットメント方式」と呼んでいる手法である。これは証券トレーディングやデリバティブを活発に行っている銀行に対し、定期的に自己の一定のトレーディング業務より発生するかもしれない損失の最大額を予想させるものである。もし実際の損失が予想額より上回った場合には、その銀行にはペナルティが課され、その事実が公表される。この方式では銀行は自らリスクを計測し、自らそれに必要と思われる資本準備の必要額を決定するもので、既に一部銀行で試行中である[23]。

(イ) わが国におけるBIS規制

わが国では、BIS規制以前は大蔵省銀行局長通達により総資産に対する自己資本の比率を4％以上にすることを本則とし、補則として海外支店を有する金融機関については6％以上とするものであった。その後、BIS規制が1998年4月から金融監督庁によって「早期是正措置」と呼ばれる規制措置として合体されて、最終的には銀行法のなかに取り込まれた。海外に支店を有し国際業務を行う銀行の場合、自己資本比率は8％以上維持しなければならず、それ以外の銀行については4％以上が基準とされている。しかし前者の8％基準について、BIS規制では自己資本比率は連結ベースで計算することが前提となっており、わが国にではこの点は1999年3月から導入された。

米国の規制当局・銀行や欧州の銀行の一部では、リスク資産の計量において自らの計算手法を用いて計量した数字に基づいて自己資本比率の増減に対応する段階に入っている。従来の信用リスクによる評価の領域にとどまることなく米・欧の銀行が拡大対応していることと比較すれば、わが国の銀行の規制対応は遅れている。

(2) BIS規制の最近の動き

(ア) 1988年バーゼル合意以降

1988年に制定されたBIS規制は、現在100カ国以上で採択され、先進国の銀行のみならず発展途上国の銀行をもカバーするところとなっている。その意味で

は、世界の国際金融に関わる大手銀行は自己資本についての統一的な銀行規制の下にある状況が定着している。

BIS規制はきわめて大雑把な枠組みと前提を設定した比較的簡素な構成であったことから、その欠陥は当時から多く指摘されてきた。しかし、国際的活動を行う民間銀行を自己資本比率という形で規制することは、金融システムの安全性と健全性促進の観点から基本的に異存はなかった。

1988年のバーゼル合意に対して、その後1996年に「マーケット・リスクを自己資本合意の対象に含めるための改定」により第2次規制として追加修正が行われたのは先に触れた通りである。

その後BIS規制は、内容を見直しより効果的な枠組を構築するという方向に添って、1999年6月に第3次BIS規制の市中協議ペーパーを公表、それらに基づいて2001年1月には新しいバーゼル合意に向けての市中協議パッケージ案が発表された[24]。このパッケージ案に対する回答期限は2001年5月であったが、与えられた検討期間が短期間であったことから期限延長され、それによって実施時期も延長されている。

(イ)「新しいバーゼル合意」の内容

これまでの最低所要自己資本という規制のみでは不十分であり、本来の目的達成は困難との考えに基づき、「自己資本比率」に加えて「監督上の検証プロセス」と「実効的な市場規律の活用」を3本の柱とし、これらが相互に補完し合いながら金融システムの安全性と健全性のレベルをより高め、効果の実を上げることを新しいバーゼル合意の目的としている。3本の柱は1つのパッケージであり、新しい合意は3つの柱が適切に実施される必要がある。

先ず第1の柱である最低所要自己資本については、従来の標準的手法を基本としながらも、リスクアセット算定のリスク計測方法に新しい手法を加え、よりリスク感応的にする工夫がなされている。信用リスクは、標準的手法から一歩進めた「基礎的内部格付け手法」が開発され、このレベルでのリスク評価による最低所要自己資本が検討されることになる。これをさらに進めた「先進的内部格付け手法」(銀行に対して独自のポートフォリオ・ベースの信用リスクモ

デルに基づいて自己資本額を算出させる方法)や「標準的格付け手法」(外部格付け機関などによる計算方法)も認められる方向にある。リスク資産のなかでもリテール、プロジェクト・ファイナンス、株式エクスポージャーに関しては他の資産とは別の枠組みが想定されている。

今回新しく導入されたオペレーショナル・リスクは、内部のプロセスの失敗や人的あるいはシステム、外部の事故などから起る直接・間接の損失の可能性を評価を意味するが、マーケット・リスクと同様の扱いで、所有自己資本計算時の分母に導入される。

第2の柱である「監督上の検証プロセス」は、銀行がリスク対応してどの程度まで自己資本を充実させなければならないか常に適正に見積り考慮しているかを、監督当局が評価する責任である。しかし、銀行の経営者や彼らの有する専門性に対して監督当局は対抗できるものではなく、自己資本充実度を維持する責任を監督当局に転嫁するものではない。できるかぎり客観性のある外部からの検証が不可欠である。

第3の柱は、「市場規律の利用」である。市場規律には自己資本規制やその他の監督上の努力を補強する潜在的な可能性があることから、銀行や金融システムの安全性・健全性を促進するために市場規律を活用する考え方である。また、情報開示に力点を置いており、拘束力のある開示条件の全面的な導入を指向している。

(3) BIS規制のわが国の銀行への影響と評価

次に、BIS規制に関連してこの規制が存在することによりわが国の銀行のなかで顕現してきた問題として、銀行の貸し渋りの問題と海外事業からの撤退の問題を取り上げる。

(ア) 銀行の貸し渋り

最近わが国の銀行貸出残高の推移をみると、ここ数年は横這いないしは減少しているのが窺える。これは従来から銀行が主張し続けてきた企業側の資金需要の減退による貸し出しの減少も1つの要因であることは否定できないが、か

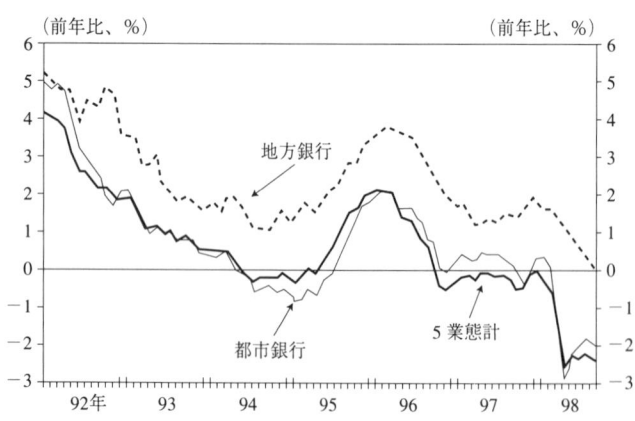

図表5-1　民間銀行貸出増減率推移

(前年比、％)　　　　　　　　　　　　　　(前年比、％)

［グラフ：地方銀行、都市銀行、5業態計　1992年〜1998年］

注：1．総貸出平残ベース。
　　2．5業態は、都市銀行、長期信用銀行、信託銀行、地方銀行、地方銀行Ⅱ。
出所：日本銀行「貸出・資金吸収動向等」『日本銀行調査月報』1998年11月号

なりの部分は銀行の企業への貸し渋りによるものと考えられる[25]。(図表5-1は92年以降の銀行の貸出増減率の推移を示したものである。) この貸し渋りの最大の要因は、自己資本比率規制にある。特に大手銀行の貸し渋りが大きいのは、BIS規制の8％を意識してのことである。自己資本比率規制の条件として早期是正措置の形で厳しい運営が予定されればされるほど、銀行は貸し渋り行動を取ると考えられる。

　その理由の1つとして、厳しい市場環境下では自己資本比率の分子に当たる自己資本そのものの増額は自力では困難な状況が存在する。今1つは、不況が長く続いている状況のなかで、新しい貸し出しを行うことは不良債権の増加につながる可能性もあり、特別の事情がないかぎりあえて貸出リスクを取るより貸さない行動がより安全で賢明な方法として受け入れられるからである。むしろ貸出資産を積極的に削減することでBIS基準を維持しようとする行動を取る。米国で1990〜92年クレジット・クランチが起ったが、これもBIS規制が大きな原因であったとみられている[26]。

　問題は、BIS規制の存在によって貸し渋りが起こり、健全企業でも借り入れ

が困難になり倒産に追い込まれるような事態が次々と伝播することが予想され、それが景気循環を増幅させてしまう効果を持っていることである。銀行経営者にとって不況期にはリスクアセット削減への誘因が働き、逆に好況期にはリスクアセット拡大への誘因が働くためである。貸し渋りへの対策として、現行ルールが持つ景気循環のマイナスの増幅効果を抑制する工夫が必要な所以である。

(イ) 銀行の海外事業からの撤退

現在わが国の銀行にとって、BIS規制が活動上大きな足枷となっていることは確かである。特に国際分野にコミットしてきている大手銀行にとって、BIS規制の8％自己資本比率を維持することは銀行活動の重要な大前提でもある。

ここ数年で、BIS規制を充足できないことを理由に海外拠点を閉鎖し、国際取引分野から撤退する銀行が多数出現した。具体的に海外業務から全面撤退した銀行として破綻前の日本債券信用銀行をはじめ、大和銀行、安田信託銀行、三井信託銀行の大手銀行の他、足利、北陸、紀陽などの地方銀行であった。国際金融取引から撤退することは、BIS規制8％を維持する義務はなくなり、国内法で規定する一般銀行の最低自己資本比率である4％を遵守することでよくなることを意味する。国際化を目指して拡大路線を走ってきたわが国の銀行が、国際取引から撤退する事態が起きたのである。

海外進出した銀行にとって全ての拠点が収益を上げ、すべての海外業務が順調で収益的に多大の貢献をすることは実際上難しい。いくつかの拠点で収益を上げ一部の拠点の損失をカバーしていることもあり得る。総合的にみて海外業務で本体の収益にどの程度貢献しているかというのが重要なファクターとなろうし、厳しい経営の視点からは単に投資コストをクリアしているからというのが存続の理由にはならない。

このような場合、BIS規制は銀行経営者に決断を迫る上で大きな貢献をする。海外業務からの撤退を決断することによりBIS規制対象外となり、国内銀行に課される4％銀行に転換することである。金融監督当局が認可し厳しく監視していたこれまでの体制下では、銀行経営者が不採算を理由に海外の特定拠点からの撤退を申し出たとしても、金融監督当局からは責任問題と引き換えにして

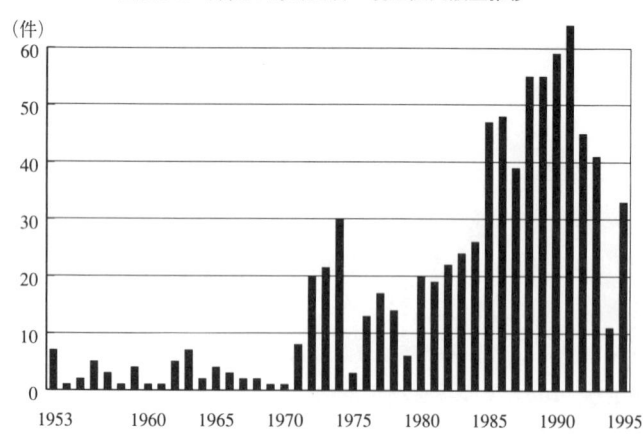

図表5-2　邦銀の海外支店・現地法人設立推移

(件数を示す棒グラフ：1953年から1995年まで。1970年代初頭までは低水準、1970年代前半に急増、1980年代後半から1990年前後にピーク(約60件)、その後減少)

出所：『国際金融年報（平成8年版）』（金融財政事情研究会）より作成。

も承認を得ることは厳しいことであった。

　しかし、皮肉なことに状況が激変した現在、BIS規制の存在が特定不採算拠点の閉鎖・撤退も含めて、全ての拠点・海外取引分野からの撤退というオールオアナッシングの決断を迫り、銀行経営者が180度転換することを選択できる道が可能となった。8％を維持することが厳しい状況にあるとの危機的認識から、これまでの国際業務への投資が果して効率的であったかという観点からの検討はかなぐり捨てて、8％の呪縛からの解放という一点に逃げ込むことを認めたものである。

　確かにわが国の銀行にとって国際化の流れは、常に拡大を続けてきた銀行産業の当然の前提とする認識があったし[27]、それが具体化する過程で監督当局であった大蔵省から特定の銀行に許されたレントとが結びついていた（図表5-2参照）。国際化の行動は不可逆的なものと考えられてきたが、BIS規制はその不可逆性に対して後退を迫る要因として顕現してきたのである。

(4) BIS規制の評価

　銀行諸規制のなかで事前的規制である銀行健全経営規制は、今や世界的規模

でルール化が広がっているBIS規制に代表されるものである。しかしこれまでみたようにBIS規制はそれのみでは完結しない。マクロ経済ショックのような銀行の経営者の責めに帰すことのできない要因によりBIS規制がクリアできない場合には、公的資金の導入など何らかの外部からの支援がセットされていなければならない。また規制の運用も事情に応じて弾力的に行われる必要がある。

BIS規制は1988年の合意（第1次規制）に加え1996年マーケット・リスクを対象とするための自己資本合意の改定（第2次規制）を行い、より実情に近い形の規制を目指しているが、未だ不完全な部分が多い。今後より実情にあった規制への見直しが行われるべきであるが、その核心はますますグローバル化し拡大する金融取引について金融技術的に複雑化するリスク計量化に当って、技術的にどう解決していくかという問題である。

今回のバーゼル銀行監督委員会による市中協議パッケージ案は、精緻化が一段と進められた形となっており進展が期待される。特に80年代以降出現した金融商品や新しい金融取引、90年代著しい拡大をみせたデリバティブ取引など金融工学的技術を使った手法などに対応し、よりリスク感応度を高めた手法を用いて自己資本充実度を向上させていく観点からの見直しがなされている。

BIS規制への評価については、その意義を高く評価する人は多いが、Kapstein (1994) は次のように評価している。

BIS規制の目的の1つである銀行の安定性と健全性強化の面では間違いなく評価できる。自己資本比率が高いことは銀行が損失を被ったときそれを処理する能力を付与するもので、一般の信認を得ることになり好ましいことである。銀行の資本が大きいことは、国際業務分野における銀行の信頼度が高まる。それが国際間で合意されていることは大きな進展であり評価すべきである。しかし、この規制は銀行業務をもっと収益的に高いものにするためにどうするかという点では何ら貢献するものではない。また、もう1つの目的である銀行間の競争条件の調整効果については、各規制当局は8％以上であればどの水準に設定してもよく当局の裁量に任されているなど、種々の点で各国規制当局の裁量が大きすぎる。これは金融機関の土俵を同一にするという目的には役立っ

ていない。

　わが国にとってBIS規制は高く評価できると考えられる。BIS規制が策定の過程で、米国が国内の銀行を規制したいという動機が国際的に拡大たものであるとか、国債を銀行に大量に購入させるための米国の狙いがリスクウエイト基準に反映されているとか、さらにはわが国の銀行の国際金融取引分野におけるオーバープレゼンスを規制する魂胆があったなどの批判もあるが、これは本質を見ない表層的なものである。仮に、規定策定の過程で米・英がドイツ・フランスを意識してわが国を先に抱き込もうとした意図があったとしても、わが国が国際的なレベルでの議論に積極的に参画し決断したことは結果的に大きな意味があった。現在わが国の銀行は、BIS規制の存在によって種々の試練を余儀なくされているとしても、これは国際分野で生き残るためには当然受け入れるべき義務である。

　銀行規制は21世紀の銀行産業が目指す方向に対応しつつ変化していくものと思われるが、国際取引を行う大手銀行が一定のコンセプトの下に事前的に健全経営規制に基づいて行動することは不可欠である。グローバリゼーションが進むなか、システミックリスクの事前防止の観点からも、先ず各国の金融市場において個々の銀行が健全であることが全ての出発点であり、それらが国際的に共通する一定のレベルの尺度で規制される意義は非常に大きい。

　リスク資産の評価基準において、わが国の銀行のリスク資産評価の手法が未だ先進国のレベルに達していない部分に対しては、さらにそれを推し進める力となろう。また新しく議論されている銀行勘定で保有する株式ポートフォリオの評価方法も、わが国の銀行にとってはより厳しい試練となる可能性がある。

　銀行がリスクに対応しどの程度の自己資本を充実させなければならないかは、銀行当事者が最もよく認識していなければならない。仮に銀行経営者のモラルハザードがそれを妨げる可能性がある場合でも、遵守に向わせる誘因は一国内の規制であるよりも国際的な枠組みでの縛りがより効果的である。

　その意味で、現在不完全な部分があるにせよBIS規制の存在は、金融システム安定のために高く評価される。また、今後見直し作業が行われ、より複雑な

計量システムが導入されることになってもこの規制の持つ意義は変わらない。セーフティネットの1つである預金保険制度が、銀行経営の失敗から巨額の公的資金の流出が避けられない事態を予想するものであるのに対して、21世紀の銀行規制のパラダイムが早期リスク封じ込め型に変化するとなれば、この規制はますます重要な機能を果すものと考える。

4 わが国の銀行規制とセーフティネット

(1) わが国の事情

　先にみたように米国における銀行規制やセーフティネット改革の議論は80年代後半から90年代に盛んに行われた。80年代の金融構造の大きな変化と、90年代はじめにS&Lの破綻による巨額の損失を経験した米国にとっては、金融システムの問題を真正面から受け止め、その欠陥の所在を見いだし、それらを制度的に改革しようとしたことは当然の取り組みであった。米国の場合には、改革に当って基本的に存在していなければならない人々の状況に対するいわゆる「知的掌握力」が十分に高まっていたとみることができる。わが国の事情は米国とは大きく異なっている。80年代に入り米国や英国で始まった構造改革の動きは、わが国ではその意味が十分認識されることはなかった[28]。

　金融産業においても同様な状況が存在した。80年代米英両国においてディレギュレーション（規制緩和）への取り組みが進展するなかで、金融システムの分野でも金融の自由化が推し進められた。米国における市場取引の整備や英国の証券市場改革を中心とするビッグバンはこの流れの一環である。米国においてはS&Lの破綻の苦い経験から、銀行規制やセーフティネットの制度改革に向けての取り組みが急速に進展した。

　わが国において、これらは海の向こうのこととして理解され、自らに関する問題としての状況の知的掌握は全くなかったといえる。ここ10年以上にわたり銀行の不良債権問題に関して苦い経験を続けてきているわが国において、この

経験から銀行規制やセーフティネットの制度改革の議論が、米国で起こったと同じように今後続出することを期待できるだろうか。

わが国経済において企業の金融的基調に変化がみられるようになったのは70年代後半以降であるが、その後80年代にCDの創設に始まる金利の自由化や債券市場の創設など、金融自由化の変化の流れがみられるようになった。これが本格的な金融システム改革に発展するのは、英国のビッグバンからさらに10年遅れた1996年11月の「日本版金融ビッグバン構想」であった。しかし、ここでも銀行規制やセーフティネットに対する制度的改革の具体的な提言はなく、金融機関の破綻処理を中心として、金融の自由化に伴う規制・監督体制の見直しの必要性が総論的に述べられるにとどまっている[29]。セーフティネットに関してのその後の展開としては、預金保険制度を本格的に稼働させるに当って制度整備が完了するまでの間ペイオフを一定期間凍結し、その後解禁するという手順が取られた。

金融システム改革によって実現する金融システムの活性化の狙いは、金融取引上の障害が少なくなることから取引がより活発化するというものであった。効率的で革新的な金融システムが実現されると、取引コストは軽減され資産の運用利回りも向上する。市場での取引が活溌化するので取引量が増大し、さらに新規参入や外国からの参加者も含めて市場への参加者が増大する。金融機関にとって取引量が増大し、コストが軽減されることから収益が拡大する。利用者・消費者にとって運用利回りが上昇し利便性が高まる。結果としてますます取引量が増大する。このようなシナリオが想定されていた。

2001年3月に金融システム改革のスケジュールは一応終了した。これを評価するに当っては、より基本的なキーファクターを考慮する必要がある。すなわち、前提となる取引を構成する各当事者が改革に取り組むインセンティブが存在したかどうか、あるいは、取引そのものの遂行を妨げる要因が存在していなかったかである。各当事者の内情には次のような事情が存在していた。

金融当局：行政の機能には慣性（inertia）が働いており、経済主体は環境変化に応じて瞬時に変化できないため漸進主義的な対応とならざるを得ない。

銀行：不良債権処理が進まないことから、積極的な前向きの戦略が取れない。新しいリスクを取ることにきわめて慎重で貸し渋りが起る。
証券：オンライントレーディングは活況をみせたが、株価低迷で取引量が減少。新規商品開発能力や意欲ともに乏しく、外国の投資銀行などの金融機関の攻勢に押されている。
保険：運用実績の低迷による業績不安定。特定分野での外国資本の攻勢が熾烈。
企業：借入過多の企業にとっては、有利子負債の削減など財務上のリストラが焦眉の急となっている。企業業績低迷で銀行の貸し渋りに直面、資金調達面で苦境に立たされている。
家計：金融システム不安からより安全な資産運用を選択。低利であっても安全な預金にとどまる。株価低迷で株式投資意欲減退。

　各々の当事者が金融取引に積極的に取り組むためのインセンティブがきわめて乏しい状況にあることが分かる。わが国経済の低迷、先行き不透明観が各当事者の行動を鈍らせていることは間違いないが、それらと相互不可分に結びついているのが金融機関の不良債権問題である。この存在が金融システム不安という通低音を常に発し続けており、金融機関がシステム改革を取り込んで新しいビジネス・チャンスとして積極的に活用する行動を妨げてきた。

　金融システム改革により多くの規制が撤廃・緩和され、外枠の改革は進展したが、それによって期待された金融システムの活性化は実現からほど遠い実情である。枠組みが整備されれば自ずから実態が付いてくるものではなく、当事者が動かなければ活性化もあり得ない。当事者を動かすためには障害を取り除き、何らかのインセンティブを供与しなければ動かない。金融システム活性化のためには、枠組みの設定に加えて、当事者が動ける環境・インセンティブ作りが不可欠であったのである。

(2) 銀行規制に関わる立法措置

　銀行規制に関わる立法措置については、わが国の金融機関が破綻する現実に直面して、急きょ破綻処理に対応する法的整備に取りかかったというのが実情

である。戦後形成されてきたわが国の金融システムは、銀行中心の金融仲介機関を基本としたシステムを政府・監督当局が守る護送船団行政であった。原則として銀行が破綻することはあり得ず、従って銀行の破綻を想定した銀行規制やセーフティネットは実質的に必要としなかったとみることができる。

1997年11月に入って三洋証券（三洋）、北海道拓殖銀行（北拓）、山一証券（山一）、徳陽シティ銀行（徳陽）とたて続けに4つの金融機関が破綻した。それらが与えた衝撃はきわめて大きく、金融業界のみならず政府・行政当局、産業界から一般の人々にこれまでと次元の異なる不安が走った。金融システムの中で鬱積していた不安が金融市場において一挙に顕現し、信用の崩壊がさらに伝播するという危険さえ感じさせる出来事であった。改めて金融システムが経済社会で機能している意味の重さを実感させるものであった。

これまでもバブル崩壊以降金融機関の破綻はあったが、多くは比較的規模の小さい信用組合を中心としたものであった。兵庫銀行、太平洋銀行や阪和銀行破綻の例はあるが、それらは大蔵省のシナリオの下に予め周到に準備されたスキームで斉々と進められた。三洋・徳陽は中堅の規模にしても、北拓、山一の場合は最大手グループに属する金融機関の破綻であっただけにその意味合いは異なっていた。事実この事件が起って以降の政府・金融行政当局の対応は、それまでに同様の手を打っておればと悔まれるほど、確かに迅速であった。日本発の世界大恐慌という不名誉を冠せられる面子からではなく、真に多数の預金者・投資家の利益を守り信用秩序を回復・維持するという目的のために真剣に対応の具体化が図られることになった。

三洋・山一・北拓・徳陽のケースは、存続を断念せざるを得なくなった直接の原因は共通している。インターバンク市場において資金調達が不可能となり、資金繰りが回らなくなる事態に追い込まれたことである。市場が曲がりなりにもつないできた不安定な状況に終止符を打つことで、これらの金融機関を市場が排除したのである。政府も金融行政当局も大手金融機関は潰さない趣旨の発言を繰り返してきていたが、余りにもあっけない幕切れであった。それだけに市場の規律の意味を認識させられるものであった。

これによって、銀行は倒産し消滅することが現実のものとなった。金融行政の前提となっていた護送船団方式の崩壊である。1998年には日本長期信用銀行が破綻し、日本債券信用銀行の破綻の恐れが強くなったことから、事後的措置としての法的整備と併せた銀行規制の法定化が急きょ行われた。

　緊急の対策として金融システム安定化策について1998年3月末の銀行の決算までに実行可能な措置を前提に国会で審議が行われ、1998年2月に次の2法が成立した。

① 預金保険法の改正

　預金の全額保護を行えば資金が枯渇することから、預金保険機構（特例業務勘定）に7兆円の国債を交付し、10兆円までの借り入れに政府保証を付けること。整理回収銀行を一般銀行の破綻受皿とし機能を強化すること。預金保険機構の債権回収に罰則付き調査権を認めることなど。

② 金融機能安定化緊急措置法

　金融機関に資本注入のため預金保険機構（金融危機管理勘定）に3兆円の国債を交付し、10兆円までの借り入れに政府保証を付けること。金融機関は健全化計画を作成し優先株・劣後債などの買い取りを申請することができること。預金保険機構に審査委員会を設置し全会一致制で優先株・劣後債の買取りを議決することなど。預金保険機構に「特例業務勘定」に加えて「金融危機管理勘定」を設置した。

　その後、日本長期信用銀行の破綻に続いて、日本債券信用銀行の破綻の可能性が大きくなり、制度的手続き面での立法措置が慌ただしくなった。1998年10月に終了した臨時国会で9つの金融関連法が成立した。なかでも「金融機能再生緊急措置法」（以下「金融再生法」）と「金融機能早期健全化緊急措置法」（以下「早期健全化法」）が核となるものであった。これらの法律を銀行規制の観点からみると事前的規制と事後的規制に分けられる。最初に成立したのが「金融再生法」を中心とする事後的規制であり、「早期健全化法」は後から成立したがこれは事前的規制を中心とするものである。

　この時点にいたってようやく事前的対応と事後的処理との一応の体制が整う

こととなった。北拓や山一の倒産、さらには長銀の破綻という大きな犠牲を払ってようやくたどり着いたものであった。このような金融システム不安への対応策を持たなかったわが国が、遅ればせながら金融機関の破綻前・後の対応処理策を備えるようになったことは従来に比べて大きく前進した。

(3) わが国のセーフティネットの評価

これまでにみたように、1997年11月に大手金融機関が破綻し、日本発の世界金融恐慌への可能性という激震が走った時点から、市場も金融機関も金融行政当局も金融機関の破綻に対して銀行規制やセーフティネットがいかに十分に用意されていなかったかを強烈に認識させられた。

確かに、1996年に金融機関の監督機能と検査権限を大蔵省から分離し、それらを新設の金融監督庁に持たせたことと、早期是正措置を導入して銀行法が改正されたことは、ようやく銀行の健全経営規制が設定され、それを専担で監視する機関が実現し、従来の護送船団行政の前提を覆えす可能性を持つものではあった[30]。その1年後、北海道拓殖銀行と山一証券の破綻によって護送船団行政は現実に崩壊することになったが、それらに対処する法的制度の設定は、1998年の2つの法律、「金融再生法」と「早期健全化法」の成立を待たざるを得なかったことは先に述べた通りである。

従来大蔵省が金融行政の基本に置いてきた護送船団方式は、原則的に金融機関を破綻させないように保護し存続させていくことであった。政府が直接・間接に介入して破綻させないこの方式は、いわば1つの大きなセーフティネットであったとみることができる。この強力なセーフティネットの下では、本来のセーフティネット政策としての健全経営規制や預金保険制度は実質的には機能せず、存在したとしてもほとんど意味をなさないことになる。

しかし、護送船団行政の下でも銀行に対する健全経営規制やセーフティネットが存在しなかったわけではない。大蔵省が銀行の自己資本に対する規制を導入したのは1954年である。その後1973年には「業務運営指導基準」を設定しているが、これらは健全経営規制としては1980年代後半まではわが国のセーフテ

ィネットの体系においてほとんど重要な役割を果たすことはなかった。また、1971年に預金保険制度が導入され預金保険機構が設立されたが、きわめて限定的な機能しか与えられていなかった[31]。従来のセーフティネットを評価すれば、その機能の効果は発揮されることなく全くの失敗であった。

　清水・堀内（1997）は、1980年代以前には、銀行に対する包括的な競争制限規制により銀行が得たレントを大蔵省が巧みに操作しながら破綻の事後措置を円滑に進めることができたとみている。しかし、1980年から始まった漸進的ではあったが金融の自由化は、銀行のレントを削減し「免許価値」を減少させ、それによって金融当局は事後的措置を円滑に進めることが難しくなった。一方、免許価値の減少は銀行にリスク選択拡大の誘因を与え、それがモラルハザードを顕現させるという事情が重なったとしている。

　護送船団行政といういわば包括的なセーフティネットは、銀行の競争制限を前提として成り立っていたわけで、自由化によって崩壊しやすい脆弱性を元々持っていた。従来の破綻処理に伴う社会的費用は、銀行のレントの一部と銀行が金融サービスのエンドユーザーに付け替えることで最終的にはエンドユーザーの負担とによってまかなわれてきた。しかし、銀行のレント収入と負担との総合バランスが崩れた結果は、さらに巨額の社会的費用が国民全体の負担として浮上してきてしまったのである。

　現時点でのわが国の金融システム安定・維持のための銀行規制とセーフティネットには、集大成された明確な骨格と斉々とした理由付けがあるわけではない。泥縄的に制定された金融機関破綻の事前的、事後的処理対応策も、時限立法であるものが多い。護送船団行政という包括的なセーフティネットが消滅しした現在、わが国の金融システムは、その後の新しい次元における銀行規制とセーフティネットが真剣に議論され、早急に整備されなければならない状況に置かれている。

5　今後の銀行規制とセーフティネット

(1) 問題の所在と今後の金融システム

　これまでみてきたように銀行規制とセーフティネットの問題の所在は、銀行規制やセーフティネットそのものにあるというものである。銀行規制は、その存在が金融機関や金融システムそのものを逆に弱体化してきたし、セーフティネットの存在そのものが金融不安を引き起こす原因となった。

　2でみたように、20世紀の金融規制の体系は、米国において70年代のインフレを経験し、80年代の金融構造の変化を経て、政策のパラドックスを引き起こしてきた。それは20世紀が終わりに近づくにつれて、ますますその亀裂と大きな矛盾を呈してきたというものであった。

　セーフティネットが存在することによって、資本が毀損した銀行の経営者は、より多くのリスクを取ろうとするモラルハザードを起し、結果としてさらに大きな損失を抱え破綻に追い込まれる事態にいたることが分かってきた。この制度のメカニズムが有する欠陥が根本的に克服されないかぎり、銀行規制やセーフティネットは今後同じような苦い経験を繰り返すことになる。

　新しい21世紀の金融パラダイムの世界では、競争促進を基本にした金融システムを想定している。一方、各国は「市場中心型」金融システムか「銀行中心型」金融システムのいずれかに近いシステムを取っているが、「市場中心型」の米国における競争はますます激化することが予想され[32]、その競争圧力は確実に各国に伝播する。90年代に入り「日本版ビッグバン」により金融システム改革を行ってきたわが国をはじめ、英・独・仏など欧州諸国においても市場型システムを重視した改革が行われてきている。しかし、今後の金融システムについて、各国が米国型の市場を中心とした金融システムにかぎりなく近づいて行くことで、経済社会における金融仲介機関のウエイトが急速に後退していくとは考え難い。むしろ仲介機関経由の取引は増大しており、仲介機関は新たな機能を付加しつつ従来通り重要な機能を提供し続けるものと考えられる。こ

のことは、「銀行中心型」システムの重要性が変らないことを意味し、そのシステムを守る銀行規制やセーフティネットの重要性も変ることはない。競争促進を基本とする21世紀金融パラダイムの下では、金融システムの潜在的リスクは増大するため銀行をめぐるセーフティネット政策の重要性はむしろ増大するであろう。

(2) 問題克服の方策

過去の経験において、銀行規制やセーフティネットの存在が結果的に人々の経済的負担を増加させてしまったことから、セーフティネットの必要性そのものが根本的に問われることとなった。さらに今後競争が促進されるシステムの下では、リスクは高まり潜在的な金融システムの不安定性は増大する。また、金融業務の多角化が進み、銀行システムの安全性と健全性に及ぼすリスクが容易に解消できないとなると、それによる社会的コストは極力制限的でなければならない。制度設定の前提には、費用と効果の観点からの評価が不可欠であるが、最小の費用で最大の効果を上げることが求められる条件である。

また、民間機関の有する機能のみでは解決は不可能と考えられることから、国家の保証と国家権限に基づく強制力にバックアップされた機能が不可欠である。

完全なセーフティネット無用論は存在しないまでも、現在増加している多様な金融サービスを今後も規制し、保護していくのは非生産的で危険なことであるとして、コアの部分のみを限定的に国が保護すべきであるとする意見は多い。

セーフティネット政策の具体的な方策としていくつかの方策があるが、現状セーフティネット政策としては、早期介入政策を中心として預金保険制度との組み合わせが最も効果的と考えられている[33]。

既存のセーフティネット政策そのものがモラルハザードを引き起こし、金融の脆弱性の唯一の源であったとすれば、その欠陥を克服する方法としてどのようなものが考えられるのだろうか。

自己資本比率を基準にした早期介入の方法は最も代表的なものであるが、それは預金保険システムのリスク負担を抑制することを意図しており、銀行取り

付けやモラルハザードを抑制することでシステムの安定を図ることができるが、次のような欠陥があることをCalomiris（1999）は指摘している。①銀行規制当局が、資本不足を決定し規制を強制するものであること。②リスク分類については、銀行の裁量度合が大きく恣意性の余地が大きいこと。③それ自体では銀行資本をマクロ経済ショックから隔離することができず、外からの資本注入が必要となること。④BIS規制にもみられたように銀行の貸し渋りを誘発し、クレジット・クランチを引き起すこと、である。

一方、預金保険制度は、預金者が取り付けに走る過剰反応を抑制する効果があるが、預金保険のコストを最小化する観点からは銀行に対して銀行が取るリスクに応じた費用（保険料）を弾力的に負担させる必要がある。しかし、その前提になるリスク判断の基準設定の問題と、当事者の恣意的操作の問題が存在する。同時に、預金保険料率の設定が預金水準に影響を与え、銀行の預金水準の選択を歪めるという問題も出てくる。

以上これらを総合すると、銀行経営者のモラルハザード、銀行監督当局の判断能力の資質、リスク資産分類の複雑さと客観性の不足に集約される。望ましいセーフティネット政策とは、これらの問題点が克服されるような政策ということになる。これらはいずれも、市場の規律や市場の機能を活用することでかなりの程度解決されるものと考えられる。

銀行システムの安定・維持を図るためにセーフティネットに市場システムの有する規律やその他の機能を組み入れることは、「市場中心型」システムと「銀行中心型」システムの相互依存を示す一例でもある。

2で触れたCalomiris（1999）の提案は、今後のセーフティネット政策の方向を示しているとみられることから、その要点について考えてみたい。この考え方は、FDICIAにおいては政治的な理由で実現こそしなかったが、多くの支持を得たものであり、今回の第3次BIS規制の市中協議パッケージにもその方向が明瞭に示されている。銀行の負債額の一定比率の劣後債を常時発行することで、市場が劣後債の評価を行い、それが銀行経営者に規律を課し、銀行のリスクの取り過ぎを抑制するというものである。債券市場や銀行間市場（場合によって

は、国際金融市場）の規律は銀行規制当局の曖昧な決定基準や銀行自身の裁量に伴う恣意性の問題を解決する。預金保険制度は1つのセーフティネットのなかに組み込まれて、保険料の基準となる銀行のリスク分類も市場規律に連動させることも考えられる。

　また、マクロ経済ショックから銀行を切り離すことができない問題に対しては、別途方策を講じざるを得ないが、規制を緩和するか、資本注入の2つの選択肢のなかでは資本注入の方策を取るべきである。なぜなら、規制の適用を緩和することは制度そのものを脆弱にする危険性があり、一方資本注入することで、負のマクロショックが起っても銀行のリスクテイクの増幅を抑制することができるからである。この資本注入を一定のルール化し、セーフティネット政策に組み込んでおくことで、長期にわたる銀行貸出の安定化が図られ、貸し渋りの解決にもつながるというものである。

(3) わが国の今後のセーフティネット政策のあり方

　わが国の場合、長年にわたり金融行政を支配してきた護送船団方式が崩壊するまでは、健全経営規制やセーフティネットは実質的には機能していなかった。1996年に「日本版ビッグバン」が始まり、大手金融機関が破綻して護送船団行政は事実上崩壊した。わが国の真の金融セーフティネットはそこから始まったといえなくもない。預金保険制度のペイオフは、1997年に体制不整備の理由から2000年3月まで凍結されたが、その後ペイオフ解禁が1年延期され、2002年4月からとなり、その後紆余曲折を経て最終的には2005年4月まで延期された[30]。

　健全経営規制やBIS規制は、銀行法の改正も含めて早期是正措置として制度化されているが、もう1つの柱である預金保険制度はまだ本格稼働していない。他の国々から大きく遅れている状況にある。

　80年代後半以降、わが国で金融機関の破綻によって国が負担した金額は既に巨額に上っている。今後さらに追加的なコスト負担も予想される。この巨額の社会的コスト負担が発生した原因はあらゆる角度から検討されるべきである。しかし、わが国の場合、銀行規制やセーフティネットの制度が整備されていた

にもかかわらず巨額の社会的コスト負担を引き起こしてしまった米国の状況と同じ次元で論じることはできない。わが国の金融システムでは、セーフティネットが実質的に機能していなかったからである。金融規制当局の行動と銀行経営者のモラルハザードの問題に対する改善提言は出てこようが、セーフティネット政策そのものの改善の提言はそこからは出てこない。巨額の国民負担を反省材料として、今後の金融システムが展開する方向に添った銀行規制とセーフティネット政策が、金融規制当局の問題と銀行経営者のモラルハザードの問題への対応を踏まえながらデザインされていく必要がある。それには米欧諸国の経験、特に米国の経験から出てきた銀行規制とセーフティネット政策改革の議論はきわめて有益な参考材料となる。

先進国レベルでの銀行規制がBIS規制に反映され、わが国はそのBIS規制に先導される形で国内諸規制が追随している状況である。しかし、ここでも政策当局者や銀行経営者も含めて当事者がBIS規制を議論する過程で、問題点の認識のレベルを高める好機会になることは間違いない。

わが国の金融システムは、「銀行中心型」金融システムから「市場中心型」金融システムへ方向転換しようとしている。先に触れたように「銀行中心型」システムが急速に、一方的に大きく変化することは予想し難く、両システムは相互補完関係を強めながら共存していくものと考えられる。金融システムの安定・維持のための銀行規制とセーフティネットは、従来の諸政策と先進国での経験を踏まえた修正改革の考えを十分に参考にしつつ、わが国の実情に合った政策を構築していく必要がある。

(4) 今後の検討課題

銀行規制やセーフティネット政策が存在することによって、かえって社会的費用負担が増大するからそれらは必要でないという議論は暴論であろう。それらを必要としない金融システムの構築が可能ならよいが、現在のところそのようなマジックは存在しない。ただし、裁量の度合の大きい規制ではなく、できるかぎり客観的な公平性の期せるメカニズムを規制のなかに取り入れていくこ

とは重要である。

　金融取引が技術的に高度化・多様化し、ポートフォリオが複雑になった場合に想定されているプリコミットメント方式や独自モデルによる算出方式も、市場の規律と調和するかぎり許されるものである。このテーマの分析は未だ不十分であるが、この点も含めて次の諸点からのもう一段の検討が必要である。

①　銀行は一般企業とは異なった特殊な存在であるのか、一般企業と同じと考えるべきかは、銀行規制やセーフティネットと根本的に関係している問題である。

②　銀行経営者のモラルハザード問題は、80～90年代のわが国の銀行の行動について十分議論されるべきである。それまで銀行は、大蔵省の監視と種々の規制によってモラルハザードの誘因を抑止されてきた。その抑止効果が規制緩和によって一挙に薄れたとみるべきか。米国の場合、規制緩和を経て、現在は銀行を再規制する方向に変ってきている。

③　米国ではコーポレートガバナンスの考え方が強いが、各国もこの考え方を導入しつつある。銀行に規律を求める場合、コーポレートガバナンス機能に期待する部分は大きい。この機能と市場規律メカニズムを生かしたプログラムをデザインする必要がある。

④　明示的なルールに従う健全経営規制の導入と実施は、わが国の金融システムに不可欠であるが、健全経営規制のミクロからマクロへの観点での検討が必要である。

第6章

21世紀の銀行像

　1970年代以降米国に起った金融の変化の潮流は、世界に大きな影響を及ぼしてきた。わが国も例外ではなく影響を受けた。この変化の流れを踏まえつつ、これまでにまず金融仲介機能をレビューし、80年代以降米国における仲介機関そのものの機能変化をみた。次に通信・情報技術の進展や異業種からの銀行業参入が、これまでどのように金融に影響を与え、現在何が起っているか、今後どのような影響を与え続けるかをみた。そして市場の競争が銀行に与えた影響も大きく、市場と仲介機関との関係についてもみてきた。これらの変化は当然のことながら金融政策当局のプルーデンス政策にも大きな影響を与えてきた。しかし、銀行にとって解決しなければならない問題は多く、国際的な協調枠組みのなかでの努力によっても金融システム不安は払拭されてはいない。今後銀行が解決しなければならない挑戦課題によっては、銀行の姿も制約を受けることになる。

　本章ではこれらの検討を踏まえ、銀行の挑戦課題の対応をみた上で、銀行の将来像のアウトラインをイメージする。

　90年代の10年間、わが国銀行は、巨額の不良債権問題に縛られて思い切った将来に向けた新しい戦略を打ち出すことができなかった。この点他の先進国の銀行が取ってきた対応と比較すれば、きわめて特殊ケースのようにみられることがある。しかし、世界が否応なく新しい取り組みを進めているなかでは、わが国の金融と銀行は特別でいられるはずはない。

　先ず1では、金融の変貌のなかでも変らないものは、金融取引の核にある銀行と顧客の間のリレーションシップであり、それを基本とするリレーションシ

ップ・バンキングであることをみる。2では、金融の世界における競争促進がもたらす問題について、特に金融システムの安定に与える影響と集中の問題を検討する。3では、21世紀の銀行が直面すると考えられる4つの大きな挑戦課題についてみていく。これらを踏まえて4では、銀行業全般の将来の姿の特徴的な6つのポイントを指摘した後に、わが国の銀行の将来像の素描を試みる。ただし、この銀行の将来像に貫かれているキーコンセプトであるリレーションシップが、21世紀の経済社会において基本的に意味するところを再確認する。と同時に、それに基づいたわが国の金融アーキテクチャーをデザインする上で避けて通れないポイントを明らかにする。それらを5、6で論じることとする。

1　変るものと変らないもの ── 金融取引の核にあるもの

　1930年代以降、米国の金融システムは長期安定の時代を経て、70年代に入り金融構造が変化し始めた。金融システムが不安定の時代に入ったと考えられている。この間今日の金融システムを形造る原因となる力、金融構造を駆動させる基本的な力が作用してきたことは間違いない。金融仲介理論の観点からは、取引コストと非対称情報問題の存在である[1]。非対称情報の問題は、逆選択、フリーライダー問題やモラルハザードを引き起こす。そして、どの金融仲介理論も、市場の機能を妨げる摩擦が存在することから直接金融は不可能であるか非効率であり、金融仲介がこれら摩擦を克服するのに貢献しなければならないという仮定から出発する[2]。

　銀行および金融仲介機関は次の一部あるいは全てを統合し機能してきた[3]。
　① 預金契約を提供し、預金者の支払いニーズの時期の不確実性に対し保険を提供する。
　② 事業にファイナンスすることで、モニタリングの規模の経済を利用し金融のエージェンシーコストを縮減する。
　③ 同時に多数の企業や事業にファイナンスすることで、それらの企業や事

業を越えてリスク分散のための範囲を利用する。
　銀行はまたモニタリングや流動性提供機能から派生する商品として、顧客にアドバイスサービスや取引サービスを提供している。
　しかし、金融仲介機能が十分に発揮されるための前提には、銀行がレントを十分に得ていることと、市場や異業種などからの競争にさらされていない状況が存在している必要がある。また、金融仲介機能そのもののなかに解決困難な要因が存在していること、すなわち預金者の流動性ニーズに応えるに当っての不確実性への不安、銀行経営者のモラルハザードやマクロ経済ショックのような分散不能リスクの処理などの問題が存在することが分かってきた。
　一方、これまでの金融構造を形造る大きな要因であった取引コストや非対称情報の問題は、通信・コンピューター技術の進展によってその障害が軽減され、それが金融構造に大きな影響を与えるようになった。
　1970年代半ば以降、さまざまな要因が複合的に影響し合った結果、金融は大きな変化を経験することとなる。市場からの挑戦であり、金融のイノベーションである。金融仲介機関は大きな試練を受けることとなった。変化の20年の過程を経て、仲介機関の存在が磐石でないことが分かってきた。金利や為替のリスクの増大、規制緩和による競争の促進、通信・情報技術の進展、国際間のキャピタルフローの変化と増大、市場の影響や外部企業の新規参入、金融技術のイノベーションなどなど、これほどまでに大きな影響を受け止めるには金融仲介機関は必ずしも十分な機能と実力を備えてはいなかった。
　しかしながら、80〜90年代金融仲介機関の機能のウエイトはこの変化の過程でむしろ高まった。金融機関と企業、金融機関相互のリスクヘッジ、リスク移転取引の増大や金融機関の個人を対象とした資産運用の市場取引の仲介など、結果として金融機関と市場取引は増大した。IT技術の浸透と規制緩和によって情報コストや取引コストが軽減されたことで、個人の直接の市場取引が増加すると予想されたが、実際にはむしろ仲介取引の比率が増大した[4]。人々は直接市場取引で負担するコストより金融機関を通じて負担するコストを選択した。プロの有する情報や金融技術へのアクセスを仲介機関に求めたのである。金融

仲介機関は金融構造変化の過程で新たな役割を付与され、今後市場との相互依存関係をますます深めて行くことが予想されるようになった。

　また、先進各国は歴史的に形成されてきた固有の金融システムを有しており、金融構造は各々特徴を有している。市場取引がより大きなウエイトを占める市場型の金融システムを取っている国もあれば、銀行を中心とした金融システムを有している国もある。それぞれの国においてこれまでも金融システムは有効に稼動してきており、そのかぎりにおいて市場型金融システムと金融仲介型金融システムのいずれが優れているかを断定するのは難しい。今後金融システムを駆動させる力の変化が起ることで、市場型・仲介型の金融システムが影響を受けて変化することはあるだろう。

　しかしより確実なことは、伝統的金融仲介機関が果してきた仲介機能の中身のウエイト付けが変化しても、金融仲介の機能そのものは変らないということである。なぜなら、金融取引の基本前提には金融機関と顧客とのリレーションシップが存在するからである。このリレーションシップは、原始的な形態であると同時にすべての金融取引に共通する基本的なコンセプトである。顧客との間で長期の取引過程で形成されるリレーションシップは、市場取引におけるよりも仲介取引においてより重要な意味を持つ。すなわち、仲介機関機能とリレーションシップは不可分の関係にある。標準化された商品の売買で瞬時に損得が算出される市場取引に対して、顧客のニーズを踏まえ個別に作成された商品に特定期間に蓄積された顧客情報の評価を加えて取引過程を完結させる仲介取引は、リレーションシップそのものが反映される。銀行の金融仲介機能は、リレーションシップ・バンキングを基本とするもので、この機能は今後とも変ることのない金融構造を規制する大きな力の1つとして考えることができる。銀行の機能が要素分解される部分があっても、依然として残るものは、顧客とのリレーションシップを基本とした取引であり、リレーションシップ・バンキングである。

　金融システムの変化と将来の展望に当って、伝統的な金融制度や組織に基づいた見方に対して、機能的な視点（functional perspective）から考察する見方が存在する。金融の機能そのものは、実際にそれを具現している金融サービス機

関より安定的であること、および金融機関の形態は機能がどのように果されるかによって規定される、という2つの基本前提に基づいた考え方である[5]。最近の変化の激しい金融の世界では従来の制度的・組織的な視点に固執することは実態の把握をミスリードしてしまう恐れがあるというものである。

Merton（1999）は、金融システムの機能について、大きくは「資源の配分」という言葉に集約されるとしながら、より具体的に次の6つの機能を包含するとしている。すなわち、①取引を円滑にする決済方法の提供、②資源をプール化したり小口化する仕組みの提供、③異なる時間、地点、産業の間で経済資源を移転する方法の提供、④リスクを管理する方法の提供、⑤分散的意志決定の調整を助ける価格などの情報の提供、⑥情報の非対称性に基づくインセンティブ上の問題に対処する方法の提供機能である。

これらの機能的な視点からみれば、銀行や保険会社、証券会社などの区別は存在せず、金融サービス会社が存在するだけである。この機能的な視点は、IT技術が進展し産業にますます浸透している状況のなかで、金融産業全体がIT産業化していく姿を捉えるには適切な視点となる。

野村総研（2002）は、90年代米銀の各業務プロセスが分解・標準化（モジュール化[6]）され、その一部を市場横断的に外部の専業企業が担うような状況が顕著になってきたことを指摘している[7]。これは金融サービスのモジュール化が急速に進展していることを意味している。金融機能の要素分解は機能的視点を追求することで可能になり、モジュール化の進展と考えてよい。そもそもモジュール化は、金融以外の産業から発生したものであったが、サービス分野のなかでは特に金融サービス業界でこのプロセスが先行してきた。80年代新しい金融商品が次々と開発され、金融技術のイノベーションが起ったのは、このモジュール化の進展が寄与している。

米国銀行業界のなかでは、新しいビジネスモデルとして「業務プロセスのオープンアーキテクチャ化[8]によるビジネスモデルの組み換えとでも呼ぶべき」[9]大きな地殻変動が起っている。金融産業、なかでも銀行業界のIT産業化は大きな流れであり、今後ともさらに進展することは間違いない。銀行業務のオープ

ンアーキテクチャー化が進展し、銀行のアウトソーシング企業やモジュール提供者が入り乱れて領域獲得競争が起る。90年代米国銀行業界に広くみられたこのような動きが銀行のビジネスモデルを変えつつあるようにみえる。銀行産業においてモジュール化、オープンアーキテクチャー化が進展すると、かつてモジュール化がIBMを徐々に侵食していったように、最終的には銀行産業は革新的な産業によってメインフレームの市場シェアを奪われてしまってもぬけの殻になってしまうのだろうか。

しかし、それが銀行の基本的なビジネスモデルを根本的に変える駆動力となるかどうかは疑わしい。通信・コンピューター技術の進展とインターネットの出現によって、銀行の支店店舗はATMとパソコンに取って替わられて消滅し、戦略上大きな変換を迫られるというショッキングなメッセージが先走っていた。実情は顧客とのインターフェイスの関係が重要であることが認識されてきており、デリバリーチャンネルの位置付けのなかでかつての店舗主義的な考え方は修正されようが、営業拠点としての店舗の意義は再認識されてきていることなどは1つの例である。また、銀行産業に力が存続しているかぎり必要な周辺企業は買収され、銀行内に取込まれる可能性もある。

銀行・証券・保険・その他ノンバンクの各業界が相互に関係し合い依存し合うなかで、機能的視点に立った業界のモジュール化が進み、整理され、変化するであろうが、基本にある金融仲介の機能とその根幹にある機関と顧客のリレーションシップは変ることはない。リレーションシップに基づくビジネスモデル、リレーションシップ・バンキングは変らないと考える。これについては、後に5、6で論じることとしたい。

2　競争促進の問題

1970年代以降金融の世界が経験した変化の潮流は、長く続いた従来の金融構造と金融システムを大きく変貌させるものであった。なかでも金融技術のイノ

ベーション、規制緩和と競争の促進、リスクエクスポージャーの増大、証券化、グローバリゼーションなどは局面毎の変化の代表的なものである。

この変化のプロセスは現在も続いており、この進行が止まるという兆候は何もない。とすれば金融の変貌は今後どこに向かうのであろうか。21世紀の銀行像は、従来の伝統的な銀行の姿からどのように変化していくのだろうか。

Hellwig（2001）は、銀行や金融における変化のプロセスがまだ終っていないと判断する根拠として次の点を挙げている[10]。

① 為替や金利の変動幅が縮小することを示すものは何もない。

② 通信やコンピューター技術の改善が続き、組織化された市場やホールセール・バンキングは「地球村」に変り、リテール業務は電子ネットワークを通じた取引に向かう。

③ 企業にとって取引銀行の影響力を削減したい願望が存続することから、企業が銀行間の競争を仕向ける役割を果す。

④ 太平洋周辺諸国がさらに発展し、それらの国の金融機関が競争に貢献しつつ国際金融市場で活発なプレーヤーとなる。

また、上記の流れに反応しようとする動きが出てくることから、次の点が追加される。

⑤ 競争が促進、強化された結果、多くの銀行が競争に耐えられなくなり買収されたり退出することで集中の傾向が増大する。

⑥ 金融規制当局が失地回復のために権限拡大を組織化しようとする動きが存続する。

金融の変化のプロセスが今後とも継続することが予想されるなかで、好ましい変化と好ましくない変化が起り、結果として経済的厚生の拡大が妨げられるとすれば、その変化の成長度合は何らかの方法で速度を抑制する必要があるのだろうか。特に金融のイノベーションについて、80～90年代に爆発的に拡大・加速したが、今後さらに拡大と改善が続くのだろうか。

金融イノベーションの進展は今後も継続するが、イノベーションの速度はスローダウンするというMiller（1986）のような見方もある。すなわち、金融のイ

ノベーションは、1930〜40年代から引きずってきた非効率な税制や規制の構造が古くなった経済原理や政治的主張とともに時代の変化にそぐわなくなったもので、それはあたかも蛇が脱皮するようなものであったとしている。従って、今後進展の速度はスローダウンするが、終ることはない。特に不動産分野、国際市場間の競争や1日の取引時間をめぐる市場の競争など重要な領域におけるイノベーションの成長と改善は続くとみられている。

ここでは先ず競争の促進がもたらす問題、すなわち金融システム不安定への懸念と集中の問題をみてみよう。

金融産業における競争は、一般的に他の産業におけると同様に好ましいこととして受け入れられている。競争はコストを最小化する。銀行サービスの価格は、資源を有効に配分するように決まる。競争は効率を促進し、金融システムの利点を経済の他の部門に配分するというのがその理由である[11]。実際に欧州諸国やわが国の金融産業の政策的取り組みのなかで、金融の自由化政策をはじめ競争の促進を目指した政策が次々に打ち出されてきた。しかし、競争が常に好ましい結果をもたらすわけではなく、金融システムに与える問題点はこれまでも数多く議論されてきている。

先ず競争と金融システムの不安定化の問題について、競争の激化と金融システムの不安定は関係があると考えられている。米国の1970〜80年代の金融の自由化が銀行の競争を促進し、その結果収益が縮小し、それが銀行に大胆にリスクを取らせる行動に走らせてしまったという見方である[12]。「リスク移転か資産代替か（risk shifting or asset substitution）」の問題である。熾烈な競争に対応できず脱落する銀行は、他の機関に買収されるか破綻することで業界から退出するが、同時に経営者のインセンティブがより大きなリスクを取る行動に走らせ、金融システムを不安定にし経済的損失を過大にする可能性を有している。また、大きな銀行は外部ショックの場合でもリスクを吸収できる余地が大きいのに対して、小規模銀行の場合はリスクの高い行動を取るインセンティブがあり、それが金融システム不安につながる。

Allen and Gale（2000）は、競争政策と金融上の安定性には矛盾があるようだと

みている。少数の銀行が大きなネットワークを有している場合の方が、多数の銀行が地理的に散らばって孤立している状態より競争を促進する。また、競争の度合が低いほどより高い収益が得られ、それが外部ショック時にバッファーになり金融システムの安定につながる。この観点から、欧州の各国やわが国が金融分野において競争の促進を目指しているのは望ましいことなのか疑問を呈している。

次に競争と集中の問題について、競争は集中の度合を高めることにつながるのか、集中は銀行の運営を非効率にし、他の経済部門の利益を収奪することになるのだろうか。この点についても Allen and Gale（2000）は、上記の銀行の競争激化による利益の縮小とリスクテイクの関係は、銀行の預金者との契約によって銀行のインセンティブが歪められるからであり、この場合集中度が高くて利益水準が高いほどこの歪みは少なくなる。従って集中度の高い銀行システムの方が競争的な銀行システムより効率的であるとしている。

この集中の問題について、米国、英国とわが国の政策当局の現状認識および考え方を、第3章で競争の問題について参照した米国財務省報告書である Litan with Rauch（1997）、英国大蔵省報告書である Cruickshank（2000）、わが国の経済審議会報告書（1996）・懇話会報告書（2002）によってみてみよう。

米国の場合、集中化の問題は今日ほとんど問題となっていないが、集中化と過度の集中とは区別されるべきであるとしている。中小企業向けの貸し出しは地域色が強く集中度の程度が高いことは認めている。今後州際業務展開の進展でさらに集中化が進行することも予想しているが、これに対しても全国的な集中の進行を警戒する必要はないとする。「全国レベルでの統合化が進んでもそれがただちに必ずしも関連する市場で競合の度合いが低下することを意味するのではなく、従って金融サービスの利用者が不利益を被ることにはならないから」[13] というのが理由である。ここでは凄じい競争の世界が予想されておりながら集中の問題は懸念されていないが、他方で懸念する意見もある[14]。

英国の場合は、そもそも銀行と政府との暗黙の太い基本契約によってあまりにも大手銀行に集中の度合が大き過ぎるとして、むしろその分散こそが課題で

あるとしているのは米国と対称的である。銀行の競争と集中の問題は、従来からの政府と銀行の関係の見直すことからしか始まらない。銀行サービスにおける競争の促進に向けての重要な第一歩は「政府と銀行業界との関係に新しい政策枠組みを設定することにある」[15]として、多くの改善を提言していることはすでに第3章でみた通りである。資金決済サービスでは、少数の大銀行によって支配されており非効率がはびこっている。中小企業向け銀行サービスは、資金決済にみられる状況と個人のリテール市場の状況との中間にあるが、その供給は少数の大銀行に支配されて市場集中が個人顧客向けサービス分野に比べると高くなっていることを指摘している。

　わが国の場合、金融改革後の集中化の問題意識はきわめて希薄である。経済審議会報告書（1996）は、競争促進に主眼が置かれており、集中の問題はほとんど考慮されていない。競争政策上金融業を特別扱いする必要は全くなく、金融部門についても引き続き公正取引委員会が担うとしているだけである。懇話会報告書（2002）にいたっては、市場監視体制の強化に関して市場の信頼を維持するための監視体制の強化に触れているのみで集中の問題意識は窺われない。英国の政策的意向が、現存する銀行の集中の問題を解きほぐすことから始まるとしている分析の深さと対称的である。わが国の銀行の集中の度合は、英国ほどではないにしても大手銀行の集中は高い方であろう。わが国の金融システムの将来にとって、どの程度の銀行数と集中度合いが望ましいか議論されることはない。集中度が高い方が銀行の安定にとって好ましく、金融システムの安定にも貢献するという理由が理解されているからであろうか。地銀の再編成の問題も、銀行数や集中の問題と併せて議論されるべきで、銀行中心型の金融システムを取る欧州諸国の実態も参考にされるべきであろう。英国におけると同様、今後集中の問題は検討課題として残る。

　米国も欧州諸国もわが国も競争促進政策を取っており、一方で金融の革新の進展と取引規模の拡大進行がとどまる兆候はない。だからといってこの動向の先行きを懸念し国際的協調の枠組みのなかでそれを抑制しようという兆候もない[16]。

　金融システムの動向は、今後の世界経済の方向と無関係ではない。むしろ金

融の機能はそのなかで大きな役割を果している重要な位置付けにある。冷戦終焉から始まったグローバリゼーションの深化・拡大の方向は、今後若干のブレーキがかかる可能性があるにしても、従来進んできた市場志向型経済システムを中心に世界の貿易・金融のインフラの統合が進み、IT活用の成果も高まり富の創出が進むというシナリオの延長線上にあると考えるのが妥当であろう[17]。そこでは競争は激化し、世界は市場や産業条件の急速な変化にさらされる。わが国経済もわが国金融も、その流れのなかで解決策を見いだしていかなければならない。

3 銀行の挑戦課題

次に、今後銀行と金融機関が変化するなかで、Hellwig（2001）が銀行の挑戦課題として、銀行マージンの低下、リスクマッチング、システミックリスク、ユニバーサルバンキング化の4つを指摘している点を中心にみていくこととしたい。

第1に、銀行マージン低下の問題である。

銀行のマージン低下は、規制が緩和され競争が導入・促進されたことで既に起っている現象である。かつて銀行が享受してきたレントは期待が難しくなってきており、そのための対抗策も既に模索されてきている。銀行間、金融機関の間で競争が激化すればさらに仲介マージンの侵食が進行することから、銀行業務の価格構造は変化せざるを得ないだろう。例えば、最近の取引規模の拡大、取引量の急成長は、裏を返せばマージン縮小を反映しているとみることもできる。「われわれが今日みている金融活動の拡大は、強さよりも弱さの兆候であるのかもしれない」との見方もある[18]。新しい情報処理とコミュニケーション技術の導入が、縮小しているマージンをほとんど排除してしまったのではないかというのが理由である。

銀行が金融仲介マージンで経費をカバーできないとなれば、その他のサービ

スに対する手数料収入に頼らざるを得なくなる。すなわち、金融の提供者からサービスの提供者としての手数料収入への転換が1つの可能性の方向である。

この課題への挑戦は、米銀の場合着々と対応の手が打たれてきた。第1章、第2章でみたように、銀行の終焉論が議論された90年代初、FDICIA後の銀行の戦略的な方向付けを模索した米銀にとって、90年代は新しい戦略取り組みと実践の10年であった[19]。熾烈な競争と戦略的ビジネスモデル構築の激動の10年でもあった。図表6-1は、90年代10年間の大手米銀の構成変化を示すものである。

欧州諸国やわが国の場合も、米銀におけるほど厳しい競争は経験していないが、銀行と企業との取引関係においてその対応は徐々に進行しつつある。

第2に、リスクマッチングの問題である。

銀行のバランスシートのリスク構造に関するもので、要求払い預金や貯蓄性預金として受入れた銀行の負債サイドは、市場動向によって金利・株式・債券価格が変動する資産サイドのリターンとはマッチしておらず、リスクにさらされている。すべてのリスクが十分に分散されるならば無視することができるが、

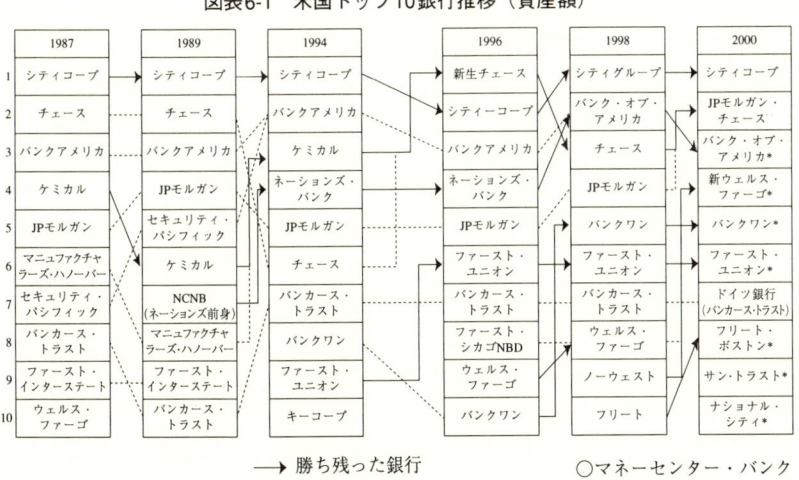

図表6-1　米国トップ10銀行推移（資産額）

	1987	1989	1994	1996	1998	2000
1	シティコープ	シティコープ	シティコープ	新生チェース	シティグループ	シティコープ
2	チェース	チェース	バンクアメリカ	シティコープ	バンク・オブ・アメリカ	JPモルガン・チェース
3	バンクアメリカ	バンクアメリカ	ケミカル	バンクアメリカ	チェース	バンク・オブ・アメリカ*
4	ケミカル	JPモルガン	ネーションズ・バンク	ネーションズ・バンク	JPモルガン	新ウェルス・ファーゴ*
5	JPモルガン	セキュリティ・パシフィック	JPモルガン	JPモルガン	バンクワン	バンクワン*
6	マニュファクチャラーズ・ハノーバー	ケミカル	チェース	ファースト・ユニオン	ファースト・ユニオン	ファースト・ユニオン*
7	セキュリティ・パシフィック	NCNB（ネーションズ前身）	バンカース・トラスト	バンカース・トラスト	バンカース・トラスト	ドイツ銀行（バンカース・トラスト）
8	バンカース・トラスト	マニュファクチャラーズ・ハノーバー	バンクワン	ファースト・シカゴNBD	ウェルス・ファーゴ	フリート・ボストン*
9	ファースト・インターステート	ファースト・インターステート	ファースト・ユニオン	ウェルス・ファーゴ	ノーウェスト	サン・トラスト*
10	ウェルス・ファーゴ	バンカース・トラスト	キーコープ	バンクワン	フリート	ナショナル・シティ*

→ 勝ち残った銀行　　○マネーセンター・バンク
⋯⋯ 吸収された銀行　　＊スーパー地銀

出所：箭内（2002）pp.80-81

マクロ経済ショック、銀行業全体に影響を及ぼしかつ経営者にとっては外生的ショックのようなリスクは分散が困難である。中間マージンが低下し、銀行や金融における競争激化が継続するとなると、銀行がかつてのように一定期間にわたって分散不能リスクを予測したり抱え続けることは困難となる。競争の激化が続くならば、銀行業界は今後これまでよりももっと多くの危機を経験することになる可能性がある。

Doitripont and Tirole（1994）は、リスクアンマッチングによる収益の毀損が銀行経営者に過剰なリスクテイクのインセンティブを与えるとし、マクロ経済ショックのような分散困難なリスクは、国がそれ相応の資本注入などを行うことを正当化している。また、銀行の経営者のコントロールできない確率的事象から起るリスクから経営者を隔離すべきであるとするインセンティブスキームの観点から、BIS規制のような一律最低自己資本比率規制ではない、相対的自己資本比率に基づく資本再構築のための何らかの措置が必要であるとしているのは第5章でみた通りである。

第3に、リスク管理とシステミックリスクの問題である。

金融工学の観点からすれば、市場性のリスクはデリバティブ取引によって完全に分散することができる[20]。しかし、デリバティブによって市場でリスクヘッジしたカウンターパーティはさらに次のカウンターパーティと取引している可能性があり、第2、第3のカウンターパーティというように次々と広がっていく可能性もある。これらのカウンターパーティの信用情報については知る立場にないし、入手するのもほぼ不可能である。銀行は第3者にリスクを移転することで破綻の可能性を直接排除することができるが、それは銀行が信用リスク、第3者リスクや決済リスクにさらされないかぎりにおいてのみ可能である。異なったカウンターパーティ・リスクは、市場参加者の間で相互依存関係にあり、1人の当事者のデフォルトは他の当事者のポジションを弱め、それが連鎖反応を呼びシステミックリスクを引き起こす。問題は、市場参加者の間で市場リスクがほぼ完璧な形でマッチングし、リスクエクスポジャーがほぼゼロになるとしても、リスクのいくつかが最終的に家計に移転されないかぎり、リスク

に対するシステム全体のエクスポージャーは何ら変らない。個々の銀行は、リスクとポジションをグロスポジションで管理しているが、金融システム全体の見方からすると、金融機関・市場と家計・企業の世界とのネットポジションで考える必要がある[21]。これは大きな潜在リスクを包含する問題であるにかかわらず対応は何もなされていない。

第4に、銀行の領域の非専門化（ユニバーサルバンキング化）の問題である。

米国における商業銀行と投資銀行の分離と、ドイツにおける銀行に代表されるユニバーサルバンキングの制度的比較検討である。いずれが今後の金融システムによりよく耐えられるか、あるいはより適切な制度であるかの問題は、1999年米国のGLB法が成立して以来、あまり重要な問題でなくなったように思われる。商業銀行業務と投資銀行業務の分離によって次のような問題があることが指摘されている[22]。

① 分離の存在は、預金者から債券や株式の引き受けに関わる大きなリスクを隔離している。

② 分離の存在は、金融仲介マージンが下落したときに経費のカバー問題を悪化させる。

③ 専門化した銀行システムは、銀行間取引を必要とする度合が大きいが、このことは金融システムの真のエクスポージャー把握を困難にする。

また、これらのメリット、デメリットは、上記第1～第3の問題に比べれば、重要性は低いと考えられる。②に関して、仲介マージンが縮小しつつある状況に対応して世界の大手銀行が既に投資銀行、証券業務部門を合併・買収などにより統合しているのはこれが1つの理由である。

次に上記挑戦課題の順に、どのような銀行の対応が考えられるかをみることとしたい。

第1の銀行の仲介マージンの低下の問題については、銀行の貸し出し以外の方法で収益を確保する道を開拓すること、貸し出し以外の金融サービスによる手数料収入を増加させる方策を具体化することである。1990年代初に「銀行の終焉」が叫ばれ[23]、銀行の貸出比率やマージンの低下がいわれた時以来の問題

意識で、既に米銀が90年代にこの対応努力をしてきた課題でもある。米銀は、証券業務や投資銀行業務への進出拡大とIT関連投資に注力し、徹底した専門業務の深化を図ることで新規分野を目指し、競争力強化に取り組んできた。現在ある米銀の姿は、彼等の経営努力が報われていることを意味している。もともとユニバーサルバンキングが可能であった欧州の一部の国やそうではなかったその他の国においても、今後金融規制の撤廃・緩和によって進む方向としては、証券、保険などの業界の垣根を取り払った業務分野への相互参入が活発化することであろう。

第2のリスクマッチングの問題については、デリバティブなど金融工学の手法・技術を駆使することで、かなりの部分アンマッチングリスクの回避が可能になってきている。この部分の技術の深化はさらに進むことが予想されるが、それらの技術をフォローし自らと顧客のために駆使できる能力を有する機関と、その水準に達しない機関の二極化が生じるであろう。これは避けられない現象で、これまでも例えば為替取引や証券のディーリングのような高度の情報と技術を要する分野では、能力ある機関とその水準にない機関が並存してきた。銀行間における技術の質・性能の競争力の格差は当面とどまることはないだろう。

分散不可能リスクとみられていた個別中小企業ローンなども、モジュール化・標準化が進み、米国ではクレジットスコアリング・モデルが利用され始めており、一部で証券化されるところまでになっている[24]。制度的バックアップとして、米国における「中小企業向けローン証券化・市場強化法」（Small Business Loan Securitization and Secondary Market Enhancement Act）のような立法措置が挙げられる。

第3のリスク管理とシステミックリスクの問題は、金融システムの安定にとってはきわめて深刻な問題を投げかけている。というのは、この問題の存在が長期的にみると他のすべての成長を阻害する恐れがあるからである[25]。第2、第3のカウンターパーティの信用リスクを真剣に検討することなく、リスク移転が次々と行われた結果は、網の目のごとく相互依存関係にある銀行間市場でほぼ完璧なリスクヘッジが行われたとしても、市場の外部とのリスクヘッジが

行われないかぎり銀行間全体のリスクポジションは変らない。相互リスク移転取引が膨張すればするほど不安定の度合は高まることになる。かつて米国議会でデリバティブ取引の拡大を懸念する議論が行われたことはあるが、現状はこれへの対応策は何もない。銀行がこのシステミックリスクの可能性を認識して自ら取引を抑制することはしない。

Hellwig (2001) は、これらの銀行が抱えるリスク対応に現在の自己資本比率規制が問題解決できるとは考えられないという。銀行の資本勘定はバッファーとして役立つが、そのバッファーが使い果されたときに何が起るか明らかでない点に警鐘を鳴らしている。BIS規制では不十分で、国際協調の枠組みのなかで政策当局により検討されるべき重要課題である。

第4の銀行のビジネス領域の非専門化の問題は、世界の大手銀行は既にこの方向に走り出している。米国におけるシティバンク、JPモルガンチェース、欧州におけるドイッチェバンク、UBS、HSBCなど今後この流れはますます強くなっていくことが予想される。

最近米国において、シティバンク、JPモルガンチェース、バンクオブアメリカなどの銀行行動に対する批判が出てきている[26]。商業銀行業務と社債の引き受け・販売などの投資銀行業務を結びつけた「タイイング」の商習慣に対する批判である。GLB法により商業銀行と投資銀行業務の垣根が撤廃されたのはよいが、この点は懸念されていたところでもある。銀行持株会社法は、銀行が融資の見返りに他の業務を受託させるよう求めることを禁じているが、具体的に明確な一線を引く規律が厳しく要求される。銀行業務分野と証券業務分野の収益を統合し、顧客とはあたかも収益を共有するかのごとき持ちつ持たれつの関係を維持することは、リレーションシップを基本とした仲介的機能を発展させる要であるだけに、厳格な規律が必要である。2001年のエンロン破綻から2002年に起きたワールドコム、ゼロックスなど大手企業の一連の不正会計事件は、米国資本市場モデルの欠陥を露呈したもので、行き過ぎた自由化で資本主義の暴走を許したとの批判もある。銀行と証券融合のビジネスモデルの今後のあり方について大きな示唆を与えるものである。

4　銀行の将来像とわが国の銀行業

これまでさまざまな側面から金融がここ30年ぐらいの間に大きく変貌してきた現実の姿と、その変化を駆動させた基本的な力が何であったかを中心にみてきた。これを踏まえると銀行が今後どのような方向に進んでいくのかは、自ら見えてくる。21世紀の銀行像をイメージするに当っては、次の点が核になってそれらの組み合せが現実的な姿のヒントを与えてくれる。

①　業務分野の規制がほとんど無くなっていることから、銀行を中核とした証券、保険、その他金融機能を併せ持った金融グループが形成され、それが多様化した金融サービスを提供する。

②　競争が促進されることから、銀行の新規参入と退出が従来より活発になり、中小規模の銀行も含めて引き続き再編成が予想される。

③　金融のグローバリゼーションが引き続き進展するシナリオのなかでは、資産規模、収益力、金融技術力、金融サービスに競争力のある銀行（金融グループ）のプレゼンスが世界の多くの市場で大きくなり、競争力ある米欧の大手金融機関とその他との格差が広がる可能性がある。

④　通信・情報技術の進展が続くことから、それらを活用したビジネスモデルの開発が相次ぐ。銀行は情報産業化の戦略に注力し、収益機会を追求する。IT技術の観点からは、ホールセールビジネス分野の「金融技術バンク」、リテールビジネス分野の「顧客サービスバンク」と「その他金融周辺サービス会社」への方向付けが徐々に鮮明になる。

⑤　市場間の競争が熾烈化すると同時に、銀行間の競争も熾烈化するが、銀行と市場とは相互依存関係を強めていき取引量が増大する。銀行の伝統的な仲介機能のウエイトは減少するであろうが、新しい仲介取引が拡大する可能性が大きい。

⑥　デリバティブなどの金融技術革新の進展が継続することが予想されるが、銀行・市場と外部の家計のリスクポジションをネットポジションで管理する

対策がないため、システミックリスクに対する不安は放置される。また、分散不能リスクに対して分散技術が徐々に開発されていくが、根本的な解決策の検討は進まない。BIS規制については、自己資本比率規制の範囲内でさらに技術的なリスク管理の深化が行われるが、それ以上のリスク対策は国際協調の枠組みのなかでも行われそうにない。

　各国が現に有している金融システムの構造は、歴史的に各国固有の事情によって発展・形成されてきたものも多く、金融の変貌と展開がある1つの流れに方向付けられているとしても、銀行の将来像が単純なシンプルパターンに収斂されることはあり得ない。競争的な米国の市場型金融システムが、欧州諸国やわが国の銀行を中心とした仲介機関型金融システムより優れており、競争力があるとは断定できないからである。

　ただ世界の大方の選択が、グローバリゼーションを受け入れ、その深化・拡大を期待するシナリオの下では、各国が金融の変貌を経験してきた大きな流れの方向のなかで、最も適した効率的な金融アーキテクチャを構築していく必要がある。金融システムは自然発生的に生成するものではなく、金融機関経営者の戦略的意志と政策当局のバックアップにより徐々に形成されていくものでもある。銀行の将来はそこに描かれる。この取り組みの点では、90年代の米欧の大手銀行の取り組みとその実績に比して、わが国銀行はかなり出遅れてしまったことは認めざるを得ない。

　それではわが国銀行の将来像はどのように描かれるのだろうか。最後にわが国の銀行の将来の姿をみていくこととする。

　現時点では、わが国銀行の可能性を大きく制約している2つの問題が存在している。

　すなわち、①銀行の不良債権問題と、②わが国の特殊な金融システム上の問題（銀行の巨額の株式保有、郵便貯金やその他の公的金融機関のプレゼンスの問題など）である。これらの問題が存続するなかでは将来のビジネスモデル構築に向けた取り組み意欲は減殺されてきた。

　大手銀行の不良債権比率は、2002年10月の「金融再生プログラム」において

2004年度末までに半減させこの問題の終結を図ることが政府方針として明らかになっている。郵便貯金の問題は郵便公社化→民営化のシナリオの展望が開かれつつあり、公的金融機関の業量縮小→民間移行の方向にもある。銀行の株式保有の問題も銀行株式保有制限法の制定と株式保有機構の対応も行われた。しかしながら、これらの問題解決までには時間がかかるのが懸念される。

一方、懇話会報告書（2002）によりこれまでの銀行中心の金融システム（産業金融モデル）から、市場金融モデルへの移行を指向する「市場機能を中核とした複線的金融システム」が、わが国金融の将来ビジョンとして示されている。価格競争メカニズムの機能する市場を通じた金融仲介が主導するシステムへの移行である。

わが国銀行は、金融ビッグバンと再編成を経て新しい土壌でのビジネスモデルの構築に戸惑っている状況にある。大手銀行と地方銀行に分けてその抱える問題とその方向を探ってみたい。

21世紀突入前には10行以上を数えた大手銀行が、5グループに再編成された。しかし、統合された新銀行の戦略的意図が未だに見えてこないのは、不良債権問題とその他の足枷の存在が銀行に新しいビジネスモデルを描かせないまま時間が経過しているからである。

リテールビジネスについては、従来のビジネスモデルの延長線上に位置付ける展開が容易であることから、その流れのなかでサービスの多様化が徐々に図られつつあるようにみられる。これに対してホールセール取引の領域においては、核になる戦略的ビジネスの十分な位置付けができていないように思われる。伝統的な貸出業務に加えて、アドバイス業務、コンサルティング業務、金融技術を駆使したリスクヘッジ・リスク移転業務などの投資銀行業務への対応も不十分であることから、本格的なビジネスモデルの構築にまでいたっていない[27]。

地方銀行とその他の地域金融機関の場合、90年代には破綻する機関数は増加し、統合されたり消滅した信用金庫・信用組合の数も著しく増えた。しかし、地方銀行とその他の地域金融機関の基本的な規制の枠組みは従来とほとんど変っていない。政策当局の意図としては、統合や再編成の促進にあるようにもみ

られるが[28]、遅々として進んでいない。今後の展開としては、都道府県や地域の枠組みを越えた銀行の統合が進み、スーパーリージョナル・バンクの誕生も考えられる。強力なリレーションシップ・バンキングを基軸としてきた地方銀行やその他の地域金融機関の場合、業務を顧客の資産運用の領域に拡大することで取引拡大にますます真価を発揮する可能性がでてくる。ニッチマーケットを担う個性ある銀行が多数出現することがダイナミックな展開には不可欠で、地方銀行やその他の地域金融機関にユニークなサービスや商品の提供が期待される。

　大手銀行も地方銀行も同じような機能を果す必要はない。高度の金融技術を駆使して新しい商品開発を行い、リスクヘッジ・リスク移転や債権証券化などを手がける能力水準にある銀行は、次々と製品を発信し銀行間のデリバリーチャンネルを通じて提供し手数料収入を高めればよい。その技術水準にない銀行や地域金融機関などは、潤沢に吸収した預金資金をあたかも機関投資家の立場のようにこれらの商品を購入・投資し資金を提供していけばよい。この分業的な銀行間のネットワークは、わが国の銀行は既に外国為替取引において経験済みであり、成功してきた方式である。地域金融機関にとっては、伝統的な金融仲介機能に加えて、新しいパターンの貸し出しや資産運用の機会が増加する。そのためにも大手銀行の商品開発能力、投資銀行機能の強化が不可欠となる。また、個人・家計向けに提供する商品の系列としては、①株式、債券、保険など市場の規格化された商品、②大手銀行が直接開発した商品、③大手銀行が開発した商品を購入した地域金融機関が個人向けにさらに加工・小口化した商品が考えられよう。

　預金受入れから貸し出しにつながる単純仲介パターンから、証券投資運用やその他アドバイス業務など取引やサービス領域が拡大し仲介の中身は変化しても、リレーションシップ・バンキングの基本的構図は変ることはない。今後銀行間の競争の激化と金融システムの安定を展望すると、むしろリレーションシップ・バンキングを基本とした業務の展開がより望ましいと考えられる。

　90年代米国の銀行は激動の時代・再編の時代を経験し、今日の地位を確立した。銀行時代の終焉といわれた銀行不調の時代、不良債権処理とその後のIT

戦略への取り組みなど、米銀経営者は生き残りをかけた凄じいまでの経営努力を行なってきた。欧州諸国やわが国の銀行経営改善への取組みの強烈さの度合は、バブル崩壊の不良債権処理を除いては米銀との比較では劣っているようにみえる。

欧州の場合、銀行の競争の緊張度合は米国ほど強くはない。銀行中心型の金融システムを取ってきたこととも関係あるが、銀行の集中度が高く市場からの競争もそれほど強くなく、金融システムが比較的安定してきたことと関係している。市場型の金融システムのウエイトが高いとみられる英国の場合でも銀行の集中度が非常に高く、Cruickshank（2001）もこの点警鐘を鳴らしていることは先に触れた。わが国はドイツ、フランス、イタリアなどと比べれば市場取引規模は大きいが、同様に銀行中心型の金融システムを取っている。銀行のウエイトは高くその点では欧州諸国に近い。今後の金融の展開、銀行戦略取組みに当っては、米銀の戦略と並行して欧州の銀行戦略に学ぶべきものが多いように思われる。米国の金融レベルはわが国より先を行っており、その戦略をそのまま持ち込んでくるには無理がある。米国より一歩遅れた、銀行の集中度の高い欧州の銀行の今後の戦略が、わが国銀行により現実的な示唆を与えてくれるように思われる。

わが国の世界第2位の経済規模や個人の金融資産残高は、それだけ巨大な市場が存在していることを意味している。決済システムを銀行がほぼ独占し、資金の流れを仲介し、中堅・中小企業貸出やリテール取引などの一番近いところに存在し続けているのは銀行であり、金融取引に一番長い経験を有しているのも銀行である。今後外国資本の参入や異業種からの参入によって銀行のマーケットシェアは確実に侵食され続けるであろうが、依然として最も有利な立場にいるのは銀行である。今後の新しいビジネスモデルの構築が期待される。

今後あらゆる金融サービスの提供と利用がオープンとなり、さまざまな機能を持った機関が金融の分野で銀行と共存することになろう。そのなかで銀行は、リレーションシップを中心とする顧客との堅固な取引基盤を有している強みをさらに生かして、収益基盤を安定させて行く必要がある。銀行の安定が金融シ

ステムの安定につながり、経済全体の発展につながるからである。

5 リレーションシップ・バンキングの考え方

　ビジネスにおける顧客とのリレーションシップは、すべてのビジネスに共通の基本的要素である。金融取引においても同様に、リレーションシップはきわめて重要なコンセプトとして位置付けられる[29]。歴史的には銀行取引はこの銀行と顧客の間のリレーションシップを要にしたリレーションシップ・バンキングが全てであった。現在でも預金取引においても、貸出取引においても、基本にはリレーションシップが要として存在することには変りはない。市場で形成される価格によって瞬時に損得が算出される市場取引においては、リレーションシップは対称的に希薄である。

　ここで金融機関が関わる顧客とのリレーションシップの分類として、2つの形態を包含していることを確認しておく必要がある。

　1つは、金融仲介機関の代表である銀行の取引における顧客とのリレーションシップであり、そこで展開される取引が伝統的な意味でのリレーションシップ・バンキングである。今1つは、市場取引を目的とする金融仲介取引における顧客とのリレーションシップである。金融規制の緩和・金融取引の自由化の進展により銀行取引の業務範囲が拡大し、資本市場など市場経由の金融仲介取引が増加し、金融仲介機能の中味が変化してきていることは第4章を中心にみてきた。欧州諸国においてもわが国においても、今後この傾向は続くとみられる。伝統的なリレーションシップを基盤とする銀行の金融仲介は、市場経由の金融仲介とある程度代替的であると考えられるからである[30]。

　わが国の銀行の業務範囲は、日本版ビッグバンを経て大手銀行を中心とした金融グループ再編成の後、金融持株会社の下に銀行、証券会社、信託銀行を保有する形で一挙に拡大した。そこでの顧客とのリレーションシップは、従来の伝統的な銀行業務を越えて証券業務・信託業務などにおける顧客とのリレーシ

ョンシップを包含するものとなった。換言すれば、それは新しいリレーションシップ・バンキングの誕生であり、銀行の視点からは金融取引を統一的に把握するコンセプトを提供する。

　金融仲介機能は、このリレーションシップが有する利点と不可分の関係にあるが、ここで再度確認しておきたい。これを2つの側面から次のようにみることができる。

　第1の側面、非対称情報の観点からすれば、銀行にとって顧客（借手）のより的確な情報をもとに適正なリスク判断と価格設定を行うためには、できるだけ長期のリレーションシップが効果的である。情報の蓄積がさらに顧客との関係を安定させる。銀行のモニタリングの視点からは、大企業の場合と中堅・中小企業の場合とではリレーションシップの度合は後者に力を入れるインセンティブがある。大企業の場合は財務データなど情報のディスクロージャーがより大きいからである。地方銀行や小規模銀行においてリレーションシップ・バンキングの重要性が強調されるのはこのためである。しかし、企業経営者の重要な戦略的方向性など長期的に安定した堅固なリレーションシップを通じて初めて伝えられる情報も存在しており、これは中堅・中小企業にかぎったものではない。

　リレーションシップ・バンキングの絡みでは、わが国特有のものとみられているメインバンク関係がある。メインバンク関係は「メインバンク制」として、わが国銀行システムのなかに構造的に組み込まれた特徴的なもので、戦後わが国経済の発展に大きな貢献をしたとして評価されている。複数の銀行との取引が存在する場合、主として取引する銀行であり、その具体的内容として融資シェア・株式持合比率・総合メリット取得が最高位、役員や人材の派遣、経営困難時には大口債権者としてイニシャティブを取り企業再建に努め、倒産時には融資シェア以上の損失を負担する、というのが一般的な理解である[31]。

　このようなメインバンク制の一般的な評価に対して、堀内（2002）のようにメインバンク関係は、金融仲介の特別な形態ではないとする見方がある。銀行の最も重要な機能は、借り手企業との取引関係のさまざまなレベルで実行する

モニタリングであり、モニタリングは銀行と資金調達企業の間に継続的・固定的関係を生み出す傾向が強いもので、このようなモニタリング機能がわが国の銀行制度に固有であるわけではないというものである[32]。

銀行と顧客のリレーションシップの観点からみれば、メインバンク関係はリレーションシップの1つの特殊形態で、ドイツのHausbankも同じような形態として位置付けることができる。

第2の側面は、異時点間の収益の平準化の観点からのもので、顧客との長期的に安定した関係をベースに取引期間のなかで収益の平準化を顧客との間で行うことで、より堅固で安定した関係を築くことができる。確実なレントが期待できなくなった銀行は常時収益が安定しているわけではなく、顧客側も同様である。銀行と顧客の相互の利益共有的な考え方からすれば、苦しい時に相手方から支援を受けるチャンスは双方に存在する。また、顧客に対する銀行側の対応としては、銀行部門の収益のみならず、証券部門、その他部門の収益を共通プールにすることが重要である。部門間の競争と厳格な収益管理や短期的な収益優先主義が、各部門の機能の相互作用を見失わせ、リレーションシップの効果を希薄化させないようにするという意味である。

リレーションシップは、銀行がモニタリングのために意図的に一方的に長期固定的関係を望んで形成されたものではない。もともと銀行取引の最初から存在していたものである。リレーションシップの基本にあるものは、相互信頼であり、Fukuyama（1995）が「自発的社交性」[33]と「信用」の関係のなかで強調するキーコンセプトに通じるものと考えてよい。

Fukuyamaの主張は、「歴史の終り」後に何が繁栄の鍵を握るかの問いに対する答えとして、「自発的社交性」に富み、より強い暗黙の「信用」関係が成立する社会でこそ企業も市場も大きく発展すると主張する[34]。Fukuyamaが社会学者コールマンの「社会的資本」を説明するなかで、「人的資本の一部は人が互いに協調する能力に関係があり、協調能力はそれぞれでコミュニティが価値と規範をどの程度まで共有しているかによって、また個人の利益をどの程度まで集団利益に従属させることができるかによって決まるが、こうした価値の共有から

信頼は生じる。それが重要な経済的価値を有する」としているが、そこに想定される基本コンセプトは信用であり、リレーションシップである[35]。

銀行の取引関係の具体的な場面でいえば、例えば次のようなケースが想定される。銀行は現在設備投資資金を支援してくれているが、次回の新規設備投資を行う時にも必ず支援してくれるという顧客側の信頼である。銀行とは現在は条件的にあまり好ましいとはいえない取引が続いているが、やがて銀行が収益的に安定してくれば必ずよい条件を呈示してくれるという信頼である。一方、銀行は魅力的な条件が呈示できていないが、他の金融機関の条件が魅力的であっても顧客は安易に乗り換えないであろうという信頼でもある。

今後傾斜していくであろうサービス産業社会やデジタル・ネットワーク社会において、より効率的に作用するためには、「高度の信頼と共通の倫理的な行動規範」が存在しなければならないことは、Fukuyama（1995）も山崎（2003）も強調するところである。金融は、サービス産業のなかでも医療、教育、各種コンサルタント業務などと並んで主要な分野に位置付けられており、リレーションシップやその基本にある信用・信頼あるいは共通の道徳的義務がますます重要なものとなる。

しかし、それでは近代の契約制度や商法などによる法的枠組みだけで解決できない問題は、高度信用社会が解決を可能にするかとなると、それですべてが解決するわけではない。新しいリレーションシップ・バンキングが金融システムの抱える問題点を解決する万能薬ではない。市場取引に存在する欠陥や、市場と仲介機関が競合する場合に起る仲介機関の弱点などに対しては、堅固なリレーションシップの存在が非常に重要であることをみてきたが、市場と仲介機関は両者が存在することで相互に依存し、一方の存在が他方の健全な成長を促すというものであった。これは、Fukuyama（1995）の含意、「ゲマインシャフトが歴史的にゲゼルシャフトに発展する前段階と考えるのではなく、同一の社会に同時的に存在する2つの層として理解し、前者を後者の積極的な下支えの力とみなし、ゲマインシャフト的な社会でこそより強く健全なゲゼルシャフトが成長しうる」[36] というのと類似的である。

6 わが国の銀行のビジネスモデルの基本に置かれるべきもの

最後に、今後のわが国の銀行のビジネスモデルをデザインする上で基本に置かれるべきリレーションシップ・バンキングに触れておきたい。

今後銀行業務の範囲が拡大し、銀行と顧客との接点、リレーションシップの領域が拡大するが、リレーションシップ・バンキングの意味は単に2次元的な領域の広がりではなく、3次元的、4次元（時間）的領域の広がりを持ったものとなる。銀行中心型の金融システムを取ってきたわが国の金融システムにおいては、市場と相互に共存しつつも、これまで構築してきた顧客との関係を活かした新しい金融システムに向かうべきである。基盤として中核に置かれるのは、銀行中心の金融システムであり、その要はリレーションシップ・バンキングである。

各ビジネスマーケットに対応するリレーションシップ・バンキングの前提として、次の点が含まれるべきである。

(1) 大企業を中心とする取引企業群

大手銀行にとってこの企業群のビジネスを取り込むことができなければ、その将来は厳しい。銀行の融資依存比率は確実に低下しているが、この企業群のファイナンシャル・ニーズは多種多様に存在する。いかにしてこのニーズをビジネスの対象として収益に取り込むかが課題である。プロフェッショナルな質の高いサービスの提供と顧客との堅固なリレーションシップの構築・維持が決め手となる。重要なことは、融資取引も含めた総合取引採算とリレーションシップの度合に応じた対応である。サービスごとの採算評価はここではなじまない。この分野はインベストメントバンクやマーチャントバンクと正面から競合する領域でもある。大手銀行のいくつかがこれらのサービス供給能力を備えておればよく、地方銀行やその他の金融機関がすべてこのような能力を準備する必要はない。かつて外国為替取引で形成された取引ネットワークシステムのよ

うな金融機関相互間のネットワークが形成されることで解決すると考えられる。

(2) 中堅・中小企業を中心とする取引企業群

　企業に対するモニタリング能力がきわめて重要になる。それだけに強固なリレーションシップの構築が必要である。地道なモニタリングの手続きコストは不可避である。米銀で導入されている中小企業向けの審査基準モデルは、プライス・バンキングに属するものであるが、一部併用も考えられる。この場合でもわが国独自のモデル開発が必要であろう。一方、ベンチャービジネスへの取引対応はこの分野に属するが、市場の機能の活用と併せた方法が望ましい。

　銀行が「貸し渋り」や「貸し剥がし」の利己的な行動を取れば、銀行に対する信用は低下する。仮に企業側に返済する意向が存在しても、むしろ返済しない行動をとる。企業顧客にとっては、銀行との融資関係が切れることで次の融資の確約が希薄になることを恐れるからである。銀行と企業との間で相互信頼が置けるビジネスモデルが必要である。

(3) 対個人リテール業務における取引群

　比較的画一商品で大量処理が可能であるが、ITへの対応で高度化するスピードが速いためキャッチアップ投資は避けて通れない。

　投資運用商品の開発と商品の絶えざる供給が求められるが、供給に当って適切な人に、適切なチャンネルを通じて、適切なタイミングで行う手法が必要となる。今後ファイナンシャル・プラニングなどのコンサルティング業務のウエイトは高まる。この分野での対応が取引実績の差にもつながる。地域金融機関などは、大手銀行や特定分野における業務特化した専門機関などとの幅広いネットワークづくりが重要となる。

　証券会社などの営業にみられるような顧客に証券投資を勧め購入するとすぐに売却を勧めるといったやり方は、個人の側に立った仲介サービスというより機関側の利益優先主義そのものである。これでは顧客とのリレーションシップの構築は望めない。これまで投資信託商品を米欧にみられるように中長期運用

商品として位置付けてこなかったことも問題であり、大手機関と無関係の独立系のアドバイザーや投資顧問の出現も必要である。

堀内（2002）は、戦後の競争制限規制を中心とするわが国の金融システムは、銀行融資に伴う強固な取引関係の基盤を形成することに貢献したが、それが効率的な金融仲介メカニズムをもたらすには十分な条件を備えてはいなかったと指摘している。メインバンク関係にみられる強固なリレーションシップだけでは、銀行のモニタリング機能を有効に実現させる仕組みには不十分であることは確かである。金融機関そのものをモニターするためには、規制当局の監督や株主、預金者、市場などによる多数当事者のチェック機能を総合したガバナンス・システムが必要である。しかし、今後銀行の競争が促進され、市場との競争がますます激しくなる状況が予想されるなかで、リレーションシップ・バンキングが銀行の安定を図り、金融システムの安定に貢献するとなると、結果として国民負担の節減にもつながる。

現在、銀行やその他の金融機関の生き残りを賭けたドラスティックな行動は、背に腹は替えられぬとはいえ、顧客からの信用をおおいに失墜している。当局の監視がそれに追い討ちをかけている危険性もある。銀行が失った信用は大きな経済的社会的損失であり、信用回復までに時間がかかる。

2003年3月、自己資本増強を迫られて大手銀行が巨額の増資を行ったが、三菱東京を除いて市場の一般公募で実現することはほぼ不可能とみられた。みずほ、三井住友、UFJは、それぞれ約1兆円、5,000億円、2,300億円を第三者割当で調達する方式を選択した。これに協力したのは、銀行と長年にわたり強固な取引関係にある顧客企業が中心であった[37]。銀行が窮状にある時に顧客が支援する事例とみてよいが、顧客企業側には将来自分達が窮状に陥るような場合には、銀行が確実に支援してくれるという信頼の感情が存在しているはずである。銀行はこのリレーションシップの重みを再認識していなければならない。

このリレーションシップの構築・維持は、他の国々と比べてわが国は相対的に得意とするところであるのかもしれない。わが国の特徴を活かした金融システムのアーキテクチャーとビジネスモデルが構築されなければならない。

注・参考文献
第1章
注
1) 以下では、預金取扱金融機関を「銀行」と呼ぶ。
2) Allen-Santomero (1998) pp.1466-1474、Miller (1986) pp.459-471。
3) 2001年12月10日東京株式市場で銀行株が売られ年初来の安値を更新し、銀行株の業種別東証株価指数が18年ぶりの低水準を記録した。(日本経済新聞2001年12月11日) また、2002年2月15日に日本銀行が発表した資金循環速報によれば、現金預金が前年末比1.5%増と前年の伸び率 (1.1%) を上回り、特に流動性預金は16.3%と著増し、定期預金は2.2%減となっている。これはペイオフを意識した資金の動きと考えられる。
4) 田中 (2000) は、1998年のLTCMの破綻をきっかけに円キャリー・トレードのアンワインディングが起り、円に対する買い戻しが入ったことで、国内の流動性の供給状況が好転し、システミック・リスクに終止符が打たれた、としている。
5) 日本経済研究センター深尾光洋「金融研究報告」(日本経済新聞2002年3月15日) によれば、2001年9月末での大手銀行の実質自己資本比率 (不良債権の償却や引き当て不足、清算価値のない繰り延べ税金資産、資本性の弱い劣後債務などを調整したもの) は、1.07%、政府が注入した公的資金を除くとマイナス0.14%、地銀も合わせた全国銀行ベースで1.61%、地銀の公的資金を除くと1.61%である。
6) 証券系シンクタンクが2002年2月4日の日経平均株価の終値をもとに試算した4大銀行グループと大手5行が保有する株式の含み損は、4兆8,084億円で2001年9月末に比べ1兆3,121億円拡大している (日本経済新聞2002年2月6日)。
7) 2001年12月12日発表の日本銀行企業短期経済観測調査によれば、銀行の貸出態度判断DI (「緩い」-「厳しい」を指数化したもの) は、大企業を除き中小企業、中堅企業ではいずれも98年以降マイナスを示している。最近の下降傾向は大企業、中堅企業、中小企業ともに拡大している。
8) 堀内 (2001)。
9) 経済戦略会議「経済戦略会議最終報告」(日本経済新聞1999年2月27日)。
10) 伊藤元重「世界経済・新たな地平 (7)」(日本経済新聞1999年1月11日)。
11) 刈屋武明「日本の金融システム再生」(日経金融新聞1998年9月20日)。
12) Freixas-Rochet (1997) p.221。
13) Diamond (1989)、池尾 (1990) pp.2-18。
14) Hellwig (1998) p.338。
"要求あり次第"条項は、銀行の行動を規律し、銀行が好ましくない行動を取っている場合、預金者がこの条項によって介入し銀行の資産流動化を強制するための工夫で

あるという考え方も存在する。しかし、この機能が働いておれば80年代の米国S＆Lの損失は少なくなったはずであるとして退けている。

15) Pierce (1991)。
16) Hellwing (1995) p.728。
17) 斉藤 (2001) p.117、池尾 (1996) p.164。
18) 斉藤 (2001) p.118。
19) Doitripnt-Tirole (1994) は、ローン・ポートフォリオが高い価格で売れない事情として次の3つの理由を挙げている。
    ①銀行は貸出先に関する情報を多く有しているが、債権が売却されてしまうと必ずしも同水準の情報量が維持されるとはかぎらない。
    ②銀行は将来性のある資産を保有し続け、悪い資産のみ売却するインセンティブを有していることを資産の買手は知っているために、取引が拡大しない。
    ③情報を有していない買手が資産を買うのは、情報を有している買手は買わないことを意味しており、情報を持つ買手に買手独占力があることを意味している。
20) 池尾 (1996) p.152-160。
21) Ritan-Rauch (1997) p.123。
22) J.H.Boyd and M.Gertler "Are Banks Dead? Or Are the Report Greatly Exaggerated?" Quarterly Review, Vol. 18 No.3. Federal Reserve Bank of Minneapolis, Summer 1994. M. Levonian "Why Banking Isn't Declining?" FRBSF Weekly Letter No.95-03, Federal Reserve Bank of San Francisco, January 20, 1995.
23) 松尾 (1996) pp.74-95。
24) Mayer (1997)（下）pp.59-67、Meerschwam (1991) pp.90-91。
25) Nocera (1994) pp.217-237、269-294。
26) FDICIAにおける米国の新自己資本比率規制については、御代田 (1994) pp.188-206に詳しい。
27) D'Arista-Schuleginger (1993)。
28) 磯谷 (1997) p.128。
29) Mayer (1997)（下）p.130、Allen-Santomero (1998) pp.1466-1474。
30) 御代田 (1994) p.105。
31) Meerschwam (1991) pp.77-104, 223-253。
32) 当時の金融再生委員会の柳沢委員長によれば、公的資金を申請した銀行の経営健全化計画で公表された収益見通しは、おおむね業務改善によるものが7割、経費節減によるものが3割となっている（日本経済新聞1999年3月23日）。
33) NHKテレビ「銀行が変る―生き残りをかけた新戦略」『クローズアップ現代』1999年

2月9日を参考にした。
34) 旧日本興業銀行と野村証券は1998年にデリバティブの分野とアセット・マネジメントの分野で3つの合弁会社を設立したが、IBJ・野村フィナンシャル・プロダクツは2001年3月に、野村・IBJグローバル・アドバイスは2001年4月に、野村・興銀インベストメント・サービスは2002年3月にそれぞれ解消された。
35) A. グリーンスパン「FDICIAおよび銀行の将来」金融財政事情 1993年9月27日号、Bernstein (1996) p.440。
36) Allen-Santomero (1998) pp.1464-1465。
37) 首藤 (2001) p.69。

参考文献

Allen F. and A.M. Santomero, 1998. "The theory of financial intermediation",Journal of Banking and Finance 21 (1998) 1461-1485.

Bernstein P. L.,1966. "Against the Gods", John Wiley & Sons,Inc.『リスク―神への反逆』日本経済新聞社、1998年。

Bryant R.C., 1987, "International Financial Intermediation", The Brookings Institution.

D'Arista J. and T. Schulesinger, 1993. "The Paralleled Banking System", Economic Policy Institute.

D'Arista J., 1994. "The Evolution of U.S. Finance", Vol.1, Vol.2, M.E. Sharpe Inc.

Dewatripont M. and J. Tirole, 1994. "The Prudential Regulation of Banks", The MIT Press.『銀行規制の新潮流』東洋経済新報社、1996年。

Diamond D.W. and P.H. Dybvig, 1983. "Bank Runs, Deposit Insurance, and Liquidity" Journal of Political Economy Vol.91, No.3.

Diamond D.W., 1984. "Financial Intermediation and Delegated Monitoring", Review of Economic Studies (1984) LI, 393-414.

Diamond D.W.,1989. "Asset Services and Financial Intermediation", in:Bhattacharya S.and G.M.Constantinides, eds,Financial Markets and Imcomplete Information: Frontiers of Modern Financial Theory, vol. 2, Rowman & Littlefield Publishers.

Freixas X. and J. Rochet, 1997. "Microeconomics of Banking", The MIT Press.

Goodhart C., 1987. "Why do banks need a central Bank?" Oxford Economic Press 39.

Hellwig M., 1995. "Systemic Aspects of Risk Management in Banking and Finance", Swiss Journal of Economics and Statistics, Vol. 131 (4/2),723-737.

Hellwig M., 1998. "Banks, Markets, and the Allocation of Risks in an Economy", Journal of Institutional and Theoretical Economics, Vol. 154.

Litan R.E. with J. Rauch, 1997. "American Finance for the 21st Century", The U.S. Department of the Treasury.『21世紀の金融業』東洋経済新報社、1998年。

Mayer M., 1997. "The Bankers: The Next Generation", Curtis Brown Ltd.『ザ・バンカーズ—銀行に明日はあるか』(上)(下)時事通信社、1998年。

Meerschwam D. M., 1991. "Breaking Financial Boundaries", Harvard Business School Press.

Merton R.C. and Z. Bodie, 1995. "A Conceptual Framework for Analyzing the Financial Environment" in: "The Global Financial System- A Functional Perspective" Harvard Business School Press.『金融の本質』NRI野村総合研究所、2000年。

Miller M., 1986. "Financial Innovation: The Last Twenty Years and the Next", Journal of Financial and Quantitative Analysis.

Nocera J., 1994. "A Piece of the Action", International Creative Management, Inc.『アメリカ金融革命の群像』NRI野村総合研究所、1997年。

Pierce J.L., 1991. "The Future of Banking." Yale University Press『銀行業の将来』東洋経済新報社、1993年。

池尾和人(1990)『銀行リスクと規制の経済学』東洋経済新報社、1990年。

池尾和人(1996)『現代の金融入門』筑摩書房、1996年。

磯谷玲(1997)『80年代アメリカの金融変革』日本経済評論社、1997年。

斉藤誠(2001)「証券化の経済学」、岩本康志・斉藤誠・前田康男・渡辺努『金融機能と規制の経済学』東洋経済新報社、2001年。

清水克俊・堀内昭義(1997)「日本のセーフティネットと金融システムの安定性」pp.85-116、浅子和美・福田慎一・吉野直行編『現代マクロ経済分析』東京大学出版会、1997年。

首藤恵(2001)「機関投資家のコーポレート・ガバナンスとリスク再配分機能」財務省財務総合研究所『フィナンシャル・レビュー』December、2001年。

田中直毅(2000)『市場と政府』東洋経済新報社。

堀内昭義(2001)「日本の不良債権問題—いかに対処すべきか」内閣府不良債権問題フォーラム・ペーパー、2001年。

松尾直彦(1996)『アメリカ金融制度の新潮流』金融財政事情研究会、1996年。

御代田雅敬(1994)『米銀の復活』日本経済新聞社、1994年。

村井睦男(1996)「ノンバンクについての一考察」名古屋商科大学論集Vol.41 No.175-90、1996年。

村井睦男(1997)「80年代の国際金融構造の変化」名古屋商科大学論集Vol.42 No.139-52、1997年。

村井睦男(1999)「銀行のリスク負担とリスク分散」名古屋商科大学論集Vol.44 No.55-69、1999年。

第2章
注

1） Santomero (1989) p.324。
2） U.S. Department of Commerce (1998) p.3、須藤（1998）によれば、インターネットの普及にみられるコンピューター・ネットワークが急速に発達し、それに伴い複雑で多様な関係がグローバルな規模で形成されつつあるが、そのような動向を米国で「デジタル革命」と呼んでいると説明している。
3） U.S. Department of Commerce (1998) では、インターネットの意味を次のように定義している。「相互に通信するためにインターネット・プロトコルを使った互いに結合したコンピューター・ネットワークの地球規模でのマトリックスを言い、ネットワーク上で行き交うwwwやEメールのようなデータ・ネットワークや多数のアプリケーションを包含するもの」。
4） 林（1996）p.80。
5） Business Week 1999年10月4日号 "The Internet Age". pp.42-118。
6） Gandy (1999b) p.111。
7） Nocera (1994) p.127。
8） 特集「始動したデビット・カード」金融財政事情1999年1月18日号p.26。
9） 同上　p.16。
10） 大蔵省報告書（1998）p.2。
11） 須藤（1998）p.45。
12） 大蔵省報告書（1998）p.2。
13） 須藤（1998）p.45。
14） 「だからといって、それが決済分野からの銀行の「退場」を意味するものではないことも明らかである・・・」「電子マネーが常識となってもそうしたデータマネーが担う価値は資産の保有という形で誰かが維持し続けなければならない。そうした役割に現在最も近いところにいるのが銀行であることはおそらく間違いないであろう」という岩村（1996）p.178の意見は十分に説得力がある。
15） 日本経済新聞社編（1996）p.40。
16） 冨樫直記「21世紀市場創」、日本経済新聞1999年11月8日。
17） 同上。
18） これは東京三菱銀行が提示している送金手数料（3万円以下他行向け電信送金・消費税別）の例であるが、都市銀行のなかで銀行によっては多少の差はあるものの料金体系としてはほぼ同じような位置付けになっている。インターネットによるサービスが開始され徐々に定着してきているが、それによる送金手数料が米国にみられるような

格別の低料金にはまだなっていない。
19) 斉藤誠「デリバティブ取引と金融政策」エコノミックス1999年秋号、東洋経済新報社、p.140。
20) 日本経済新聞　2002年4月6日、4月9日。
21) 日本経済新聞　2002年4月10日。
22) オリックスは、破綻した山一証券が保有していた山一信託銀行を買収したし、日本長期信用銀行の買収者の候補者としても名前を連ねていた。また、イトーヨーカ堂は、日本債券信用銀行の買収グループのなかにソフトバンク、東京海上、オリックスなどとともに参画していたが、その後独自に決済専門銀行設立の方向に切り換えた。
23) アンダーセンコンサルティングによれば、企業戦略のバリューキャプチャラーのモデルに、オプティマイザー、コンソリデーター、イノベーターの3種があり、オプティマイザーの基本的特徴は、社内管理をしっかり行い財務的指標にこだわり、収益を上げることをフォーカスした戦略で、大規模な顧客基盤の拡大は指向せず、むしろ一顧客当りの収益拡大を狙う戦略である。アンダーセンコンサルティング（1998）p.115。
24) アンダーセンコンサルティング（1999）p.260。
25) 同上　p.262。
26) Gandy (1999a) p.163。
27) 後にも触れるが、最近ドイッチェバンク頭取に永年インベストバンクの世界にいたスイス人のアッカーマン氏を据えたことは、ホールセールへの傾斜、フォーカス戦略をより明確に示したように思われる。
28) 池尾（2000）p.32。

参考文献

Essinger J., 1999. "The Virtual Banking Revolution", Thomson Business Press.

Gandy A., 1999a. "The Network Bank", The Chartered Institute of Bankers.

Gandy A., 1999 b."Banking Strategy beyond 2000", The Chartered Institute of Bankers.

Mishkin F. and P.E.Strahan, 1999. "What will technology do to financial structure?" Working Paper 6892 National Bureau of Economic Research, Inc.

Nocera J., 1994. "A Piece of the Action", International Management Inc.,『アメリカ金融革命の群像』NRI野村総合研究所、1997年。

Santomero A.M., 1989. "The Changing Structure of Financial Institutions", Journal of Monetary Economics 24 (1989) 321-328.

U.S. Department of Commerce, 1998."The Emerging Digital Economy".

U.S. Department of Commerce, 1999. "The Emerging Digital Economy".

U.S. Department of Commerce, 2000. "Digital Economy 2000"『ディジタル・エコノミー2000』東洋経済新報社、2000年。
U.S. Department of Commerce, 2002. "Digital Economy 2002"『ディジタル・エコノミー2002/03』東洋経済新報社、2002年。
青木昌彦・安藤晴彦（2002年）『モジュール化』東洋経済新報社。
アンダーセンコンサルティング（1998年）『金融業　勝者の戦略』東洋経済新報社。
アンダーセンコンサルティング（1999年）『金融業のIT産業化』東洋経済新報社。
池尾和人（2000年）「情報化と金融仲介」金融調査研究会『金融の証券化・情報化と銀行』。
岩村充（1996年）「データマネーの登場と銀行の将来」堀内昭義編『金融の情報通信革命』東洋経済新報社。
岩村充（1999年）『電子マネー入門』日本経済新聞社。
岩村充（2000年）『サイバーエコノミー』東洋経済新報社。
大蔵省報告書（1998年）「電子マネー及び電子決済の環境整備に向けた懇談会」。
須藤修・後藤玲子（1998年）『電子マネー』筑摩書房。
日本経済新聞社編（1996年）『電子金融の衝撃』日本経済新聞社。
野村総合研究所（2002年）『変貌する米銀』野村総合研究所。
林紘一郎（1996年）『ネットワーキングの経済学』NTT出版。
古川顕（2002年）『現代の金融』東洋経済新報社。
宮沢健一（1988年）『制度と情報の経済学』東洋経済新報社。
村井睦男（2000年）「情報通信技術の革新と金融産業の変貌」pp.129-144、名古屋商科大学論集Vol. 44 No.2。

第3章
注
1）銀行の歴史的役割をみれば、その前身であるかつて欧州において金細工匠（ゴールドスミス）の果した機能にまで遡る。貨幣として使われた金・銀貨はきわめて有用な取引手段ではあったが、かさばる上に盗みの恰好の標的であったため商人達は信用できる金細工匠に預けるのが一般的慣行となった。預けた預金勘定から他の人の勘定に資金を移しかえる指図が行えるようになり、預託伝票は貨幣として流通するようになる。やがて金細工匠はある顧客の引き出しは顧客の預け入れによって相殺され、金庫の中の金の量は比較的一定であることに気付き、十分な準備を金庫に残し、残りの金を貸付けて利益を得ることを始めたといわれている。Pierce (1991) pp.26-27。
2）銀行法上銀行業務は、固有業務、附随業務、証券業務、その他法律により営む業務に分けられている。附随業務は、銀行が本来的な業務を行い、その社会的経済的機能を

発揮する上で当然随伴すると考えられる業務で、銀行法に債務の保証など具体的業務が明示されている。周辺業務は、銀行業務との機能上の関連性、類似性を有する業務で、リース、ベンチャーキャピタル、計算受託、コンサルティング、ファクタリング、抵当証券、投資顧問などの業務がある（クレジットカード業務は附随業務と考えられている。）。これらは、銀行法上は「他業」とされ、銀行が直接営むことができないため、出資参加による関連会社を通じてこれらのサービス提供を行っている。法律上の定義はない（『金融辞典』1994年　東洋経済新報社pp.688-689）。銀行の不良債権が問題となるなかで、銀行の責任範囲の観点からは、銀行の周辺業務の子会社に対して関連会社として親銀行が当局に届け出ることで、それらに対して万一何らかの信用上の懸念が起きても親銀行が責任を持って支援するとの意思表示の確認が行われるようになった。

3 ）預金の受入れは、銀行をはじめ、信用金庫・信用組合など金融機関の最も重要な固有の業務の1つである。これらの機関以外のものが預金を受入れることは、禁止されている（「出資の受入、預り金及び金利等の取締り等に関する法律」）（『金融実務大辞典』2000年　金融財政事情研究会p.1698）。証券会社が提供している総合口座は機能的には銀行の流動性預金とほぼ同様の機能を持ち始めている。米国においてメリルリンチが連邦預金保険に加盟することを検討していると報じられている。

4 ）Cruickshank (2000)。
5 ）Freixas & Rochet (1997) pp.16-50。
6 ）林（2000）p.39。
7 ）高月昭年「米国の1999年金融制度改革法の概要と評価（1）」『国際金融』1037号 pp.22-23。
8 ）林（2000）p.46。
9 ）GLB法が形成され議論されていく一連の過程で、1997年6月に通過した下院銀行委員会法案では、銀行から一般事業へ、一般事業から銀行業への双方向の分離緩和を認める規定が盛られていた。一方、同年上院銀行委員会法案では、銀行の一般業務への参入は認めるが、一般事業からの銀行業参入は禁止する内容になっていた。林（2000）p.44。
10）日本経済新聞1999年6月30日。
11）日本経済新聞2002年5月22日。
12）日本経済新聞2002年10月4日によれば、カリフォルニア州で地元金融機関の強い反対を受け、2002年8月州政府当局は連邦法と同様に一般事業会社の金融機関買収を禁ずる州法改正案を提出、同10月に成立した。これによってウォルマートは再び計画断念を余儀なくされた。

13) 日本経済新聞2002年5月22日。
14) 英国の流通・小売業界の銀行業参入については主として次の資料に依った。
①谷本健二、荻本洋子「進展する流通業と金融業の融合―リテール金融に進出する英国企業の事例を中心に」『知的資産創造』第6巻第2号　野村総合研究所。
②近藤哲夫・森早苗・谷口健二・荻本洋子「英国流通業の金融サービスへの進出」『金融サービス動向レポート』No.98-3 1998年4月　野村総合研究所。
③「英国流通業の金融サービスへの進出に関する実例調査」平成11年度通商産業省委託調査報告書『欧米における金融サービス業界の先進事例と監督体制に関する調査研究』　2000年3月、野村総合研究所　pp.1-49。なお、この実例調査は英国調査会社Coniston Researchの協力を得て情報・資料収集を行っている。
15) アビーナショナル銀行はその後ロイズTSBから買収提案を受け英独占禁止当局が審査を行ったが、その後実現しなかった。またバンク・オブ・スコットランドはハリファックス銀行と対等合併で合意している。日本経済新聞2001年5月5日。
16) 日本経済新聞2000年3月9日。
17) 日本経済新聞2001年10月20日、その後収益力強化の観点から個人ローン分野への参入も検討している。日本経済新聞2002年4月11日。
18) 日本経済新聞2002年5月11日、6月9日。
19) 日本経済新聞2001年5月11日。
20) 日本経済新聞2001年4月21日。
21) 最近トヨタ自動車は、米国において当局に銀行ライセンスの申請を行った。米国で銀行業務に習熟した後、本国への逆上陸も考えられる（日本経済新聞2002年11月29日）。
22) 日本経済新聞2001年6月4日。
23) Litan with Rauch (1997)『21世紀の金融業』pp.170-184。
24) Cruickshank (2000)『21世紀銀行業の競争』pp.xiii-xxxvi。
25) 同上　p.xvi、45。ただし、インターネット上の銀行などの新規参入に対しては冷静にみており、それが銀行支店の必要性を消滅させるものではないし、銀行の買収・合併によって出現する新しい銀行が必ず競争を促進するとはかぎらないと考えている。
26) 懇話会報告書（2002）p.62。
27) 出井伸行「デジタル革命、第三段階に」日本経済新聞2000年3月9日ソニー社長出井氏によれば、「今後はリアル企業とサイバー企業の戦略的提携や合併、あるいはリアル企業が独自にサイバー事業を立ち上げ、既存のリアル事業との最適の組み合わせを模索する動きが加速しよう」としており、最終的にはリアルとサイバーの事業を融合させて、新しい価値を創造することであるという。
28) 金融仲介機関パラダイムの変化により仲介機関の重要性が増大してきているが、この

点に関しては「金融市場と金融仲介機関の機能とその関係」村井（2003）で別途論じている。

参考文献

Cruickshank D. (2000). "Competition in UK Banking-A Report to the Chancellor of the Exchequer", The United Kingdom for the Stationary Office『21世紀銀行の競争』東洋経済新報社、2000年。

D'Arista J. (1994). "The Evolution of U. S. Finance", Vol.1, Vol.2, M.E. Sharpe Inc.

D'Arista J. and T. Schulesinger (1993). "The Paralleled Banking System", Economic Policy Institute.

Freixas X. and J. Rochet (1997). "Microeconomics of Banking", The MIT Press.

Litan R.F. with J. Rauch (1997). "American Finance for the 21st Century", The U.S. Department of the Treasury, U.S. Government Printing Office.『21世紀の金融業』東洋経済新報社、1998年。

Pierce J.L. (1991). "The Future of Banking", Yale University Press.『銀行業の将来』東洋経済新報社、1993年。

経済審議会行動計画委員会金融ワーキンググループ（1996年）「わが国金融システム活性化のために」。

近藤哲夫・森早苗・谷口健二・荻本洋子（1998年）「英国流通業の金融サービスへの進出」『金融サービス動向レポート』No.98-3 1998年4月、野村総合研究所。

谷本健二、荻本洋子（1998年）「進展する流通業と金融業の融合―リテール金融に進出する英国企業の事例を中心に」『知的資産創造』第6巻第2号野村総合研究所。

通商産業省委託調査（1999年）「英国流通業の金融サービスへの進出に関する実例調査」、『欧米における金融サービス業界の先進事例と監督体制に関する調査研究』2000年3月、野村総合研究所。

日本型金融システムと行政の将来ビジョン懇話会（2002年）「金融システムと行政の将来ビジョン―豊かで多彩な日本を支えるために―」。

林　宏美（2000年）「米国の金融制度改革法の論議」『知的資産創造』2000年3月号　野村総合研究所。

村井睦男（2000年）「一般事業会社の銀行業参入について」名古屋商科大学論集、Vol.45 No.1 51-61。

村井睦男（2001年）「銀行の競争と将来像」名古屋商科大学論集、Vol.45 No.2 65-77。

村井睦男（2003年）「金融市場と金融仲介機関の機能とその関係」名古屋商科大学論集、Vol.48 No.1 123-138。

第 4 章
注

1) Allen and Gale (1994), Allen and Santomero (1998), Allen and Gale (2000) pp.32-34。
2) Allen and Gale (2000) pp.498。
3) 清水・堀内 (1997)。
4) 村井 (2003)。
5) Allen and Gale (2000) では、市場の意味を株・債券・先物契約・オプションなどの証券取引のための組織化された市場としている。ここではもう少し範囲を広げて短期金融市場、為替市場その他の金融市場なども想定している。
6) この問題意識は、Allen and Gale (1994) をさらに発展させたものである。市場構造、特に金融市場構造の不完全さの度合は内部要因で決定されるとの考えから、エージェントは取引費用のような種々の制約条件に従って証券のデザインを選択すること、適正な取引費用とは何か、それと密接な関係を有する非対称情報のようなその他の障害とは何かを探るアプローチが金融制度の比較検討に発展したと説明している。
7) 市場が不完全であるという考え方に対し、市場は効率的で完全（文字通りの完全でないが）であるという Marton、Black and Scholes のcontinuous-time theory of finance がある。この理論からすれば仲介機関は何の役割も果していないという極論にもなるが、明らかに現実の市場とは異なっており、この理論は仮定が多すぎると批判している。Allen and Gale (1999)。
8) Diamond (1984)、Freixas and Rochet (1997)。
9) Allen and Gale (2000) pp.332-334。
10) Allen and Gale (2000) p.215. 情報が生産効率に有益であるとしても、リスクシェアリングの観点からは、情報が多いことがよりよい結果に結びつくという仮説はなにもない。ドイツ、フランスのような市場の情報が少ない国は、米英のような国と比べて必ずしも不利ということにはならない。
11) 個人にとって取引コストが高いので投資分散を行なおうとしても高くついてしまう。個人の取引コストが低下するとミューチャルファンドのシェアは下がると考えられたが、ミューチャルファンドは低コストでリスク分散を安価に行うことができることから、この現象は起らなかった。Allen and Santomero (1998) p.1465。
12) Allen and Gale (2000) pp.179-182。
13) Allen and Gale (2000) pp.469-495。
14) Meerschwam (1991) pp.223-253。
15) 銀行貸出をリレーションシップ貸出と取引貸出とに分け、リレーションシップ貸出は伝統的な銀行貸出を意味し、取引貸出は銀行貸出のなかでも企業が資本市場で資金調

達する部分、投資銀行が社債引受するのと競合する貸し出しを意味している。
16) 馬場・久田（2001）p.16。
17) 馬場・久田（2001）は、Boot and Thakorモデルは1990年代の米国銀行の経営戦略とその結果一段と強化された直接金融（資本市場）中心の金融システムについては当てはまるが、銀行の退出がスムーズに行われないわが国の金融システムでは市場からの競争・銀行間の競争の影響は当てはまらないとしている。
18) 戦後のわが国の外国為替取引の歴史は『東京銀行史』（1997）に詳しい。
19) Allen and Gale (2000) pp.36-37。
20) Allen and Gale (2000) p.490。
21) 村井（2003）pp.294-295参照。
22) 日本経済新聞社がまとめた新興三市場上場企業調査によると、企業がベンチャーキャピタルから出資を受けた目的は、「成長資金の獲得」が69％、「経営指導を受ける」が11％となっているが、昨今の銀行の融資態度を反映して銀行貸出が減少している。日本経済新聞2000年11月2日。
23) Allen and Gale (2000) p.22。

参考文献

Allen F. and D. Gale, 1994. "Financial Innovation and Risk Sharing" The MIT Press.
Allen F. and D. Gale, 1999. "Innovation in Financial Services, Relationship, and Risk Sharing" Management Service Vol.45 No.9.
Allen F. and D. Gale, 2000. "Comparing Financial System" The MIT Press.
Allen F. and M. Santomero, 1998. "The Theory of Financial Intermediation" Journal of Banking and Finance 21 (1998) 1461-1485.
Banks E., 1999. "The Rise and Fall of the Merchant Banks" Kogan Page Ltd.
Boot A. and A. Thakor, 2000. "Can Relationship Banking Survive Competition?" The Journal of Finance Vol. LV. No.2.
Borio C. and R. Filosa, 1994. "The Changing Borders of Banking: Trends and Implications" Bank for International Settlements BIS Economic Paper No.43- Dec.1994.
Diamond D.W. and P.H. Dybvig, 1983. "Bank Runs, Deposit Insurance, and Liquidity" Journal of Political Economy Vol.91, No.3.
Diamond D.W., 1984. "Financial Intermediation and Delegated Monitoring", Review of Economic Studies (1984) LI, 393-414.
Edwards J. and K. Fischer, 1993. "Banks, Finance and Investment in Germany" Cambridge University Press.

Freixas X. and J.C. Rochet, 1997. "Microeconomics of Banking" The MIT Press.
Guinnane T., 2002. "Delegated Monitors, Large and Small: Germany's Banking System, 1800-1914" Journal of Economic Literature Vol. XL(March 2002).
Mayer M., 1997. "The Bankers: The Next Generation", Curtis Brown Ltd.『ザ・バンカーズ―銀行に明日はあるか』(上)(下)時事通信社、1998年。
Meerschwam D.M., 1991. "Breaking Financial Boundaries" Harvard Business School Press.
Mishkin F. and P.E. Strahan, 1999. "What will technology do to financial structure?" National Bureau of Economic Research, Inc. Working Paper 6892.
ポール・シェアード(1997年)『メインバンク資本主義の危機』東洋経済新報社。
清水克俊・堀内昭義(1997年)「日本のセーフティネットと金融システムの安定性」浅子和・福田慎一・吉野直行編『現代マクロ経済分析』東京大学出版会。
東銀資料編集室(1997年)『東京銀行史―外国為替専門銀行の歩み』東銀リサーチインターナショナル。
日本型金融システムと行政の将来ビジョン懇話会(2002年)「金融システムと行政の将来ビジョン」金融庁。
馬場直彦・久田高正(2001年)「わが国金融システムの将来像」日本銀行金融研究所 No. 2001-J-22。
村井睦男(2002年)「銀行のリスク負担とリスク分散の変化」名古屋商科大学論集Vol. 47 No.1。
村井睦男(2003年)「銀行に変革を迫るもの(1) IT革新とIT産業化戦略、(2) 異業種からの銀行業参入」名古屋商科大学論集Vol. 47 No.2。

第5章
注
1) 競争と金融システムの安定とは関係している。競争の度合が低いほど収益性は高くなる。何か経済的ショックを受けた場合、競争の度合が低いほどより大きなバッファーが得られるからである(Allen-Gale 2000)。1970~80年代の米国の金融の自由化は、競争を激化させ銀行の利益を減少させた。これが銀行行動をよりリスクを取る積極的な行動に向わせた(Keeley 1990)。
2) 以下では、預金取扱金融機関を「銀行」と呼ぶ。
3) 銀行規制には、金融構造規制(業務構造)と銀行行為規制とに分けられるが、最近銀証分離規制の一部が廃止された米国のグラス・スティーガル法は前者の典型例であり、健全経営規制は後者の例である。ここで銀行規制という場合は、主として後者を指しているが場合によっては両方を包含して使っている。銀行の安全性・健全性を守るた

めの規制手段としては、預金金利の上限規制・参入・店舗・合併規制、ポートフォリオ規制、預金保険、資本比率規制、規制履行監視規制などが含まれている。

4) Freixas-Rochet (1997) pp.257-58。
5) 清水・堀内（1997）p.87。
6) Stiglits (1993)『マクロ経済学』pp.423-425。
7) Calomiris (2000)。
8) 池尾（1990）p.123。
9) Calomiris (2000)。
10) 清水・堀内（1997）も原理的には、セーフティネットと銀行のリスク選択に対する健全経営規制の組合せが1つの合理的な対応策と考えられるとしている。Calomiris (2000)。
11) Blum-Hellwig (1995) p.741。
12) Dewatripont-Tirole (1994) p.40。
13) Rochet (1992) p.1139　ポートフォリオ算定に当っては、事故率によるリスクウエイトの適正な選択が不可欠となるが、このリスクウエイトは信用のみならず市場リスクも考慮されなければ十分ではないことを指摘している。
14) Hellwig (1995) は、BIS規制に代表される現行の自己資本比率規制が問題解決の答となり得るかという疑問に対して、次の3つの問題点を指摘している。
①現時点でのインセンティブ効果はあるが、将来の予想自己資本比率のインセンティブ効果までは不明である。
②金融システムの観点からは、マクロ経済ショックに対して無防備である。
③過剰リスクテイクの問題に対しては、荒削りで間接的効果しかない。
　Dewtripont-Tirole (1994) は、銀行の場合は一般企業と違って預金者によるモニタリングが欠如しているため、過剰リスクテイクが深刻になり、自己資本比率はそれへの代替案であるとする。これに対してHellwigは、代替案としては効果が少なく、もし代替機能というのなら監督機関がもっと核心に入っていかなければならないと批判している。
15) Dewatripont-Tirole (1994) pp.144-145。
16) Calomiris (2000) p.1500。
17) このアイデアは、後に触れるCalomiris (2000) の提案と共通するものである。1991年にFDICIAが制定される以前からこの考えを支持する人も多く、シカゴとアトランタ連銀はこの考え方に基づいた具体案も提出していたし、各連銀総裁会議でも多数で賛成されたといわれている。しかし、政治的な支持を取り付けることができず実現しなかった。議会や銀行規制当局は明確な市場規律より、従来のように規制上の裁量余地を残

したほうがよいと判断したものとCalomiris (2000) はコメントしている。
18) 改革案のなかで、「ナローバンク」の系譜として、古典的な例でM.フリードマンの100％準備銀行制度の提案がある。具体的には100％積立準備のある預金を制度として創設する提案である。またLitan (1989) の提案は、預金受入業務と貸付業務を分離することを大前提とし、「ナローバンク」で預金を受入れた銀行は、高度に流動的かつ安全な有価証券以外に投資運用してはならないというものである。貸付業務は、金融持株会社の傘下会社が行うことができるが、その原資は預金保険によってカバーされないCPや金融債などの債務証書と株式によって調達した資金である。Pierce (1991) 提案と類似している。
19) D'Aristaは、米国の金融構造の変化のなかで巨大ノンバンク金融コングロマリットの拡大に早くから注目し、米国の金融システム上ノンバンクの影響が大きいことを指摘してきている。従来の銀行を中心とした金融の流れとノンバンクを中心とする金融の流れが並存している金融システムをパラレル・バンキング・システムと呼んでいる。D'Arista-Schleginger (1993)、詳しくは村井（1996）参照。
20) BIS規制という名称はおそらくわが国のマスコミの命名によるものと思われる。正しくは、「"自己資本の測定と基準に関する国際統一化"に関するバーゼル合意」である。先進10ヵ国の中央銀行および監督当局の代表により構成されたBIS銀行規制監督委員会がスイス・バーゼルの国際決済銀行において開かれたことから、このように呼ばれている。ここでは「BIS規制」の名称を使用する。
21) 自己資本の定義でTier Ⅰは「コアとなる自己資本」で、これには普通株式、非累積配当型優先株式、公表準備金が含まれている。Tier Ⅱは「その他自己資本」で、これには非公表準備金、再評価準備金、貸倒引当金、負債性資本調達手段（永久劣後債など）、期限付劣後債があり、Tier Ⅰと同額まで算入可能である。1996年修正によりTier Ⅲが追加された。すなわち、市場リスクのみをカバーし得る自己資本として短期劣後債務をTier Ⅲとして容認している。これには、①期間2年以上の短期の劣後債務であること、②自己資本不足の場合、利払い・償還を行うことができない特約が付されていること、③Tier Ⅰの250％の範囲内にかぎられることが前提となっている。信用リスクと市場リスクを合わせた自己資本比率の計算式は次の通りとなる。

$$\frac{\text{Tier Ⅰ} + \text{Tier Ⅱ} + \text{Tier Ⅲ}}{\text{リスク資産} + \text{市場リスク} \times 12.5} \geq 8\%$$

22) 経営の自由度の最も高い第1段階の基準は10％となっており、現在では銀行経営者の間では10％をクリアするのが共通の目標となっている。御代田（1994）pp.180-206、Litan-Rauch (1997) pp.226-228。
23) Litan-Rauch (1997) p.236。

BISの自己資本比率規制に代表される伝統的な「コマンド・アプローチ」に対して、「インセンティブ・コンパティブル・アプローチ」の新しい取組みで、その具体案として「プリコミットメント・アプローチ」という新しい概念をFEDが1995年7月から提唱している。田尻（1997）pp.42-45。

24) Basel Committee (2001)。
25) 2002年1月1日付日本銀行統計データ（日本銀行金融市場局）によれば、2001年12月の銀行5業態貸出平均残高は、440兆円であった。これは、日本銀行が現行基準で調査を始めた1991年7月以降のピーク時1996年3月の537兆円と比べて、97兆円の減少（18.1％マイナス）で低水準（最低水準は2001年11月の437兆円）となっている。
26) Blum-Hellwig (1995) p.740。
　　わが国の場合、株価急落により銀行の含み益が減少するので、銀行は突然資本不足に直面し引き締め姿勢に転じる。1992年、95年、97年に銀行の貸し渋りが起っている。伊藤（2001）p.111。
27) わが国経済が成熟段階に入るとともに、銀行の目指す1つの戦略的方向は経済の国際化に伴う金融の国際化への対応に向けられた。国際金融業務拡大のトーンは、金融制度調査会の専門委員会報告の各報告書に一貫してみられる。わが国経済の国際化に対応して、海外視点の増設・海外金融機関との業務提携・国際投資銀行の設立など国際金融業務拡大が急務であるというものであった。例えば、1979年9月の「普通銀行のあり方と銀行制度の改正」についての答申のなかで、今後の銀行の国際業務のあり方について、「わが国の銀行は今後とも全体としては、国際化に伴う各種のニーズに積極的に対応し、国際業務の一層に拡充を図っていく必要がある。また、このような国際業務の拡充は、銀行の経営基盤の強化と充実にも資するものである」ことが強調されている。また、1987年12月の「専門金融機関制度のありかたについて」の答申では、「国際金融活動の比重が大きくなってきており、内外での対応を十分に行っていくことが重要である」という問題意識が強調されている。
28) 田中（2001）p.35。
29) 経済審議会（1996）。
30) 星・パトリック（2001）P.18、堀内（2001）pp.276-278。
31) 清水・堀内（1997）pp.95-99。
32) Allen-Gale (2000) pp.3-77、藤井（2001）。
33) Calomris (1999)、清水・堀内（1997）p.86。
34) 2002年4月から決済性預金を除く預金については部分的にペイオフが解禁されたが、2002年10月に政府が発表した「金融再生プログラム」によって預金保険のペイオフ完全実施は、決済用預金の導入と併せて2005年4月まで延期された。

参考文献

Allen F. and D. Gale, 2000. "Comparing Financial System", The MITPress.

The Basel Committee on Banking Supervision, 2001. "A proposal for a New Basel Capital Accord", Bank for International Settlement 「自己資本に関する新しいバーゼル合意―バーゼル銀行監督委員会による市中協議案」日本銀行、2001年。

Blum J. and M. Hellwig, 1995. "The macroeconomic implications of capital adequacy requirements for banks", European Economic Review 39 (1995) pp.739-749.

Calomiris C. , 1999. "Building an incentive-compatible safty net", Journal of Banking & Finance 23 (1999) pp. 1499-1519.

D'Arista J. , 1994. "The Evolution of U.S. Finance" , Vol.1, Vol.2 M.E.Sharpe Inc.

D'Arista J. and T. Schlesinger, 1993. "The Parallel Banking System", Economic Policy Institute.

Dewatripont M. and J. Tirole, 1994. "The Prudential Regulation of Banks",The MIT Press.『銀行規制の新潮流』東洋経済新報社、1996年。

Dymski G.A., G. Epstein and R. Pollin, 1993. "Transforming the U.S. Financial System", M.E. Sharpe Inc.『アメリカ金融システムの転換』日本経済評論社、2001年。

Freixas X. and J. Rochet, 1997. "Microeconomics of Banking", The MITPress.

Hellwig M., 1995. "Systemic Aspects of Risk Management in Banking and Finance", Swiss Journal of Economics and Statistics, Vol.131.

Hellwig M. , 1998. "Banks, Markets and the Allocation of Risks in an Economy.", Journal of Institutional and Theoretical Economics, Vol.154.

Holmström, B. and J. Tirole. 1994. "Financial intermediation, loanable funds and the real sector". Working paper, IDEI, University of Toulouse.

Keeley M. , 1990. "Deposit Insurance , Risk and Market Power in Banking", American Economic Review 80, 1183-1200.

Litan R. , 1987. "What should Bank do?", The Brookings Institution. 『銀行が変わる』日本経済新聞社、1988年。

Litan R. with J. Rauch, 1997. "American Finance for the 21st Century." U.S. Government Printing Office. 『21世紀の金融業』東洋経済新報社、1998年。

Pierce J. , 1991. "The Future of Banking", Yale University Press.『銀行業の将来』東洋経済新報社、1993年。

Rochet J.C., 1992. "Capital requirements and the behaviour of commercial banks." European Economic Review 36 (1992) pp. 1137-1178.

Stiglitz J., 1993. "ECONOMICS", W.W. Norton & Company, Inc.『マクロ経済学』東洋経済新報社、1995年。

池尾和人（1990年）『銀行リスクと規制の経済学』、東洋経済新報社。
伊藤隆敏（2001年）「1990年代に頭打ちになった日本経済」、星岳雄・ヒュー・パトリック編『日本金融システムの危機と変貌』、日本経済新聞社。
小佐野広（2001年）『コーポレートガバナンスの経済学』、日本経済新聞社。
経済審議会（1996年）行動計画委員会金融ワーキンググループ報告書「わが国金融システムの活性化のために」。
渋谷博史・北条裕雄・井村進哉（1995年）『日米金融規制の再検討』、日本経済新聞社。
清水克俊・堀内昭義（1997年）「日本のセーフティネットと金融システムの安定性」pp.85-116、浅子和美・福田慎一・吉野直行編『現代マクロ経済分析』、東京大学出版会。
田尻嗣夫（1997年）『中央銀行—危機の時代』、日本経済新聞社。
橘木俊詔（2000年）『セーフティ・ネットの経済学』、日本経済新聞社。
田中直毅（2001年）『構造改革とは何か』、東洋経済新報社。
馬場直彦・久田高正（2001年）「わが国金融システムの将来像」ディスカッション・ペーパー No. 2001-J-22、日本銀行金融研究所。
藤井真理子（2001年）「金融システム分析への機能的アプローチの視点」、財務省財務総合政策研究所『フィナンシャル・レビュー』、2001年9月。
星岳雄・ヒュー・パトリック（2001年）「日本の金融システム」、星岳雄・ヒュー・パトリック編『日本金融システムの危機と変貌』、日本経済新聞社。
御代田雅敬（1994年）『米銀の復活』、日本経済新聞社。
村井睦男（1996年）「ノンバンクについての一考察」pp.75-90、名古屋商科大学論集 Vol.41 No.1。
村井睦男（1998年）「金融システム不安をめぐるいくつかの問題」pp.11-28 名古屋商科大学論集 Vol.43 No.1。
村井睦男（1999年）「銀行の自己資本比率規制をめぐる問題」pp.71-83 名古屋商科大学論集 Vol.43 No.2。
村井睦男（2001年）「銀行の競争と将来像」pp.65-77 名古屋商科大学論集 Vol.45 No.2。

第6章
注
1) Mishkin and Strahan (1999) pp.1-2。
2) Hellwig (1994) p.3。
3) Hellwig (1994) pp.4-5。
4) Allen and Santomero (1998) pp.1466-1474。
5) Merton and Bodie (1995)（『金融の本質』pp.41-48）。

6）「モジュール」とは、半自律的なサブシステムであって、他の同様なシステムと一定のルールに基づいて互いに連絡することにより複雑なシステムまたはプロセスを構成するもの。そして、1つの複雑なシステムまたはプロセスを一定の連結ルールに基づいて独立に設計され得る半自律的なサブシステムに分解することを「モジュール化」という。青木・安藤（2002）p.6。
7）Baldwin and Clark (1997)。
8）「オープンアーキテクチャ」とは、あるシステムが一定の構造（アーキテクチャ）の下に明確で相互依存性の低い機能的部分（モジュール）に分解され、その部分間のインターフェースの仕様が公開されており、誰でも利用可能な状態を指す。その結果、モジュールごとの競争が展開されることになる。野村総合研究所（2002）p.22。
9）野村総合研究所（2002）p.21。
10）Hellwig (1994) pp.9-10。
11）Allen and Gale (2000) pp.232-233。
12）Allen and Gale (2000) p.242。
13）Litan with Rauch (1997)（『21世紀の金融業』p.174）。
14）Mishkin and Strahan (1999) は、IT革新と市場の解放によって集中の度合が高まることを懸念している。州レベルでみた集中の問題は急速に増加しており、全銀行資産に占める上位8位までの大手銀行シェアは、1988年の22％から1997年の36％に上昇している。1994年の「州際銀行業務および支店業務効率化法」（IBBEA）実施以降、全国レベルでの集中の継続的増加が予想されるとしている。また、IBBEAでは、銀行は全米の付保預金総額の10％を超えて保有できないことから銀行合併などのよる集中に歯止めがかけられている。
15）Cruickshank (2000)（『21世紀銀行業の競争』p.xvii）。
16）かつてデリバティブ取引について、米国議会で議論されたことがある。現状はBISにおけるバーゼル委員会がこれらの目的のために稼動している数少い拠点となっているが、BIS規制第3次改革に照らしても、必ずしもリスク対応が十分カバーされていない。
17）D.ヤーギン「世界経済の健全化意識を」日本経済新聞2003年1月15日。
18）Hellwig (1994) p.12。
19）箭内（2002）pp.72-119。
20）Froot (1995)（『金融の本質』p.437）。
21）Hellwig (1994) p.19。
22）Hellwig (1994) p.20。
23）Boyd and Gertler (1994)、Levonian (1995)。
24）米国において、大企業に対するファイナンスについても銀行のリスク分散を図る手法

が開発されている。シンジケートローンや「ルール144A」による私募債の発行増加はこれを物語っている。Mishkin and Strahan (1999) p.8。

25) Hellwig (1994) p.17。
26) 日本経済新聞2002年9月21日。
27) 例えば、銀行のなかのどの部署で投資銀行業務を担当するかについても、未だ試行錯誤の段階である。みずほグループはみずほコーポレート銀行のなかに位置付け、三菱東京グループは三菱証券のなかに位置付けしている。また、アドバイス業務を別働隊が行うとなると、コーポレートファイナンス営業部隊との間で採算面から共同作業がうまく稼動しない危険性もある。
28) 金融庁は大手銀行の再編が一段落したと判断、今後は地域金融機関の経営基盤強化が必要との観点から、地方銀行など地域金融機関の合併を促進するための税制面の優遇を検討し始めた（日本経済新聞2002年4月30日）。

　2002年12月に地方の金融機関（主として信用金庫、信用組合など）を対象としたいわゆる「地域金融機関再編促進法」が成立した。また、2002年10月の金融再生プログラムは、大手銀行を対象としたものであったが、地域金融機関については「リレーションシップ・バンキング」のあり方を多面的な尺度から検討した上で、アクションプログラムを策定するとの方針を明示している。
29) このリレーションシップ、リレーションシップ・バンキングは、Aoki (2001)の「関係的ファイナンス」の意味に通じるものである。コード化（デジタル化）された情報を単に集計することによっては獲得できない、リレーショナルな契約を結ぶことを通じて共有される知識などを暗黙知と呼んでいるが、関係的ファイナンスにはこの暗黙知が存在する。金融仲介機能を情報処理とモニタリングを結合したメカニズムとしてみた場合に、さまざまなタイプの関係的ファイナンスが存在し得るのであって、これらが市場型取引と比較して、本質的に劣っているから、それに取って代わられるべきだということにならない、としている（『比較制度分析に向けて』p.335）。
30) 堀内（2002）p.138。
31) 古川（2002）pp.42-43、及能（1994）。
32) 堀内（2002）pp.107-108。
33) 山崎正和はFukuyamaの「自発的社交性」について、社会は合理的な契約に基づく社会とそうした契約に結ばれる以前に個人同士が人格として直接出会う社会とが存在しているが、後者の社会が生み出すものは「自然発生的（スポンテニアス）な社交性」であり、絆となるのはなかば情緒的な「信用」の感覚であると解説している。山崎（2003）pp.61-65。
34) 山崎（2003）p.63。

35) また、Fukuyamaは、「社会資本は、非合理的な習慣の問題として実践されるものであり、宗教や伝統的倫理のような「不合理的」事象に起源を持つものであるが、近代の合理的な経済制度と政治制度が適切に機能するために不可欠のものであるように思える」ともいっている。Fukuyama (1995) pp.40-41。
36) 山崎 (2003) p.63。
37) 日本経済新聞2003年3月13日。
みずほフィナンシャルの場合、法人・個人顧客も含めて3,500社が増資引き受けを行った。

参考文献

Aoki M., 2001.Towards A Comparative Institutional Analysis, The MIT Press『比較制度分析に向けて』NTT出版、2001年。
Allen F. and D. Gale, 2000. Comparing Financial Systems. The MIT Press.
Allen F. and M. Santomero, 1998. "The Theory of Financial Intermediation", Journal of Banking and Finance 21 (1998) 1461-1485.
Baldwin, Carliss Y. and Kim B. Clark, 1997. "Managing in the Age of Mudularity" Harvard Business Review, Sep.-Oct., pp.84-93.
Boyd J.H. and M. Gertler, 1994. "Are Banks Dead? Or Are the Reports Greatly Exaggerated?" Quarterly Review Vol.18 No.3 Federal Reserve Bank of Minneapolis.
Cruickshank D., 2000. Competition in UK Banking, A Report to the Chancellor of the Exchequer, The United Kingdom for the Stationary Office『21世紀銀行の競争』東洋経済新報社、2000年。
Dewatripont M. and J. Tirole, 1994. The Prudential Regulation of Banks. The MIT Press『銀行規制の新潮流』東洋経済新報社、1996年。
Fukuyama F., 1995. " Trust", Free Press, New York『信なくば立たず』三笠書房、1996年。
Hellwig M. F., 1994. "Banking and Finance at the End of the Twentieth Century", WWZ- Discussion Paper No. 9426, University of Basel.
Levonian M., 1995. "Why Banking Isn't Declining" FRBSF Weekly Letter No.95-03.
Litan R.F. with J. Rauch, "American Finance for the 21st Century", The U.S. Department of the Treasury, U.S. Government Printing Office『21世紀の金融業』東洋経済新報社。
Merton R.C. and Z. Bodie, 1995. "A Conceptual Framework for Analyzing the Financial Environment" The Global Financial System, Harvard Business School Press『金融の本質』の村総合研究所、2000年。
Miller M.H., 1986. "Financial innovation : the last twenty years and the next." Journal of Finance and Quantitative Analysis 21.

Mishkin F. and P.E. Strahan, 1999. "What will technology do to financial structure?" National Bureau of Economic Research, Inc. Working Paper 6892.

青木昌彦・安藤晴彦（2002年）『モジュール化』東洋経済新報社。

扇　百合（2002年）『金融の未来学』筑摩書房。

及能正男（1999年）『金融のしくみ』日本実業出版社。

国領二郎（1999年）『オープン・アーキテクチャ戦略』ダイヤモンド社。

経済審議会行動計画委員会（金融ワーキンググループ）（1996年）「わが国金融システム活性化のために」。

日本型金融システムと行政の将来ビジョン懇話会（2002）「金融システムと行政の将来ビジョン—豊かで多彩な日本を支えるために—」。

沼田優子（2002年）『米国金融ビジネス』東洋経済新報社。

野村総合研究所（2002年）『変貌する米銀』野村総合研究所。

馬場直彦・久田高正（2001年）「わが国金融システムの将来像」日本銀行金融研究所　No. 2001-J-22。

堀内昭義（2002年）「日本の金融システム」貝塚啓明・財務省財務総合政策研究所編『再訪　日本型経済システム』有斐閣。

古川　顕（2002年）『現代の金融』東洋経済新報社。

箭内　昇（2002年）『メガバンクの誤算』中央公論新社。

山崎正和（2003年）『社交する人間』中央公論新社。

索　引

【あ】
アイワイバンク銀行　84
安価な預金　5

【い】
eバンク銀行　87
異業種の金融参入　69
異時点間スムージング（intertemporal smoothing）　96
イトーヨーカ堂　84
インストア・ブランチ方式　79
インセンティブ方式　138
インターネット・バンキング　44
インベストメント・バンキング　49

【う】
ウォルマート　76, 78

【え】
英国大蔵省報告書　89
ALM（Asset and Liability Management）　14
ATM（Automatic Tellers Machine）　37, 48
ABS（資産の証券化）　51
S＆L（貯蓄貸付組合）　126
FIRREA（金融制度改革救済執行法）　22
FDICIA（連邦預金保険公社強化法）　20, 132
M＆A　52
MMF　40
MMC　19
MMDA　19
LTCMの破綻　3

【お】
オープンアーキテクチャ化　166
オプション　22
オンライン・トレーディング　44, 47

オンライン売買　46

【か】
外国為替制度　109
外国為替取扱銀行制度　110
外国為替取引　49, 109
カウンターパーティ・リスク　13
貸し渋り　4, 144, 188
貸し剥がし　188
貨幣サービス会社　135
関係的ファイナンス　209

【き】
危機封じ込め政策　133
基礎的内部格付け手法　142
逆選択　98
キャッシュ・マネジメント・アカウント（CMA）　19
キャッシュ・マネジメント・サービス　51
競争制限的規制　68
銀行規制　121
「銀行中心型」金融システム　156
銀行のIT産業化戦略　32
銀行の終焉論　173
金融・サービス法　80
金融技術バンク　178
金融機能再生緊急措置法　153
金融機能早期健全化緊急措置法　153
金融サービス会社　135
金融再生プログラム　179
金融スーパーマーケット　115
金融制度改革法（Gram-Leach-Bliley Act: GLB法）　19, 71
金融仲介機能　1
金融仲介の構造変化　1

金融のイノベーション　1
金融パラダイム　121
金融ビッグバン　71
金融持株会社　78
金利スワップ　12
【く】
偶発条項　9
グラス・スティーガル法　19, 71
クレジット・カード　40
クレジット・クランチ　144, 158
クレジットスコアリング・モデル　176
グローバリゼーション　121
【け】
経済審議会報告書　89
健全経営規制　30, 124
【こ】
公的資金の導入　23, 124
コーポレート・ファイナンス　37
顧客サービスバンク　178
護送船団行政　5
固定金利貸出　12
コマーシャル・ペーパー　27
コマーシャル・ペーパー（CP）市場　20
懇話会報告書　89
【さ】
「最後の貸し手」機能　124
参加コスト　98
産業金融（industrial lending）　111
産業金融機関　111
三洋証券　3
【し】
CD（Cash Dispenser）　48
J.P.モルガンチェース銀行　60
自己資本比率規制　126
事後的措置　124

資産の変換機能　4
市場型間接金融　6, 7
市場規律　138
「市場中心型」金融システム　156
市場の失敗　90
システミックリスク　175
事前的措置　124
シティバンク　25
シティバンク・グループ　78
自発的社交性　185
集中の問題　170
証券電子ブローキング　46
情報・通信技術（IT）革新　32
情報コスト　1
情報生産機能　14, 31
情報スーパーハイウェイ計画　34
情報の非対称性　8
シンジケート・ローン　26
信用　185
【す】
スーパーリージョナル・バンク　60, 181
ストラクチャード・ファイナンス　21, 22
スワップ取引　22
【せ】
セインズベリー　81
セーフウェイ　81
セーフティネット　121
先進的内部格付け手法　142
【そ】
早期是正措置（PCA）　25, 125, 134
総合口座　39
ソニー　84
ソニー銀行　84
その他金融周辺サービス会社　178

【た】
第1次BIS規制　139
タイイング　177
大数の法則　7
為銀主義　110
単一貯蓄金融機関持株会社　78
【て】
デイ・トレーディング　47
ディスインターミディエーション　99
ディスカウント・ブローカー　65
デジキャッシュ社　42
デジタル革命　33
デジタル経済　34
テスコ　81
デビット・カード　40, 41
デリバティブ取引　12, 22
テレフォン・バンキング・サービス　37, 48
電子マネー　40, 42
電子ブローキング　44
店舗主義　55
【と】
"too big to fail"政策　125
投資銀行（investment bank）　111
投資ポートフォリオ　16
取引貸出　108
トヨタ自動車　87
トラベラーズ・グループ　78
取引費用　98
取引コスト　8, 55
【な】
NOWアカウント　19
【に】
ニクソン・ショック　110
日本債券信用銀行　3
日本長期信用銀行　3

日本版金融ビッグバン　i, 58, 150
【ね】
ネットトレーディング　32
ネットバブル　34
ネットワーク・バンキング　37
【の】
ノンバンク　58
【は】
パーティシペーション・ソールド（PS）　16
パーティシペーション・ボート（PB）　16
買収・預金継承（P＆A、purchase and assumption）　126
Hausbankシステム　112
「パス・スルー」証券　15
パラレル・バンキング・システム　73, 136
範囲の経済性　35
バンク・オブ・スコットランド　81
【ひ】
P＆A　125
ビザキャッシュ　42
BIS規制（バーゼル合意）　20, 25, 122
非対称情報　98
【ふ】
フォーカス戦略　22, 60
負債契約　9
プライス・バンキング　23, 107
プライベート・バンキング　27
ブラックマンデー　98
プリコミットメント方式　134
不良債権問題　3
プルーデンス政策　162
プロセッシング・エンタープライズ　61
プロトン　42
分離規制（compartmentalization）　70

索引　215

【へ】
ペイオフ解禁　3
米国財務省報告書　89
ヘルシュタット銀行破綻事件　139
【ほ】
ボイス・ブローキング　45
ホールセール業務　22
ホールドアップ問題　100
北海道拓殖銀行　3
【ま】
マークス＆スペンサー　81
マーチャントバンク（merchant bank）　111
マクロ経済ショック　4
マクロ経済リスク　7
【み】
ミクロ経済リスク　7
ミューチャルファンド　47, 101
【め】
メインバンク制　113, 184
免許価値　5, 155
【も】
モーゲージ・ローン　12
モジュール化　166
モニタリング　8
モニタリングコスト　9
モラルハザード　1, 98
モンデックス　42
【や】
山一証券　3
ヤマト運輸　87
【ゆ】
ユーロ・ドル市場　13, 114
ユーロダラー・ビジネス　114

ユニバーサルバンキング　175
ユニバーサルバンク　112
【よ】
預金保険　124
預金保険機構（FDIC）　126
預金保険制度　3, 124
【り】
リーグル・ニール法　28
リーズ・アンド・ラグズ（leads and lags）　110
リスク　1
リスク・エクスポージャー　11
リスク管理機能　31
リスク再配分構造　2
リスクシェアリング機能　31
リスク負担構造　2
リテール業務　22
流動性不足　98
リレーションシップ・バンキング　23, 96, 106, 181
リレーションシップ貸出　108
【れ】
劣後債券　138
連結の経済性　35
レント　5
【ろ】
ロイター　46
ロイヤル・バンク・オブ・スコットランド　81
ローン・セール　15
ローンの証券化　14
【わ】
ワンストップ・バンキング　71, 115

■著者紹介

村井　睦男　(むらい　むつお)

1940年兵庫県生まれ。1963年京都大学法学部卒業。同年東京銀行 (現東京三菱銀行) 入社。国際財務開発室、ニューヨーク支店、東京銀行信託会社 (ニューヨーク)、東銀リースを経て、1994年名古屋商科大学商学部教授に就任。現在同総合経営学部教授。京都大学博士 (経済学)。

主要著書・訳書

『国際財務時代の新戦略』編著、日本経済新聞社、1986年
『対米不動産投資の実際』共著、日本経済新聞社、1989年
『国際金融と外国為替』共著、大学教育出版、1998年
D.クルックシャンク『21世紀銀行の競争』共同翻訳、東洋経済新報社、2000年

金融変貌と銀行の未来

2004年2月10日　初版第1刷発行

■著　者──村井睦男
■発行者──佐藤　守
■発行所──株式会社大学教育出版
　　　　　〒700-0953　岡山市西市855-4
　　　　　電話(086)244-1268㈹　FAX(086)246-0294
■印刷所──互恵印刷㈱
■製本所──㈲笠松製本所
■装　丁──ティーボーンデザイン事務所

Ⓒ Mutsuo Murai 2004, Printed in Japan
検印省略　落丁・乱丁本はお取り替えいたします。
無断で本書の一部または全部を複写・複製することは禁じられています。

ISBN4-88730-549-4